독도의 진실

독도의 진실 **독도는 우리 땅인가**

펴 낸 날 | 2012년 7월 30일 초판 1쇄
         2012년 9월 10일 초판 2쇄

지 은 이 | 강준식
펴 낸 이 | 이태권
책임편집 | 최은정
책임미술 | 정혜미
펴 낸 곳 | (주)태일소담
         서울시 성북구 성북동 178-2 (우)136-020
         전화 | 745-8566~7 팩스 | 747-3238
         e-mail | sodam@dreamsodam.co.kr
         등록번호 | 제2-42호(1979년 11월 14일)
         홈페이지 | www.dreamsodam.co.kr

ISBN 978-89-7381-275-2 03900

• 책값은 뒤표지에 있습니다.
• 잘못된 책은 구입하신 곳에서 교환해드립니다.

독 도 는 우 리 땅 인 가

독도의 진실

강준식 지음

소담출판사

일본 편에 선 미국

독도는 한일 간 끝없는 갈등의 원천이었지만 우리 자신은 늘 독도가 우리 땅임을 조금도 의심하지 않아왔다. 그래서 「독도는 우리 땅」이라는 노래를 부르거나, 독도에 가서 만세를 부르거나, 독도를 배경으로 사진 한 방 찍으면 그것으로 우리의 독도 사랑과 수호는 확인되고 스트레스까지 풀리는 것이었다. 나 자신도 그런 사람 중의 하나였다.

그리고 동해를 '조선해(Mer de Corée)'로 표기하고 독도를 그린 프랑스, 영국, 러시아 또는 중국이나 일본의 옛 지도가 발견되었다는 국내 신문의 보도를 접하는 날이면 '이젠 일본 애들이 끽소리도 못 하겠구나' 하고 느긋한 생각이 들곤 했었다. 그런데 이상한 것은 아무리 그런 뉴스가 거듭되어도 일본은 여전히 다케시마(竹島)가 일본의 고유 영토라고 주장하면서 오히려 한국이 독도를 "불법점거하고 있다"는 식으로 시비를 걸어오곤 했다는 것이다. 어떻게 된 사람들이 아니고

서야 남의 땅을 가지고 저렇게까지 우길 수 있는 것일까?

여기서 나는 생각을 좀 달리 해보게 되었다. 『손자병법』에 상대를 알고 나를 알면 백전백승이라고 했다. 국제사법재판소까지 가자고 하는 걸 보면 저들에게도 무슨 근거가 있는 것은 아닐까?

일본이 자신감을 보이는 것은 국제사법재판소의 판사 15명 중 1명이 일본인이고, 그곳 운영비의 대부분을 일본이 지원해왔기 때문이라고 설명하는 사람이 있다. 분명 그런 점도 있을 것이다.

하지만 국제사법재판소는 재판을 하는 곳이다. 아무리 일본의 입김이 세다 해도 일본의 손을 들어주자면 저들의 주장을 뒷받침하는 증거를 내놓아야 할 것이다. 그래서 나는 대체 저들이 무슨 증거를 갖고 있기에 저렇게 반세기 동안이나 국제사법재판소를 들먹이나 싶어 우선 저들의 연구서부터 섭렵해보기로 했다. 그 결과 내가 내린 결론은 일본의 근거가 아주 조잡하다는 것이다.

하지만 저들의 연구서를 읽어가면서 우리가 알아왔던 역사적 근거들을 저들이 전면 부정하고 있다는 사실도 알게 되었다. 그 대표적인 사례가 독도의 옛 이름인 '우산도'에 대한 것이다. 일본의 주장은, 우산도라는 이름이 한국 사서(史書)에 많이 등장하지만 울릉도가 아닌 독도를 지칭하는 우산도의 실체, 다시 말하면 우산도가 어떻게 생겼는지, 그곳에 사람이 사는지, 무슨 산물이 있는지, 그 주변 환경은 어떤지 등에 대한 기록은 단 한 문장도 없고, 혹 있다면 그것은 독도가 아닌 울릉도의 이야기라는 것이다. 그래서 저들은 일본의 독도 편입 전까지 한국은 독도의 존재 자체를 몰랐다고까지 주장한다.

나는 황당했고 한편으론 화가 났다.

사실 확인이 필요했다. 그래서 나는 신라 시대부터 현재까지 독도에 관한 문제를 정밀히 조사해보았다. 이 책에서는 그 과정을 시대별로 상세히 다루었는데, 결론은 우리 쪽 근거도 그렇게 양질은 아니라는 것이다. 저들 것은 조잡하고 우리 것은 양질이 아니다. 그러니 양쪽의 싸움이 그치지 않는 것이라는 생각도 든다.

1905년, 일본은 독도를 자기네 땅으로 편입시켰다. 그래서 해방이 된 1945년까지 독도는 '다케시마'라는 이름으로 불려야 했다. 섬의 이름이 독도로 되돌려진 것은 1946년 맥아더사령부가 훈령 677호를 발령하면서부터였다. 이후 독도는 우리가 실효지배하게 되었지만, 일본은 패전의 아픔에서 숨을 돌리자 곧 다케시마를 되찾기 위한 작업에 착수했다.

그 결과가 샌프란시스코조약의 영토 조항이다. 일본의 강력한 로비는 맥아더사령부가 한국 영토로 돌려놓은 독도를 미확정 지역으로 만드는 데 성공한다. 미국은 일본을 편들었다. 그 정치적 배경은 당시 소련의 원폭 소유 발표와 중공의 건국 등 극동 정세가 긴박해진 가운데 일본의 협력이 보다 절실해졌었기 때문이지만, 독도 문제에서 미국이 일본을 편들게 된 논리적 근거는 1905년 일본의 독도 편입을 합법적으로 보았다는 것이다.

우리 시각으로는 불법이지만 미국 등 제삼자의 시각에서는 1910년의 한일병합보다 5년 앞서 행해진 독도 편입을 합법적이었던 것으로 간주하는 것이다.

당시 일본은 무주공산인 독도를 자기들이 처음 발견했기 때문에 자기네 영토로 편입했다는 논리를 내세웠고, 그 논리를 강조하기 위해

 독도의 진실

독도는 조선 왕국의 일부였던 적이 한 번도 없다고 주장했다. 이 논리를 받아들인 '러스크 서한'과 이를 답습한 '밴 플리트 보고서'에 기초하여 미국은 지금도 독도 문제에서 내심 일본을 지지하고 있다.

위기에 처한 독도

현실은 매우 심각하다.

독도 문제를 둘러싸고 일본을 편드는 나라는 미국만이 아니기 때문이다. 한때 독도를 한국령이라 보았던 영국이나 프랑스도 일본이 제공해주는 해양 자료를 얻어 쓰면서 이제는 독도를 일본령으로 분류하고 있다. 해양 강국이었던 영국과 프랑스가 이 정도니 다른 나라는 말할 것도 없다.

가령 독도가 어느 나라 땅이냐는 질문에 말레이시아 사람들은 66.7%, 호주 사람들은 58.8%, 인도네시아 사람들은 55.6%, 필리핀 사람들은 54.5%가 일본 땅이라고 대답했다는 통계 자료가 있다. 다시 말해 독도에 관한 국제 여론은 일본 편이라는 이야기다.

때문에 독도는 우리나라 땅이라고 널리 홍보하자는 주장이 있다. 그래서 적극적인 활동을 벌인 사례도 있지만 일본은 지금까지 독도에 관한 각종 홍보 자료를 무려 5,000종이나 발간 · 배포해왔다는 사실을 알아야 한다. 한두 번의 이벤트로 만회할 수 있는 수준이 아니다.

독도에 군대를 주둔시키자고 주장하는 정치인도 있다. 그러나 우리가 6 · 25전쟁 같은 곤경에 처할 때 독도를 점령한다는 것이 일본의 시나리오다. 그래서 문제가 되면 국제사법재판소로 가겠다는 복안이다.

그런데 유사시에 일본 군함이 독도에 도착하는 데 걸리는 시간은 2시간 50분이고, 한국 군함이 도착하는 데 걸리는 시간은 4시간 1분이다. 게다가 일본의 해군력은 한국의 네 배에 달한다. 현실적으로 독도를 둘러싼 국지전에서 일본을 이기기는 어렵다.

이때 우리 입장을 지지해줄 수 있는 나라는 일본과 쿠릴열도 분쟁을 벌이고 있는 러시아, 일본과 센카쿠열도 분쟁을 벌이고 있는 중국과 대만, 그리고 북한 등 네 나라뿐이다. 그러나 그것도 이론적으로 그렇다는 것일 뿐 그들이 꼭 우리를 편들어주느냐 하는 것은 또 다른 차원의 문제다.

군사력이나 국제 홍보, 우방국 확보는 모두 국력을 바탕으로 하는 것이다. 현재 한국의 국력은 일본을 능가할 수 없다. 따라서 그런 힘겨루기의 방식으로는 독도 문제를 해결할 수 없다.

그래서 독도의 실효지배를 강화하자고 주장하는 사람도 있다. 그러나 국제법에서는 분쟁이 발생한 이후의 지배는 실효지배가 아니라고 보기 때문에 독도에 시설물을 설치하는 일 등이 국제법적으로 큰 의미가 있는 것은 아니라는 주장도 있다.

그렇다면 도무지 묘수가 없는 것인가?

꼭지를 도려내면 오렌지가 저절로 해체되듯 모든 일에는 급소가 있기 마련이다. 독도 문제의 급소는 바로 미국이다. 국제 질서나 국제 정의의 본질은 힘의 논리에 입각해 있고, 어제나 오늘이나 일본이 미국에 기대는 것도 바로 그 때문이다.

따라서 우리는 변죽을 울릴 것이 아니라 미국의 입장부터 돌려놓아야 한다. 당초 미국이 일본을 편든 것은 앞에서 언급했듯 1905년 일본의 독도 편입을 합법적이라고 보았기 때문이다. 당시 일본은 독도가 조선 왕국의 일부였던 적이 한 번도 없다고 주장했고, 미국은 그 논리를 받아들여 독도 문제에서 일본의 입장을 지지해온 것이다.

따라서 이 논리를 깨면 된다. 우리에게는 그 논리를 깰 수 있는 카드가 하나 있다. 1900년에 반포된 대한제국의 칙령 제41호가 바로 그것이다. 이것을 제대로 입증해내면 일본의 논리가 거짓이었다는 것이 밝혀지게 되며, 더불어 일본의 거짓 논리에 기초한 미국의 일본 지지 논리도 무너지게 되는 것이다. 이렇게 하여 미국의 입장이 바뀌게 되면 일본도 독도 문제를 추구하는 동력을 잃게 될 것이다.

이 책은 그 과정을 정밀히 추적했다.

2012년 7월

강준식

차례

이상한 통고

독도와 강치

오키 섬[1]을 출항한 배는 파도에 흔들리며 밤새도록 바다를 달렸다. 다음 날 아침 동해 한가운데에 떠 있는 독도의 모습이 눈에 들어왔을 때의 광경을 시마네현[2] 독도 답사단의 일원이었던 향토문사 오쿠하라 헤키운(奧原碧雲)은 이렇게 스케치했다.

"'다케시마(독도)가 보인다', '다케시마가 보인다' 하는 소리에 놀라 갑판에 오르자 해는 벌써 동녘 하늘에 솟아 있고 다케시마의 거대한 바위가 눈 가까이 누워 있다. 갑자기 범고래 세 마리가 뱃머리를 치며 사납게 나아가 등허리를 드러내기를 수차례, 무수한 갈매기가 파도 위로 어지러이 날고, 수천 마리의 강치가 바위 위에서 떼 지어 울부짖

---

[1] 오키 섬(隱岐島): 일본 시마네현 앞바다에 있는 섬.
[2] 시마네현(島根縣): 일본 서남쪽에 있는 현으로, '다케시마의 날'을 제정했다.

는데, 괴물의 비명같이 시끄러운 소리는 수백 리 밖까지 퍼져 나간다. 우뚝 솟은 두 암석은 바다의 수면을 뚫고 수백 척이나 치솟아 깎아지른 듯한 절벽을 이루었는데, 한류(寒流)가 그 암석의 다리를 침식해 곳곳에 동굴 문을 열고, 부근에는 몇십 개의 암초가 줄지어 있다.”[3]

1906년 3월 27일 아침에 본 독도의 얼굴이다.

태곳적부터 갈매기를 비롯한 무수한 바닷새가 먹이를 찾으러 모여드는 한난류 교차의 황금어장, 자연이 살아 숨 쉬는 이 웅장하고 아름다운 섬은 프랑스의 한 포경선이 ‘리앙쿠르 암석(Rochers Liancourt)’이라 명명했던 것처럼 실제로는 마실 물도 없고, 나무 한 그루도 자라지 않는 거대한 암석 덩어리였다.

한류를 타고 북쪽 바다에서 내려온 수천수만의 강치들이 내지르는 괴성이 바닷새의 울음소리와 코러스를 이루면서 섬 전체에 괴이한 분위기를 만들어내고 있었다. 강치란 해려(海驢), 가지(可支) 또는 바다사자로 불리던 물개의 일종인데, 큰 놈은 2.5~3.5m로, 덩치가 송아지만 했다.

강치뿐 아니라 이 환상의 섬에 서식하는 동물은 모두 요괴와 같이 덩치가 컸다. 미역·돌김·우뭇가사리·모자반·바닷말 등 해초가 밀생하는 암석 밑에는 다른 곳에서는 볼 수 없는 커다란 전복과 소라가 지천이었다. 암초 구멍에는 직경이 2m나 되는 커다란 문어가 살았고, 거기서 조개와 물고기를 꼬리로 낚시질해서 먹고 사는 쥐도 크기가 고양이만 했다.

수심이 깊어 섬의 몇십 미터 부근까지 배를 댈 수 있지만 바닷속이

---

3 오쿠하라 헤키운(奧原碧雲), 『다케시마 및 울릉도(竹島及鬱陵島)』, 報光社, 松江, 1907.

험해 닻을 내릴 수가 없었다.
답사단은 한동안 배 위에서
서성대다가 파도가 가라앉은
후에 겨우 보트에서 내렸다.
답사단의 인솔 책임자인 시
마네현 제3부장 진자이 요시
타로(神西由太郎) 사무관은 먼

새끼 강치의 모습.

저 어부들을 보트에 태워 독도의 서쪽 섬, 곧 서도에 상륙시키고 나머지 일행도 그 뒤를 따르게 했다.

　어업·농업·위생·측량 등의 각 전문가를 포함한 답사단의 규모는 총 45명이었다. 이들은 흩어져 각자 맡은 분야를 조사하기 시작했다. 독도에 상륙한 오쿠하라는 눈에 들어오는 강치들의 모습을 이렇게 기록했다.

　"봄날 새벽, 천금의 단꿈을 빼앗긴 강치 무리는 일행의 도착에 놀라 구르면서 바위 모퉁이에서 떨어져 물에 잠기더니 순식간에 수백 개의 머리를 파도 위로 드러낸다. 어부는 동굴 입구에 그물을 펼치고 눈 깜짝할 사이에 몇 마리를 잡는다. 아아, 그들이 동해를 낙원으로 삼고 몇백 년 동안 점유해온 거대 암석인데, 문명의 조류는 도도히 이 낙원을 빼앗는가. 한 발의 총성이 바위 귀퉁이에서 울리자 낭자한 선혈이 해면을 물들이고 사체가 파도 위로 널브러진다."[4]

　오쿠하라가 묘사한 독도의 강치 남획은 답사단의 일원으로 동행했

---

4 오쿠하라 헤키운, 앞의 책.

던 수산업자 나카이 요자부로(中井養三郎) 등에 의해 이미 1903년부터 시작되어 1904년 2,750마리, 1905년 1,003마리, 1906년 1,385마리에 이렀던 것으로 당국에 보고되었고, 그 밖에 허가받지 않은 밀렵자들이 남획한 수도 매년 1,800마리가 넘었다.

업자들은 이렇게 남획한 강치의 껍질을 벗긴 후 소금을 쳐서 일본 본토로 날랐다. 강치 가죽으로 모자 차양, 구두, 배낭, 담뱃갑, 종이 통 등을 만들기 위해서였다.

강치 가죽은 겨울철 어는 것을 막는 특성이 있어 특히 고급 방한용구의 재료로 불티나게 팔렸다. 그런 이유로 업자들은 심할 경우 하루에 100마리 이상의 강치를 때려잡아 그 처절한 피비린내가 해풍을 타고 멀리 울릉도까지 날아들었다고 한다. 이렇게 하여 그 많던 독도의 강치는 1911년경 이미 멸종 상태로 들어간다.

이윽고 독도를 구성하는 동도와 서도의 조사를 모두 끝내자 답사단 일행은 기념으로 소나무를 심고 독도 전체를 한 바퀴 돈 뒤에 최종 목적지인 울릉도로 뱃머리를 돌렸다.

심흥택 군수

그들이 울릉도 저항에 도착한 것은 그날 밤 9시였다. 거기서 하룻밤을 보낸 뒤 다음 날 아침 도동 항구에 도착하니 울릉도 주재 일본인 경찰과 우체부, 일본 상인조합원, 일본인 거주민 등이 연락을 받고 모두 마중 나와 있었다.

답사단 일행은 팀을 나누어 각 방면을 조사하기 시작했고, 진자이 부장 및 오키 섬의 도사[5] 이하 10여 명은 울도군[6] 군수를 방문하기로 했다. 소학교 교장이었던 오쿠하라도 이 팀에 합류했다.

28일 오전 10시, 진자이 일행은 해변가를 끼고 조성된 도동의 일본인 부락을 지나 산언덕 쪽으로 발걸음을 옮겼다. 수십 미터를 올라가자 태극기를 게양한 집 왼쪽에 '울도아문[7]'이란 현판을 내건 관청이 나타났다.

일행은 관청 문으로 들어가 이름을 대고 군수를 만나기 위해 왔다고 말했다. 그러자 안내인이 군수가 있는 방으로 그들을 안내했는데, 그곳은 온돌방이었다. 동행한 오쿠하라는 울도 군수 심흥택(沈興澤)과의 만남에 대해 이렇게 기록했다.

"군수는 서울 사람으로 나이는 52세, 너그러운 인상을 지녔으며 방석 위에 무릎을 꿇고 앉아[8] 흰옷을 입고 갓을 쓰고 긴 담뱃대를 물고 있었다. 그 옆 책상 위에는 몇 권의 재래식 책이 있을 뿐 단출하고 소박하여 고풍스러운 분위기가 있었다. 진자이 부장은 방문한 까닭을 말하고 다케시마에서 잡은 강치 한 마리를 선물로 주었다. 군수는 멀리서 온 노고를 치하하고 선물에 대한 사례를 표했는데, 말씨가 매우 능숙했다."[9]

말씨의 능숙함까지 언급한 것을 보면 조선어에 능통한 통역이 있었

---

[5] 도사(島司): 섬의 행정 책임자. 군수.
[6] 울도군(鬱島郡): 울릉도와 그 부속 섬을 관할하던 행정 지명.
[7] 울도아문(鬱島衙門): 울도 관청이라는 뜻.
[8] 한국식의 책상다리였을 텐데, 웃옷에 가려 잘 보이지 않아 오쿠하라가 일본식 궤좌(跪坐)로 착각했던 것으로 보인다.
[9] 오쿠하라 헤키운, 앞의 책.

다는 이야기인데, 「산인신문(山陰新聞)」에 따르면 이날 조선어 통역을 맡았던 사람은 사에키(佐伯) 순사부장이었다. 그 사에키를 통해 심흥택 군수가 진자이 부장과 나눈 대화의 내용이 「산인신문」에는 이렇게 실려 있다.

"진자이 부장은 …… '나는 대일본제국 시마네현의 산업을 권장하는 일에 종사하는 관원으로 귀도(貴島)와 우리 관할에 속하는 다케시마는 서로 가까이 있고, 또 귀도에 우리나라 사람이 체류하는 자가 많아 만사에 걸쳐 친절한 마음을 바라는 한편, 귀도를 시찰할 예정이었으면 무언가 드릴 것을 가져왔을 터인데 이번 피난 때문에 우연히 귀도에 들르게 되어 아무것도 드릴 것이 없으나, 다행히 다케시마에서 잡은 강치를 증정하겠으니 받아주시면 매우 기쁘겠소'라고 하자 군수가 답해 말하기를 '그렇소. 체류하는 당신네 나라 사람에 대해서는 충분히 보호하고 또 강치의 증정을 수락하여 강치가 맛이 있으면 다시 증정해주기를 바라오.'"[10]

진자이 일행이 심흥택과 함께 있었던 시간은 그날 오전 10시부터 약 2시간 동안이었다. 만남이 끝날 무렵 심흥택은 진자이에게 송별시를 써주었다.

임금과 나라 생각 일편단심일지니(憐君報國一心丹)
이곳서 상봉한 뜻 더없이 기쁘지만(此地相逢意更歡)
만류도 마다하니 만감이 교차하네(欲挽難留情萬緒)

---

[10] "다케시마 선물(竹島土産)", 「산인신문(山陰新聞)」, 1906년 4월 1일.

말하노니 창해를 평안히 가시기를(爲言滄海去平安)[11]

　이 시의 첫 구절을 두고 그가 친일적인 관리가 아니었나 비판한 사람도 있는데, 이 한시와 앞에 소개한 신문 기사의 대화 내용만 보면 이날 두 사람의 만남은 친일적이었다고 할 수도 있다. 그런데 이 친일적인 접대가 훗날 한국을 공격하는 호재로 이용되는 것이다.

　일본 외무성은 이렇게 주장했다.

　"진자이는 다케시마에서 포획한 강치 한 마리를 군수에게 넘겨주었고, 이에 대해 군수는 멀리서 온 노고를 치하하고 증정한 물품에 대해서도 사례의 인사를 했다고 진술했습니다. 만약 군수가 당시 다케시마를 울릉도에 속한 섬으로 취급했다면 당연히 이처럼 대접했을 리가 없었을 테지요."[12]

　호의를 베푼 사실이 독도가 조선 영토가 아니었다는 논리에 이용된 것이다. 이는 진실이었을까?

구헤이지 수법

　이 자료를 보던 나는 오래전 일본에서 관람한 적이 있는 「소네자키 신쥬」[13]라는 인형극이 생각났다. 그 줄거리는 대충 이렇다.

---

11 오쿠하라 헤키운, 앞의 책.
12 「일본 정부의 견해(日本國政府の見解)」, 『海外調査月報』, 1954년 11월, 東京, 外務省.
13 「소네자키 신쥬(曾根崎心中)」: 지카마쓰 몬자에몬(近松門左衛門)이 1703년에 지은 가부키극 또는 인형극. 우리말로는 『소네자키 숲의 정사』라고 번역되었다.

간장가게 주인이 딸을 도쿠베라는 청년에게 시집보내고 싶어 했다. 그러나 도쿠베에게는 따로 애인이 있었다. 그러자 간장가게 주인은 도쿠베의 계모에게 먼저 결혼 지참금을 건넸다. 이를 안 도쿠베가 그 돈을 간장가게 주인에게 돌려주러 가는 길에 가까이 지내던 친구 구헤이지(九平次)를 만났다. 그가 다급한 소리로 한 달 후에 갚을 테니 도와달라고 하여 도쿠베는 갖고 가던 결혼 지참금을 빌려주었다. 그러자 구헤이지가 차용증을 쓰겠다고 했다.

"아이, 친구지간에 무슨?"

도쿠베가 마다하자 구헤이지가 말했다.

"그래도 금전 관계는 확실히 해두는 게 좋아. 자네가 빌려줄 금액을 쓰게. 도장은 내가 찍을 테니."

이에 도쿠베는 차용증을 썼고, 구헤이지는 거기다 도장을 찍었다. 그런데 그 도장은 구헤이지가 관청에 분실신고를 해둔 도장이었다. 도쿠베는 이 사실을 전혀 몰랐다. 약속한 날짜가 되어 도쿠베가 돈을 받으러 갔더니 구헤이지의 태도가 돌변했다.

"난 자네한테 돈을 빌린 일이 없는데?"

"그럼 이건 뭐냐?"

도쿠베는 차용증을 내보였다.

"어라? 자네 이 도장 어디서 났어? 여기 찍힌 도장은 내가 잃어버려 분실신고를 했던 건데."

차용증에 찍힌 도장은 관청에 분실신고된 것이 확실했기 때문에 도쿠베는 주위 사람들로부터도 인감을 위조한 파렴치범으로 몰리게 되었다. 게다가 결혼 지참금을 돌려주지 못해 간장가게집 딸과 결혼할 수밖에 없게 된 도쿠베는 애인을 만나 죽음으로밖에 자신의 결백을 증명할 수 없다고 마음속, 곧 '신쥬(心中)'를 밝힌다.

애인도 그 뜻에 동조한다. 이에 두 사람은 소네자키 숲으로 가서 함께 목숨을 끊는다. 여기서 뜻을 같이하는 마음속, 곧 '신쥬'라는 단어가 동반 자살, 정사(情死)의 뜻으로 전용되는 것이다.

1703년 지카마쓰 몬자에몬이 지은 「소네자키 신쥬」는 일본인이라면 누구나 알고 있고 지금도 어디선가는 공연되고 있을 인기극이다. 그런데 내게 인상적이었던 것은 연인과의 동반 자살로 끝을 맺은 주인공의 사랑이 아니라 그의 친구 구헤이지의 사기 수법이었다. 1703년이면 세상이 아직 순진할 때인데, 미리 분실신고를 해둔 도장으로 차용증을 만드는 수법을 쓴 것이다.

300년 동안이나 세대를 거듭하며 이 극을 관람한 일본인은 누구나 본 말을 슬쩍 전치시킨 이 간교한 수법을 자기도 모르는 사이에 아주 자연스레 몸에 익히며 자라나게 된다. 그래서 가령 우리가 앞에서 살펴본 「산인신문」의 기사에서 진자이 부장이 "피난 때문에 우연히 귀도에 들르게 되어"라고 말한 대목도 그런 경우라고 볼 수 있다.

즉, 그들이 울릉도를 방문한 주목적은 독도 편입을 조선에 알리는 데 있었다. 그렇다면 정정당당하게 통고하면 될 일인데, 실제 이를 알리는 시마네현 관리의 태도는 날씨가 나빠 우연히 울릉도에 피난한 길에 한마디 해둔다는 투였다. 남의 영토를 취한 엄청난 일을 아무것도 아닌 사소한 일처럼, 그것도 편입한 지 1년이나 된 시점에 다른 말에 섞어 지나가는 말투로 슬쩍 통고하는 방식 자체가 구헤이지 수법인 것이다.

더구나 심흥택 군수에게 강치 한 마리를 줄 때도 예방 선물을 미리 준비하지 못해 그것이라도 드린다는 췌사를 늘어놓았지만, 사실은 강치를 잡은 독도가 자기네 영토임을 입증하는 일종의 증거물로 내놓은 것이나 마찬가지였다. 아무것도 아닌 것처럼 행동했지만 사실은 관청에 미리 분실신고를 해두었던 구혜이지처럼 치밀하게 계산해두었던 것이다.

또 심흥택 군수에게 호의적인 대접을 받았으면 그걸로 족한 일이지, 개인도 아닌 외무성이 훗날 그 호의를 독도의 영유권 입증 자료로 이용한 것 또한 또 다른 형태의 구혜이지 수법이다. 앞으로 살펴보겠지만 독도 문제와 관련해 일본의 구혜이지 수법은 여기저기서 발견된다.

우선 심흥택의 호의적인 접대가 어떤 의미였는가 하는 문제부터 다시 살펴보기로 하자.

긴급 보고서

심흥택과 헤어진 진자이 일행은 오늘날의 상공회의소 격인 사상의소(土商議所)를 방문했다. 거기서 소장 김광호(金光鎬)와 고문 전재항(田在恒)과 만나 여러 가지 조사를 했다는데,[14] 나는 오쿠하라의 답사기에 나오는 이 대목을 접할 때 눈이 번쩍 뜨이는 기분이었다.

답사기에 기록된 전재항은 1947년 제1차 독도학술조사단의 취재에

---

[14] 오쿠하라 헤키운, 앞의 책.

응했던 울릉도 이주민 1세대 홍재현(洪在現)의 진술서에 등장하는 사람이었기 때문이다.

그 진술서에서 홍재현은 "향장[15] 전재항 씨와 친분도 있었고 또 관청 출입도 종종 하였던 관계로 울릉도의 주요 안건은 대충 알고 있었습니다"라면서 "당시 군수 심흥택 씨는 오키도사 일행의 무리한 주장에 대해 반박·항의를 하는 동시에 부당한 일본인의 위협을 배제하기 위하여 당시 향장 전재항 외 다수 지사인(知事人)[16]들과 상의하여 상부에 보고했다는 것이 내가 당시에 들은 사실입니다"[17]라고 증언했다.

진자이와 헤어진 심흥택은 그날 오후 또는 저녁에 전재항을 비롯한 그곳 유지들을 여럿 만났다. 만나서 상의한 내용은 일본인들의 '무리한 주장'에 대한 것이었다. 홍재현은 그것이 "독도를 일본의 소유라고 무리하게 주장한 사실"을 가리킨다고 진술서에 밝혔다.

그런데 오쿠하라의 답사기에 보면 군수의 언사가 매우 세련되었지만 "행정상의 질문에 대해서는 대체로 요령부득이었다"[18]는 구절이 나온다. 심흥택이 울도군 군수로 부임한 것은 1903년 4월로, 진자이 일행을 만났을 때는 이미 만 3년이 된 시점이었다. 앞에 소개한 송별시 같은 한시를 단숨에 써낼 수 있는 학식자가 울릉도처럼 단조로운 시골 행정을 3년 동안이나 익히지 못했다는 것은 말이 안 된다. 그러면 오쿠하라는 어떤 일 때문에 요령부득이라는 말을 썼을까?

---

[15] 향장(鄕長): 촌장(村長).

[16] 지사인(知事人): 일을 아는 사람.

[17] 외무부 정무국, 『독도 문제 개론』, 외무부, 1955.

[18] "行政上の質問に對しては, 多くは要領を得ざりき." 오쿠하라 헤키운, 앞의 책.

이해를 돕기 위해 당시 사건을 재구성해보면 상황은 이렇게 전개되었다고 볼 수 있다.

처음 진자이 부장이 "우리 관할에 속하는 다케시마"라고 했을 때 심흥택은 그것이 무슨 말인지 알아듣지 못했다. 다케시마라는 명칭을 알아듣지 못해 어리둥절해하자 진자이는 "귀국에서는 '독도'라 하는 모양이던데, 그 섬을 모르십니까?"라고 물었고, 사에키 순사부장이 이 말을 조선어로 옮기고 글자도 써 보였으나 심흥택은 역시 알아듣지 못해 제대로 답변하지 못했던 것 같다. 이 모습을 지켜본 오쿠하라가 "행정상의 질문에 대해서는 대체로 요령부득이었다"는 기록을 남겼던 것이 아닌가 싶다.

그 후 심흥택은 손님에 대한 대접으로 송별시도 써주고 관사 앞에서 기념사진도 같이 찍었다. 군수와 헤어진 진자이 일행은 사상의소에 들러 소장 김광호와 고문 전재항을 면회하고 여러 가지 조사를 했다. 이 면담을 하는 가운데 독도 이야기가 나왔을 수도 있다. 이에 전재항이 심흥택을 찾아갔을 수도 있고 또는 낮의 대화 내용이 마음에 걸려 심흥택 쪽에서 전재항을 찾아갔을 수도 있다.

어쨌든 이런 과정을 통해 홍재현의 증언처럼 전재항 외 '그 일에 대해 아는 사람(知事人)'들과 상의하게 되었는데, 여기서 진자이가 언급한 '다케시마'가 독도임을 알게 되자 그와 섬사람들이 모두 분개하였다. 이에 심흥택은 독도 문제에 대한 긴급보고서를 강원도 관찰사에게 올렸던 것이다.

연쇄반응

강원도 관찰사 서리 이명래(李明來)는 긴장한 표정으로 심흥택의 보고서를 읽어보았다.

"본군 소속 독도가 바깥바다 100여 리 밖에 있사옵더니 3월 28일 8시쯤 기선 1척이 군 내 도동항에 기항했는데, 일본 관리 일행이 관사로 와서 스스로 이르기를 '독도가 이제 일본 영토가 되었기에 시찰차 왔다'고 하옵는바……."[19]

이 보고서에서 심흥택은 독도가 울도군 소속이라는 점을 분명히 했다. 이로 보면 그가 진자이 일행을 우호적으로 대했던 것은 일본 외무성의 주장처럼 독도가 조선 영토가 아니었기 때문이 아니라 단지 먼 곳에서 찾아온 외국 손님을 유교적 교양을 지닌 지식인으로서 대접하려 했기 때문일 뿐이라는 결론이 나온다.

사태의 심각성을 깨달은 강원도 관찰시 서리는 심흥택이 보고한 내용을 그대로 인용한 뒤 "이에 의거하여 보고하오니 밝히 비춰주시기를 엎드려 바랍니다"[20]라고 중앙정부에 긴급 보고했다.

보고서를 받아 본 참정대신 박제순(朴齊純)은 친일파였음에도 눈에 쌍심지를 켜고 단호한 지시를 내렸다.

"보고해온 것을 다 읽어보았는데, 독도의 일본 영토설은 전혀 사실

---

19 「보고서 호외(報告書 號外)」, 『각관찰도안(各觀察道案)』 1, 의정부외사국(議政府外事局, 규장각 소장). 신용하, 『독도 영유권 자료의 탐구』, 독도연구보전협회, 1999에서 재인용. 인용문은 가독성을 위해 현대문으로 고침.
20 "准此報告ᄒ오니 照亮ᄒ시믈 伏望." 『각관찰도안』.

무근이니 그 섬의 형편과 일본인이 어떻게 행동하는지를 살펴 다시 보고하라."[21]

한편 내부대신 이지용(李址鎔) 역시 친일파였음에도 격앙된 반응을 보였다.

"유람하는 길에 땅의 경계나 인구를 적어 가는 것은 혹 괴이쩍지 않다고 용인할 수도 있겠지만 독도를 가리켜 일본 속지라 했다니 전혀 그럴 리가 없는데 이번에 받은 보고는 심히 의아하다."[22]

영토란 민족을 담는 그릇이다. 본능 같은 것이다. 파장을 불러온 것은 신문 기사였다. 먼저 「대한매일신보」가 내부대신의 발언을 곁들여 "변고가 없지 아니하다(無變不有)"면서 심흥택의 보고서 내용을 1906년 5월 1일자로 보도했고, 「황성신문」도 같은 내용을 5월 9일자로 보도했는데, 특이한 점은 평시보다 네 배나 큰 활자를 사용했다는 것이다.

이 같은 신문 보도를 보고 알았을 것이다. 구한말 유생 황현(黃玹)은 자신의 저서에 "울릉도 100리 밖에 한 부속 섬이 있어 독도라 하는데, 왜인이 이제 일본 영토가 되었다면서 자세히 살피고 조사해 갔다"고 기록했

심흥택의 보고서 내용을 보도한 「대한매일신보」 1906년 5월 1일자 기사.

---

[21] "來報는 閱悉이고 獨島領地之說은 全屬無根ᄒ니 該島形便과 日人如何行動을 更爲査報ᄒ 事." 『각관찰도안』.

[22] "遊覽道次에 地界戶口之錄去는 容或無怪어니와 獨島之稱云日本屬地는 必無其理니 今此所報가 甚涉訝然이라." 「대한매일신보(大韓每日申報)」, 1906년 5월 1일.

독도의 진실

다.[23] 또 다른 저서에는 "울릉도 바다에서 동쪽으로 100리 떨어진 곳에 한 섬이 있어 독도라 하는데, 예전에 울릉도에 속했던 섬을 왜인이 자기들 영토라 강변하면서 자세히 살피고 조사해 갔다"고 적었다.[24]

이같이 연속적인 파장이 일어난 것을 보면 독도가 역시 한국 영토였다는 반증이 아니겠느냐는 한국 측의 주장과 이에 대해 일본 측이 취해온 반격의 내용을 알기 쉽게 대화체로 처리해보면 이렇다. 우선 일본 측의 공격이다.

"그렇다면 왜 부당하다는 항의를 하지 않았습니까?"

한국 측은 이렇게 받아쳤다.

"이미 을사늑약을 통해 외교권을 빼앗겼는데 어떻게 항의한단 말이오?"

"그렇지 않습니다. 독도 편입을 고시한 것은 1905년 2월이고, 을사조약 체결은 11월이니 아직 외교권을 행사할 수 있는 시간이 남아 있었습니다. 실례로 그해 8월 12일 박제순 외부대신은 제2차 영일동맹의 조약문 가운데 한국의 지위에 관한 제3조의 문안을 두고 영국 공사와 일본 공사에게 항의한 선례가 있지요.[25] 이는 독도 편입에 대해서도 한국 정부의 항의가 가능했다는 반증이 아닐까요?"

---

23 "鬱陵島百里外 有一屬島曰獨島 倭人稱今爲日本領地 審査以去." 황현, 『오하기문(梧下記聞)』.

24 "距鬱陵島洋東百里 有一島曰獨島 舊屬鬱陵島 倭人勒稱其領地 審査以去." 황현, 『매천야록(梅泉野錄)』.

25 '하기와라 모리이치 대리공사로부터 가쓰라 타로 외무장관 앞으로(萩原守一代理公使から桂太郎外務大臣への)', 明治 40年(1907) 10月 17日發『第384号』.

한국은 독도에 대해 알고 있었나?

한국 측이 다시 반론했다.

"일본이 쉬쉬하는 바람에 한국 정부는 진자이 사무관이 심흥택 군수에게 통고할 때까지 그 사실을 전혀 모르고 있었는데 어떻게 항의한단 말이오?"

"그렇다면 사실을 통고받은 1906년에는 왜 가만있었습니까? 한국 정부가 항의 내지 저지하려고 시도했던 증거는 전혀 제시되지 않았습니다."[26]

"통감부가 설치되어 눈을 부라리고 있는데 어떻게 가능했겠소?"

"행정기관이 무슨 눈을 부라린단 말입니까?"

"눈을 부라리고말고요. 이를테면 독도 편입을 상부에 알린 심흥택의 경우만 하더라도 보고서를 작성한 직후 을사오적의 1명인 송병준의 사위 구연수(具然壽)로 교체되는 불이익을 당했습니다."

"그것은 한국 정부 내부의 문제 아닌가요?"

"그 같은 생각이 벌써 일본의 침략이라는 시대적 배경을 무시한 것이오."

일본 측이 다시 공격했다.

"외교권이 없어 항의를 못 했다는 이야기인가 본데, 좋습니다. 그렇다면 1905년 이전에는 왜 가만있었습니까?"

---

[26] 미나가와 다케시(皆川洸), 「다케시마 분쟁과 국제판례(竹島紛爭と國際判例)」, 前原光雄教授還曆記念, 『國際法學の諸問題』, 慶應通信, 東京, 1963.

한국 측이 맞받아쳤다.

"일제가 1904년 8월 제1차 한일협약을 강요하고 한국 정부의 각부에 고문을 두어 내정을 간섭하기 시작했는데, 어떻게 반대 의견을 낼 수 있단 말이오?"

"무슨 소립니까? 일본 정부에서 추천한 외교 고문은 미국인이었고, 일본이 한국의 외교권을 간섭한 일은 없습니다. 따라서 한국이 독도에 대해 정당한 권한을 갖고 있었다면 일본 정부에 항의하는 데 방해받는 일은 없었을 겁니다."[27]

"대단한 궤변이오. 다른 부서의 고문은 모두 일본인인데, 외교 고문만 미국인으로 한 것은 국제 여론을 의식한 눈속임용이 아니었소?"

"그럴 리가요?"

"그해 일본 내각회의에서 결정된 사항을 보면 '외(무)부에 외국인 고문관 1명을 집어넣어 뒤에서 조종함으로써 목적 달성을 쉽게 한다'[28]는 내용이 들어 있어요. 그 앞잡이가 바로 미국인 더럼 W. 스티븐스였지요. 그 점을 알고 있었기에 장인환·전명운 의사가 그를 샌프란시스코에서 저격했던 것 아니오?"

여기서 일본 측은 공격의 방향을 틀었다.

---

27 다무라 세이사부로(田村淸三郎), 『시마네현 다케시마의 신 연구(島根縣竹島の新硏究)』(復刊版), 島根縣總務部總務課, 1996; 「일본 정부의 견해(日本國政府の見解)」, 『海外調査月報』, 1954年 11月, 東京, 外務省.

28 明治 37年(1904) 5月 31日字 각의결정(閣議決定) 第2項乙. "외(무)부 관청에 고문관 1명을 넣어 이면에서 그 정부를 감독지휘토록 할 것, 그리고 그 고문은 차라리 외국인으로 충원, 제국(帝國) 공사(公使)의 감독 아래 그 직무를 집행토록 하여 안팎으로 원활히 우리 목적의 달성을 쉽게 할 것."

"좋습니다. 그렇다면 이건 어떻게 설명하시겠습니까? 1904년 이전에도 일본인들은 독도에서 강치잡이 등 어로 작업을 활발히 전개했으나 당시 한국 정부에서는 아무 항의도 하지 않았습니다. 이는 한국 정부가 영유권을 행사할 의사가 없었거나 아니면 독도 자체를 인지하지 못했다는 뜻 아닐까요?"[29]

일본 측은 결국 한국 측이 독도의 존재를 몰랐던 것이 아니냐는 논점으로 몰아갔다.

"그 무슨 해괴한 소리요?"

"알았다는 증거가 있습니까?"

"있소. 그것도 아주 강력한."

한국 측은 독도가 울도군에 속한다고 반포한 '대한제국 칙령 제41호'[30]를 내놓았다. 저들의 자질구레한 반론을 일거에 잠재울 수 있는 메가톤급 자료였다. 칙령을 반포한 시기도 일본이 독도를 자기네 영토로 편입한 해보다 5년이나 빨랐다.

이 강편치에 저들은 KO패 하고 말았을까?

칙령 제41호의 석도

일본은 호락호락한 상대가 아니었다.

"칙령 제41호는 우리도 잘 알고 있습니다. 그렇지만 독도라는 명칭

---

29 다이쥬도 가나에(太壽堂鼎), 『케이스북 국제법(ケースブック國際法)』, 有信堂, 東京, 1997.
30 『관보(官報)』, 광무 4년(1900) 10월 27일자, 의정부총무국관보과, 1900.

 독도의 진실

이 칙령 어디에 표기되었습니까? 거기에 언급된 것은 석도(石島)가 아니었습니까?"

일본의 지적처럼 칙령의 관계 조항에는 "군청 위치는 태하동으로 정하고, 구역은 울릉 전도(全島)와 죽도(竹島), 석도(石島)를 관할할 것"[31]이라고 기록되어 있다.

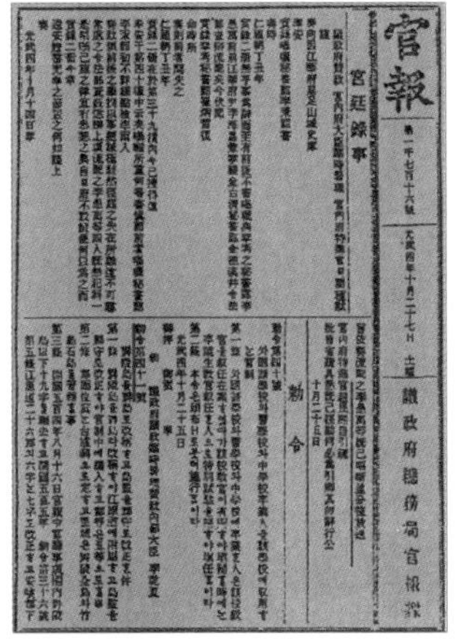

1900년에 반포된 '대한제국 칙령 제41호'가 게재된 「관보」.

"칙령에 언급된 석도가 바로 독도를 가리킨 것이오."

"좋습니다. 고종은 칙령을 반포하기에 앞서 1882년과 1900년 5월에 각각 이규원과 우용정을 울릉도에 파견했습니다. 그러나 울릉도 조사관으로 파견되었던 이규원이나 우용정은 당시 울릉도만 답사했을 뿐, 독도를 다녀온 일이 없습니다. 또 그들의 보고서 어디에도 독도에 대한 언급이 없습니다. 이것은 어떻게 설명하실 겁니까?"

"……."

"칙령에서 언급한 석도가 독도였다면 칙령을 반포한 지 7년 뒤에 발간한 장지연의 『대한신지지』[32]에는 왜 독도 또는 석도가 빠져 있습니까? 또 해방 후인 1946년에 최남선이 펴낸 『조선상식문답』에도 조선의 동쪽 끝은 '동경 130도 56분 23초'의 '경상북도 울릉군 죽도'라고 명기해 독도나 석도를 포함시키지 않았습니다.[33] 이런데도 한국이 독

---

31 "군청 위치는 태하동으로 정ᄒ고 구역은 울릉 전도와 죽도(竹島), 석도(石島)를 관할ᄒ 사(事)."
32 장지연(張志淵), 「대한전도(大韓全圖)」, 『대한신지지(大韓新地誌) 건(乾)』, 1907.
33 최남선(崔南善), 『조선상식문답(朝鮮常識問答)』, 동명사, 1946.

도를 알고 있었다고 할 수 있습니까?”

한국 측은 당혹스러웠다. 일본 측은 독도에 대한 한국의 역사적 권원(title) 자체를 부정했던 것이다.

“석도는 독도요.”

한국 측은 석도가 독도임을 여러 가지 사례를 들어 설명했다. 이것이 가장 중요한 논거였기 때문이다.

그러나 일본 측은 칙령의 석도가 독도일 수 없다는 주장을 폈다. 이를테면 한국 공격의 선봉장 격인 시모조(下條正男)라는 학자는 한 지방 신문과의 인터뷰에서 칙령의 석도는 관음도라고 주장했다.

－(칙령의) 죽도와 석도는 오늘날 어떤 섬을 가리키나요?

“한국은 제2차 세계대전 후 석도야말로 현재의 독도라고 주장해왔지요. ‘돌’과 ‘독’의 발음이 가깝다는 이유로 칙령에 있는 석도가 독도임에 틀림없다고 합니다. 그러나 칙령에는 석도나 죽도의 위도와 경도가 명기되어 있지 않아요. 분명한 근거가 없습니다.”

－석도가 독도가 아니라는 증거는?

“한국에서 발행되던 1899년 9월 23일자의 「황성신문」은 울릉도의 부속 섬 가운데 가장 현저한 섬은 우산도와 죽도라고 보도했고, 독도는 기사에 나오지도 않았습니다. 말할 것도 없이 거기에 기재된 죽도는 현재의 독도와 다르지요.”

－그렇다면 칙령 제41호에 있는 석도와 죽도는 지금으로 치면 어떤 섬인가요?

“죽도는 대섬입니다. 석도는 이규원이 도항(島項)이라고 보고한 오

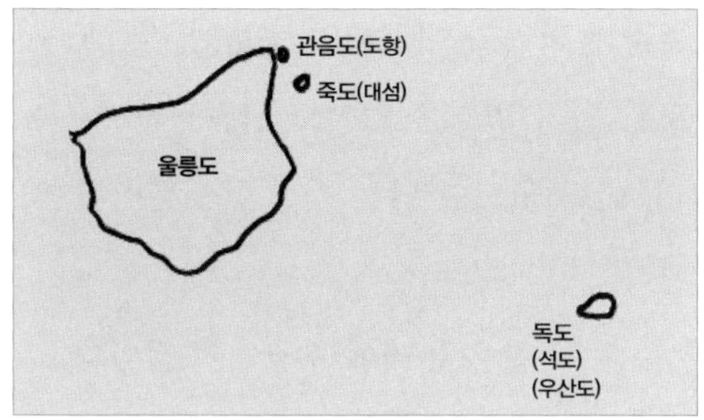

칙령에 표기된 석도(독도)의 위치는 현재의 관음도(도항)가 아니었느냐고 일본 측은 반문한다.

늘날의 '관음도'로 보는 것이 타당합니다."[34]

석도를 관음도라고 했는데, 마침 그가 「황성신문」을 들먹였으니 그 날짜의 기사를 정밀히 살펴볼 필요가 있다. 기사는 "울진의 동해에 한 섬이 있으니 울릉이라 하는데, 그 부속한 6개의 작은 섬들 가운데 가장 현저한 것은 우산도 · 죽도이니……"라고 서두를 시작한다.[35] 울릉도의 큰 부속 섬으로 2개의 섬을 언급하면서 우산도, 죽도 순으로 열거하고 있다.

우산도를 먼저 언급했으니 우산도가 죽도보다 크다는 뜻이다. 그러니 죽도보다 작은 관음도는 우산도가 될 수 없다. 그런데 울릉도 주변에 죽도보다 큰 섬은 독도밖에 없다. 따라서 우산도는 독도가 되는 것이다.

칙령에 울릉도의 부속 섬으로 죽도와 석도가 기재되었고, 「황성신문」에 죽도와 우산도가 기재되었다면 석도는 우산도라는 이야기가 된

---

[34] "독도라고 입증할 수 없는 석도-시모조 마사오 다쿠쇼쿠대 교수에게 듣는다(独島と立証できぬ 石島-下條正男 拓殖大教授に聞く)", 「산인쥬오신보(山陰中央新報)」, 2005年 8月 27日.

[35] "별보-울릉도사황(別報-鬱陵島事況)", 「황성신문(皇城新聞)」, 1899년 9월 23일.

다. 위의 시모조라는 학자가 비교하여 추정한 관음도에는 깍새섬·깍
개섬·섬목·도항 등의 별명은 있어도 관음도가 우산도라고 불린 적
은 한 번도 없다. 이렇게 되면 남는 것은 독도뿐이다. 따라서 석도=우
산도=독도가 된다.

그러나 일본 측은 이 같은 논리에 수긍하지 않았다.

"그렇다면 이건 어떻습니까?"

구체적으로 기술되지 않은 우산도

일본 측은 18~19세기에 조선에서 제작된 여러 가지 지도를 연도별
로 제시했다.

"「여지도」(1736)-「광여도」(1737)-「동국대전도」(1740)-「팔도여지
도」(17세기 중엽)-「해동지도」(17세기 중엽)-「조선지도」(1750)-「지승」
(1776)-「해동여지도」(1776)-「동여도」(1795)-「관동방여」(1800)-「해

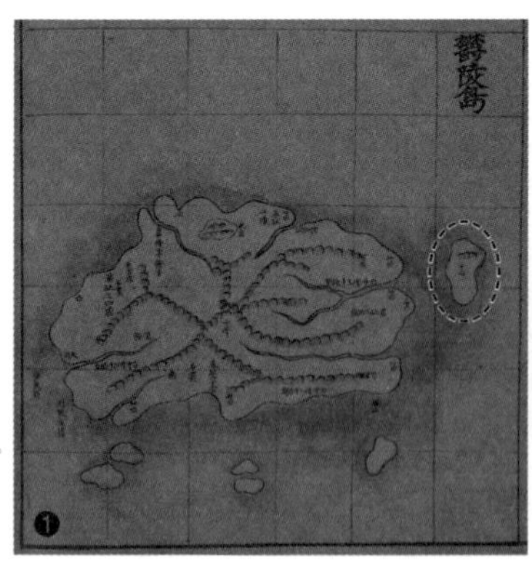
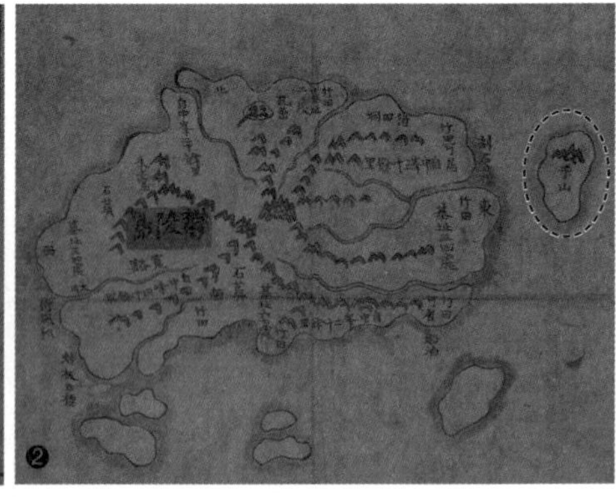

❶ 1776년에 제작된 「해동여지도」의 울릉도 부분. 옆에 우산도가 그려져 있다.
❷ 1795년에 제작된 「동여도」. 울릉도 바로 옆에 우산도가 그려져 있다.

  독도의 진실

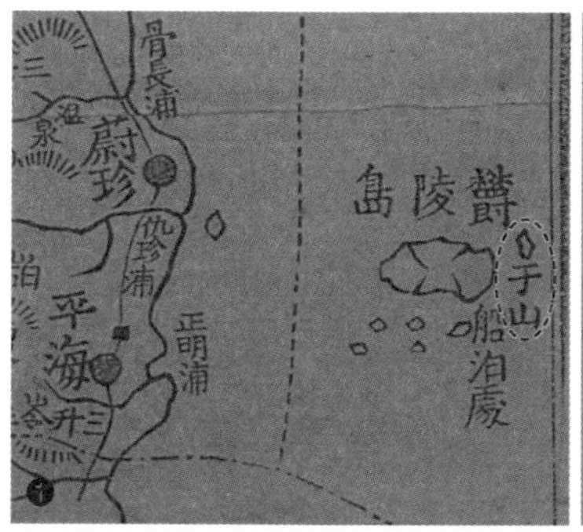
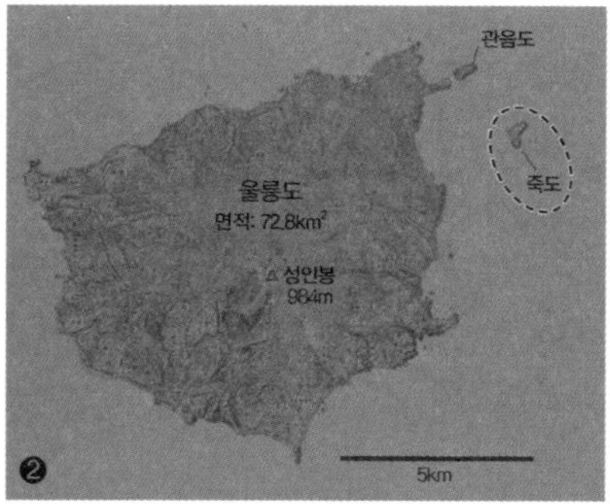

❶ 1898년에 제작된 「조선지도」. 울릉도 바로 옆에 우산도가 표시되어 있다.
❷ 울릉도 옆의 작은 섬이 '죽도'인데, 옛 지도의 '우산도'의 위치나 크기가 위의 '죽도'와 비슷해 일본인들의 지적을 받고 있다.

좌전도」(1822) - 「청구도」(1834) - 「대동여지도」(1861) - 「울릉도」(1884) - 「조선지도」(1898) - 「대한전도」(1899).”

각 지도마다 울릉도가 그려져 있고, 울릉도 바로 옆에 작은 섬이 고구마를 세운 것은 같은 모습으로 그려져 있는데, 그 안에는 한자로 '우산(于山)'이라 쓰여 있다. 지도에 그려진 우산도를 어떻게 해석해야 하느냐 하는 문제는 남지만 그 위치나 거리, 생김새로 보아서는 영락없는 죽도(대섬)다. 일본 측이 노린 것이 바로 이 점일 것이다.

“어떻습니까?”

대답하기가 어려웠다.

“그 시절에는 지도 기술이 발달하지 못해 가깝게 그려진 것 아니오?”

“좋습니다. 그렇다면 우산도의 이름이 가장 먼저 나오는 『태종실록』을 예로 들어봅시다. 안무사 김인우가 우산도를 다녀올 때 토산물과 그곳 거주민 3명을 데리고 나왔는데, 돌아와서 보고하기를 우산도에는 열다섯 가구에 남녀 모두 86명이 살고 있다고 했습니다. 이를 어떻게 해석해야 할까요?"[36]

숨이 막혔다.

"다케시마는 사람이 살 수 없는 무인도인데, 86명이나 그곳에 산다면 우산도가 과연 다케시마였을까요? 김인우가 가지고 나왔다는 토산물 가운데는 생모시, 솜, 대죽(大竹) 같은 것들이 있습니다. 암석인 다케시마에는 대나무가 자라지 않는데, 대나무를 가지고 나왔다니 김인우가 갔다는 우산도는 다케시마였을까요? 아니면 울릉도였을까요?"[37]

날카로운 지적이다. 한국 측이 물었다.

"하지만 우산도가 나오는 첫 문헌은 『삼국사기』 아니오?"

"『삼국사기』에 나오는 것은 우산도가 아니라 우산국입니다."

"그것 보시오. 벌써 서기 512년에 신라의 이사부(異斯夫) 장군이 우산국을 항복시켰던 것 아니오?"

"『삼국사기』에 우산국인 울릉도가 512년 신라에 귀속했다는 기술은 있지만 우산도에 관한 기술은 없습니다."[38]

울릉도와 우산도는 서로 다른 2개의 섬이다. 이는 이른바 '2도설'이다. 그런데 우산도에 관한 기술이 없다니 이것이 무슨 소리인가?

당혹한 나는 『삼국사기』부터 『증보문헌비고』에 이르기까지 한국 문헌들을 전부 찾아보았다. 안타깝게도 그들의 지적은 사실이었다. 우

---

36 『태종실록(太宗實錄)』, 태종(太宗) 17년(1417) 2월 5일.
37 가와카미 겐조(川上健三), 『다케시마의 역사지리학적 연구(竹島の歷史地理學的研究)』, 古今書院, 東京, 1966.
38 외무성(外務省), 『다케시마 문제를 이해하기 위한 열 가지 포인트(竹島問題を理解するための10のポイント)』, 東京, 2008.

　　　　독도의 진실

산도의 실체에 대한 기록이 없었다. 우산도의 이름은 문헌마다 나오지만 그 내용은 전부 울릉도를 묘사한 것으로, 우산도 자체를 묘사한 기록은 단 한 군데도 발견할 수가 없었다.

여기서 일본 측은 우산국-유산국-우산도-무릉도-우릉도 등 여러 가지로 표기되는 우산국은 이름과 글자만 조금씩 다를 뿐 모두 현재의 울릉도를 가리킨다는 이른바 '1도설'을 주장하기에 이른다.

한 걸음 더 나아가 이렇게 주장하는 일본 학자도 있었다.

"만약 우산도가 울릉도의 별칭이 아니라면 말입니다. 가령 한국이 주장하는 것처럼 우산국이 울릉도와 우산도로 이루어졌다고 한다면, 사람이 사는 울릉도로부터 100km나 떨어진 우산도, 물도 나오지 않고 사람이 살 수도 없는 암석인 우산도를 우산국의 나라 이름으로 하는 것이 불가능하지는 않겠지만 부자연스러운 일 아니겠습니까?"[39]

약이 바짝 올랐다. 고문헌마다 언급된 우산도가 실체도 없는 섬이었단 말인가?

그러나 역사 연구가 내셔널리즘을 선동하는 일이 되어서는 안 된다는 생각이 들었다. 그런 관점에 서면 결론이 미리 나버려 논점이 단순화되고 논의의 질이 저하되기 때문이다. 그 과정에서 역사적 진실은 실종되기가 쉽다. 내가 정말 알고 싶었던 것은 진실이다.

우산도는 정말 실존했을까?

---

[39] 다이쥬도 가나에(太壽堂鼎), 「다케시마 논쟁(竹島論爭)」, 『國際法外交雜誌』 第64卷 第4~5号, 1966.

신라 · 고려 시대의 독도

이민족 국가

서기 512년의 일이다.

신라의 명장 이사부는 병사들을 전선(戰船)에 태우고 우산국으로 향했다. 파도에 시달리며 적군을 올려다봐야 했던 신라군은 세찬 바다 건너 섬 전체가 절벽으로 둘러싸인 암석 위의 우산국 병사들을 공격하기가 쉽지 않았다. 위에서는 돌과 화살이 날아왔다. 그래서 이사부는 계략을 썼다. 그 정황이 『삼국사기』에는 이렇게 기록되어 있다.

"이찬 이사부가 하슬라주의 군주가 되었을 때, 우산국 사람들이 어리석고 사나우므로 위세로는 어렵지만 계략으로 항복시키는 것은 가능하다면서 나무 사자를 많이 만들어 전선에 나누어 싣고 그 나라 해안으로 다가갔다. 그리고 속여 이르기를 '너희들이 항복하지 않으면 이 맹수들을 풀어 밟아 죽이겠다'고 했다. 우산국 사람들이 두려워하여 곧 항복했다."[1]

땅이 넓지 않은 우산국(울릉도)의 인구는 당시에도 많지는 않았다. 그런데도 이사부 같은 명장이 '위(威)'가 아닌 '계(計)'를 써서 공략했다는 것은 그만큼 우산국이 강했다는 뜻이다. 더불어 "어리석고 사납다(愚悍)"는 표현에서 이들 족속이 좀 색달랐던 것이 아닌가 하는 의구심이 드는데, "우산국이 항복·귀순하여 해마다 토산물을 바치기로 했다"[2]는 대목을 읽고 난 뒤에 그런 심증이 더욱 굳어졌다.

이사부에게 항복한 우산국은 실제로 신라 영토로 편입되지 않았다. 이 점은 『삼국사기』 지리지를 통해 입증된다. 신라 시대뿐 아니라 군현제가 완성된 고려 현종 때까지도 우산국은 고려 영토로 편입되지 않았다.[3]

결론적으로, 그들은 강원도나 인근 육지에 살던 사람들이 아니었다. 이 같은 사실은 1963년 울릉도 고분을 조사한 고고학자 김원룡이 "우산국 주민의 출자(出自)는 신라계가 아니라 가야계"라고 기록한 보고서를 통해 그 근거를 얻을 수 있다. 또 1998년 울릉도 고분을 조사한 영남대학교도 "고고학적 자료의 한계로 고분 축조 집단이 토착민인지 이주민인지 단언하기 어렵다"[4]고 하여 일단 이주민일 가능성을 열어두었다.

『고려사』의 "우릉(울릉) 성주가 아들 부어잉다랑을 보내 토산물을 바쳤다"[5]는 대목에 등장하는 '부어잉다랑'이라는 이름도 그가 신라인

---

1 『삼국사기(三國史記)』, 「신라본기」, 지증마립간(智證麻立干) 13년(512) 6월조.
2 "于山國歸服 歲以土宜爲貢." 『삼국사기』 위의 글.
3 김호동, 「울릉도의 역사로서 우산국 재조명」, 『독도연구』 제7호, 영남대학교독도연구소, 2009.
4 김호동, 위의 글.
5 "羽陵城主 遣子夫於仍多郎 來獻土物." 『고려사』, 「세가」, 덕종 원년(1032) 11월 병자조.

이나 고려인이 아니었음을 시사해준다.

김원룡은 가야계라고 했는데, 실은 가야계도 지배층은 북방 출신이었다는 것이 출토된 마구(馬具) 등에 의해 입증되기 때문에 나는 그들이 북방 민족, 그중에서 만주와 연해주 쪽에 살던 읍루(挹婁)계가 아니었을까 보고 있다.

이는 확정된 설이 아니다. 다만 누군가 우산국(울릉도)으로 건너와 살자면 배를 잘 타야 했을 것인데, 읍루인은 "배를 타고 노략질과 도적질하는 것을 좋아해 이웃 나라들이 그 환란을 두려워했으나 끝내 복종시킬 수 없었다"[6]는 구절이 『후한서』에 나오기 때문에 그렇게 본 것이다.

배를 잘 타는 읍루인들이 울릉도에 정착해 살면서 동해에 우산국을 세웠던 것으로 보인다. 이들은 모자라는 식량을 구하기 위해 신라 동해안 지역을 자주 노략질했을 테고, 이사부가 우산국을 정복한 것도 바로 그 때문이었을 것이다.

그러나 이사부는 그 나라를 신라 영토에 편입시키지 않고 조공을 받는 것으로 마무리 지었다. 큰 쓰임새도 없는 우산국을 영토에 편입하기보다는 항해에 뛰어난 이들을 앞세워 동해를 방비하는 것이 더 실속 있는 정책이라고 판단했기 때문이다. 우산국이 신라를 거쳐 고려 현종 때까지 일종의 자치국으로 존속할 수 있었던 까닭이 바로 여기 있다.

그들의 활발한 해상 활동은 "고려의 종속국 백성인 우릉도(울릉도) 사람들이 이나바에 표류해 왔다. 양식을 주어 본국에 돌려보냈다"고 한 1004년의 일본 문헌을 통해서도 그 편린(片鱗)을 엿볼 수 있다.[7] 일

---

6 "便乘船 好寇盜 鄰國畏患 而卒不能服." 『후한서(後漢書)』, 「동이열전(東夷列傳)」, 읍루(挹婁).

본까지 표류할 정도였으니 동해 한가운데의 독도는 그들의 안마당이었던 것이다.

변화가 생긴 것은 1018년이었다.

우산국과 도이족

그해 11월 만주에 기반을 둔 여진족이 갑자기 우산국을 습격해 왔다. 일본 문헌에 '도이족(刀伊族)'으로 기록된 이들 해적의 규모는 전선 50척에 무리 3,000여 명이었다.

우산국(울릉도)에서 한겨울을 보낸 이들은 봄이 되자 뱃머리를 일본으로 돌렸다. 1019년 3월 27일 대마도와 이키 섬을 차례로 공격한 도이족은 그곳의 가옥을 불태우고 가축을 잡아먹었으며, 노인과 아이들을 죽이고 성인 남녀를 배로 끌고 가 노예로 삼았다. 대규모 살육과 약탈, 방화가 자행되는 가운데 대마도 태수는 규슈의 다자이후로 간신히 피신했고, 이키 섬의 태수는 전사했다.

이어 도이족이 규슈로 진격하자 그곳 태수는 호족과 무사 집단을 이끌고 나가 가까스로 이들을 격퇴했다. 도이족의 침략으로 일본이 입은 피해는 사망 365명, 납치 1,289명, 소와 말 380마리, 가옥 파손 45채 등이었다.[8]

일본은 이들 침략자를 '도이(刀伊)'라고 불렀는데, 이는 우리말의

---

7 "高麗藩徒芋陵島人 漂至因幡…給資糧 回歸本國." 『대일본사(大日本史)』, 「열전(列傳)」, 고려(高麗), 1906.

8 「도이의 침입(刀伊の入寇)」, '위키피디아 백과사전(ウィキペディア百科事典)'.

'되(놈)'에서 유래한 호칭이었다. 여진족을 '되놈'이라 불렀던 것은 박지원의 『열하일기』에 등장하는 '도이노음(都爾老音)'(되놈)의 에피소드를 통해서도 확인된다.

되놈(도이)이 일본 침공의 전진기지로 삼았던 우산국은 일본 침공에 앞서 몇 달 전에 초토화되었다. 살아남은 우산국 사람들은 강원도와 경상도 연안으로 도망쳐 나왔다. 『고려사』에는 이들 피난민을 우산국으로 돌려보내 농기구를 하사했다는 기록이 나오지만, 한참 뒤에는 다시 피난 나온 우산국 사람들을 고려 호적에 편입했다는 기록도 나온다.[9] 고려의 도움에도 불구하고 우산국은 끝내 세를 회복하지 못했던 것이다.

그리하여 우산국은, 1157년 그곳을 조사하고 돌아온 김유립(金柔立)의 보고처럼 마을의 흔적만 남고 사람이 살지 않는 무인도가 되어버렸다.[10] 한때 동해의 해상 강국이던 우산국은 이렇게 역사에서 덧없이 사라지고 말았다.

사학자 김윤곤은 "우산국이라는 표현은 고려 현종 10년(1019) 여진족의 침입으로 우산국이 와해되었을 때와 현종 13년(1022) 본토로 도망 온 사람들을 정착시켰을 당시 기록에 나타나며, 이후에는 보이지 않는다. 우릉성이라는 표현도 고려 덕종 원년(1032)이 지나면 더 이상 나타나지 않는다. 이후에는 국(國)이나 성(城)이 아닌 도(島)라는 표현만 나타난다"[11]고 기술했다. 그에 따르면 우산국의 명칭이 우산도로 바뀌었다는

---

9 『고려사』, 세가 4, 현종 9년(1018) 11월; 현종 10년(1019) 7월 24일; 현종 13년(1022) 7월 8일.
10 『고려사』, 세가 18, 의종 11년(1157) 5월조.
11 김윤곤, 「우산국과 신라·고려의 관계」, 민족문화연구소 편, 『울릉도·독도의 종합적 연구』, 영남대학교출판부, 1998.

   독도의 진실

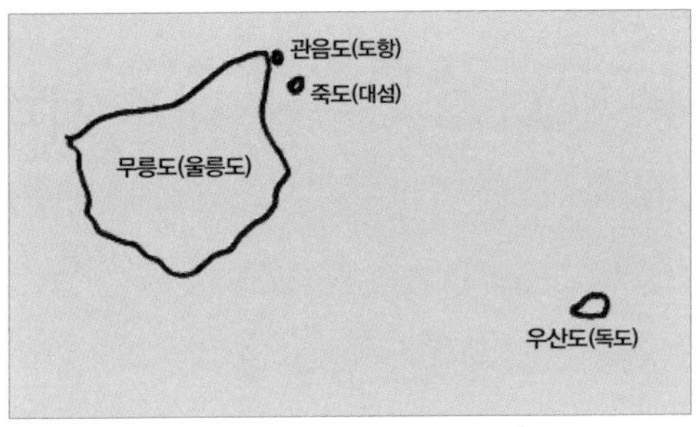

우산국의 구성(신라 · 고려시대).

것이다.

그런데 사학자 이병도에 따르면, 우산도는 원래 우산국의 중심인 울릉도의 옛 이름이었는데, 이것이 우릉도(芋陵島)→무릉도(武陵島)→무릉도(茂陵島)→울릉도(蔚陵島)→울릉도(鬱陵島) 등 서면(書面) 호칭으로 변화하면서 우산도는 오히려 울릉도의 부속 섬인 독도를 가리키는 호칭으로 전용되었다고 한다.[12]

원래 이민족 국가였기 때문에 신라나 고려 조정에서도 우산국의 실체를 잘 알지는 못했다. 그런 탓에 『삼국사기』에 실린 이사부의 우산국 정벌 이야기만 여러 문헌에 그대로 필사되었던 것이다. 그래도 조공을 받아 우산국의 이름만은 분명히 알고 있었는데, 우산국이 패망한 뒤로는 그 이름마저도 세인의 기억에서 흐릿해져갔다.

이 과정에서 무릉도(울릉도)의 호칭이 세를 얻었고, 우산도는 우산국을 이루던 나머지 섬, 곧 독도를 가리키는 이름으로 점차 밀려났다는 얘기다.

---

12 이병도, 「독도의 명칭에 대한 사적(史的) 고찰: 우산 · 죽도 명칭고(考)」, 『불교사논총』, 1963.

태종 시대의 독도

쇄출정책

시간이 지나면서 폐허가 되었던 무릉도(울릉도)에 인구가 늘고 그곳에 건너가 농사를 짓거나 고기잡이하며 사는 사람들이 다시 촌락을 이루었는데, 고려 말부터 조선 초기에 크게 창궐한 왜구(倭寇)가 그곳 주민들을 생포해 가는 일이 생겼다.

1407년 3월 대마도주 소오 사다시게(宗貞茂)는 생포한 주민들을 돌려보내면서 대신 대마도인의 무릉도 입주를 조선 정부에 요청했고, 태종은 이를 거절했다.

그러나 군역을 피해 무릉도에 들어가 왜구 흉내를 내며 본토를 약탈하는 사람들이 있다는 보고를 듣자 태종은 1416년 김인우(金麟雨)에게 무릉도의 현황을 조사하라는 명을 내렸다. 이에 김인우는 삼척 출신의 이만이라는 자를 대동하고 병선 2척을 동원하여 무릉도에 들어갔다.[1]

묘한 것은 그가 들어갈 때는 섬 이름이 '무릉도'였는데, 다녀온 뒤에는 "안무사 김인우가 우산도에서 돌아왔다"[2]고 하여 그 섬의 이름이 '우산도'로 기록되어 있다는 점이다. 이는 무릉도와 우산도가 혼동되었음을 보여주는 자료다.

김인우는 자신이 답사한 섬의 실정을 보고했다. 이에 태종은 중신들을 소집하여 대책을 의논토록 했다. 그러자 모두들 "무릉도 주민을 육지로 나오게 하지 말고 곡물과 농기구를 주어 그들의 생업을 안정케 하소서. 오히려 관리자를 보내 그들을 위로하고 어루만지며 또 세금을 정하는 것이 좋을 것 같습니다" 하고 아뢰었다.

그러나 공조판서 황희(黃喜)만은 안 된다면서 이렇게 진언했다. "그곳에 있게 하기보다는 속히 섬을 비우게 하는 쇄출정책[3]을 쓰는 것이 마땅합니다."

그러자 태종이 고개를 끄덕였다.

"쇄출의 계책이 옳다. 저들은 일찍이 부역(賦役)을 피해 편히 살아온 사람들로, 만일 세금을 정하고 관리자를 둔다면 이를 싫어할 것이 틀림없으니 그곳에 오래 머물러 있게 할 수가 없다. 안무사 김인우로 하여금 우산도 · 무릉도 등지에 다시 들어가 그곳 주민을 육지로 데리고 나옴이 마땅하다."[4]

태종은 그렇게 섬을 비우는 쇄출정책을 채택했다.

---

1 『태종실록』, 태종 16년(1416) 9월 2일.
2 "按撫使金麟雨 還自于山島."『태종실록』, 태종 17년(1417) 2월 5일.
3 쇄출정책(刷出政策): 비로 쓸듯 다 나오게 하는 정책이라는 뜻. 흔히 공도정책(空島政策)이라고 하나 이는 일본인이 만든 용어이므로, 굳이 쓰려면 '빈섬정책'이 어떨까 한다.
4 『태종실록』, 태종 17년(1417) 2월 8일.

여기서 김인우가 조사하러 들어갈 때는 '무릉도', 조사하고 나온 뒤에는 '우산도', 쇄출정책 채택 시에는 '우산도·무릉도'로 기록된 점이 눈에 띈다.

이는 두 섬에 대한 분명한 인식을 갖지 못하다가 김인우의 보고를 듣고 나서 '우산도·무릉도'라는 표현을 쓰게 된 것이 아닌가 싶다. 이 시기 우산도(독도)와 무릉도(울릉도)에 대한 조정의 인식이 그리 분명하지 못했다는 반증이다.

연도	왕	독도	울릉도
521	지증왕	우산국	우산국
1018	현종	우산국	우산국
1021	현종	우산도	우릉도
1416	태종	우산도(?)	우산도(?)·무릉도

이 약점을 일본 측은 날카롭게 파고들었다.

"한국은 우산도가 독도라 주장하지만 김인우가 다녀왔다는 우산도에 86명의 사람이 살고 있었다면 그 섬이 어떻게 독도가 될 수 있습니까?"

우산도가 독도라는 주장을 무색케 하는 지적이다. 게다가 465년이나 지속된 쇄출정책은 그렇지 않아도 실체를 잘 몰랐던 우산도에 대한 인식을 더욱 약화시켰다.

그래서 텅 빈 섬처럼 세인들의 기억에서 사라진 우산도가 때로 동해에서 새로 발견된 섬으로 임금에게 보고되는 해프닝이 벌어지기도 했다.

세종 시대의 독도

요도의 발견

무릉도(울릉도)와 우산도(독도)가 잊히면서 함길도(함경도)의 바닷가에 사는 사람들 사이에 새 섬이 발견되었다는 소문이 나돌기 시작했다. 동해 가운데 여뀌 잎처럼 갸름하고 길쭉하게 생긴 섬이 있다는 것이었다. 그리고 실제 이 섬을 다녀왔다는 사람도 나타났다. 여뀌 잎처럼 생겼다 하여 이 섬은 여뀌 섬→요도(蓼島)라는 이름으로 불리기 시작했다.

세종이 이 소문을 들은 것은 1429년이었다. 누가 보고했는지는 기록되어 있지 않으나, 세종이 그해 12월 27일 나라의 제사를 담당하던 기관인 봉상시의 책임자 이안경(李安敬)을 강원도에 보내 요도에 가보도록 했다는 기사가 『세종실록』에 실려 있다. 이에 이안경은 요도를 방문하고 다음 해 1월 26일 돌아와 임금께 아뢰었다.

그러나 보고가 만족스럽지 않았던지 세종은 "함흥에 사는 김남련

(金南連)이라는 사람이 요도에 가본 적이 있는 모양이니 역마를 이용하여 그를 보내되, 만일 늙고 병들었거든 섬에 대한 것을 자세히 물어보도록 하라"는 명을 함길도 감사에게 보냈다. 이에 함길도 감사는 김남련을 대궐로 보냈다. 그를 만나본 세종은 다시 함길도 감사에게 "경성 무지곶이나 홍원 보청사에 올라가면 요도가 보인다더라. 지금 김남련을 보내니 함께 그곳에 가서 요도의 모양과 지세(地勢), 뱃길 상태를 알아보도록 하라"는 명을 내려보냈다.

세종은 새 영토에 관심이 많았다. 그래서 다시 상호군 홍사석과 전 농윤 신인손을 함길도에 보내 따로 요도를 찾아보게 했으나 별 성과가 없었다.

명을 받은 함길도 감사는 네 사람을 시켜 무지곶에 올라가 바다 한가운데를 살펴보게 했다. 그랬더니 전벽(田闢)이라는 자가 올라갔다 내려와서 "동쪽과 서쪽의 두 봉우리가 섬처럼 생겼는데 하나는 약간 높고 하나는 약간 작으며 중간에 큰 봉우리가 하나 있는데 표를 세워 측량해보니 바로 남쪽에 해당합니다"라고 했다. 함길도 감사는 그를 서울로 보내 임금께 본 대로 아뢰게 했다.

그 후 이 문제는 8년 동안 잠잠했다. 그러다 1438년 7월 26일, 세종은 강원도 감사에게 다시 이러한 지령을 내려보냈다.

"무릉도는 원래 사람이 살던 곳이고 예로부터 사람이 오가던 땅이다. 그러나 요사이 사람을 시켜 큰 바다를 건너라 했더니 오히려 그 험난함이 두려워 밤낮 걱정만 하더라. 하물며 이 요도의 경우는 어딘가 있다고들 하지만 본시 그곳을 오간 자가 없지 않느냐? 내 이미 쇠로한 나이에 감히 탐색까지야 바라겠는가. 다만 소문에 이 섬이 양양

동쪽에 있다고 하니 그것이 어디에 있는지는 불가불 알아야겠다. 경은 마땅히 이를 다시 탐문하여 보고토록 하라."[1]

그러나 이번에도 보고가 신통치 못했다.

그로부터 다시 7년의 세월이 흘렀다. 1445년, 이번에는 양양 사람 김연기가 "양양 동쪽 100여 리 되는 지점에 요도가 있다"고 증언했다는 보고가 들어왔다. 세종은 강원도 감사에게 이 사실을 확인해보라는 지령을 내렸다. 그러나 이때도 만족스러운 보고는 올라오지 않았다.

같은 해 8월 17일, 권맹손이 "요도가 삼척 앞바다에 있어 바라보인다는 말을 남회(南薈)가 했사오니 그를 보내시면 요도를 찾을 수 있을 것입니다" 하고 아뢰었다.

이에 세종은 요도를 찾는 자에게 상을 내리겠다면서 남회를 파견해 요도를 찾도록 했으나 끝내 성공하지 못했다. 세종은 강원도 감사에게 허탈해진 마음을 이렇게 털어놓았다.

"세간에서 전하기를 동해 한가운데 요도가 있다고 한 지가 오래되었고 또 그 산의 모양을 보았다는 사람도 많았다. 내가 두 번이나 관원을 보내 찾게 했으나 찾지 못하였는데, 현재의 갑사[2] 최운저(崔雲渚)가 '일찍이 삼척 봉화현에 올라 바라보았고 그 뒤 무릉도에 가다가 또 이 섬을 바라보았다'고 했고, 남회 또한 '연전 동산현 정자에서 바다 가운데 산이 있는 것을 바라보고 현청 관리에게 물었더니 이 산은 예전부터 있었다고 대답하기에 그 아전을 시켜 종일 살펴보게 했더니

구름 기운이 아닌 실제의 산이라고 했다'고 말했다.”

“나는 이 섬이 바다 가운데 있는 것이 틀림없으나 섬의 산이 평평하고 작아서 바다 물결이 하늘에 닿으면 언덕에 있는 자가 자세히 보지 못하게 되는 것이라 하고 싶다. …… 그런데 남회가 바다를 전부 살펴보았는데도 결국 찾지 못하고 돌아왔으니 요도 이야기는 허망하구나. 진실로 바다 가운데 있다면 무릇 눈이 있는 자는 모두 다 볼 터인데 어찌 남회 혼자서만 볼 수 있고 다른 사람은 볼 수 없었단 말이냐?”[3]

세종이 요도 탐색에 공을 들인 것은 햇수로 16년이었다. 이 기간 동안 『세종실록』에 실린 섬의 위치나 모양, 섬을 둘러싼 상황 등은 요도가 잊히고 만 옛 우산도, 곧 오늘날의 독도였음을 짐작케 하지만 탐색에 실패함으로써 요도는 결국 역사적으로 존재하지 않는 섬이 되어버렸다.

그로부터 25년 뒤 요도의 경우와 비슷한 제2의 신도설(新島說)이 대두되었는데, 그 섬의 이름은 삼봉도(三峰島)였다.

---

[3] 이상 2개 인용문은 『세종실록』, 세종 27년(1445년) 8월 17일.

　　독도의 진실

성종 시대의 독도

삼봉도의 수색

1470년 성종 때의 일이다.

영안도(함경도) 관찰사가 장계[1]를 올렸다. 부역을 피하려는 백성들이 나라를 배반하고 동해의 삼봉도라는 섬으로 달아났다는 내용이다. 장계를 읽어본 성종은 죄질이 나쁘디면시 그들을 반드시 찾아내라는 명을 내렸다.

그러나 영안도 관찰사는 그들을 찾아내지 못했다. 성종은 다음 해에 교체된 신임 관찰사에게 그들을 찾아내라고 다시 재촉했으나 역시 일이 진척되지 않았다.

그러자 성종은 병조에 명하여 수색대를 파견하는 데 필요한 것이 무엇무엇인지 적어 올리라고 지시했다. 병조에서는 수색대 책임자를

---

1 장계(狀啓): 조선조 때 벼슬아치가 임금께 올리던 보고서.

경차관[2]으로 정하고, 삼봉도를 다녀왔다는 부령 사람 김한경(金漢京)을 길 안내역으로 대동시키며, 수색에 동원할 병사 160명과 군량미, 무기, 그들이 탈 수색선 4척을 준비해야 한다고 적어 올렸다.

이 건의서에 따라 성종은 박종원(朴宗元)을 경차관에 임명했다. 성종은 삼봉도 탐험에 남다른 의욕을 보였다. 역적으로 바뀔 염려가 있는 백성을 색출한다는 의미도 있었지만 새 영토를 얻고 싶다는 군주로서의 욕망도 있었기 때문이다.

그는 국토를 넓히고 백성을 불리는 것이야말로 임금이 해야 할 일이라고 생각했다. 그래서 과거에 삼봉도의 문제를 책문(策問)으로 내놓기도 했다.

"삼봉도는 우리 강원도 지경에 있고, 토지가 비옥하여 백성들이 많이 가서 살았기 때문에 세종조부터 사람을 보내 이를 찾게 했으나 찾지 못했다. 어찌하면 그 땅을 얻어 백성들을 많이 살게 할 수 있겠는가? 어떤 사람은 말하기를 바닷길이 험해 비록 얻는다 해도 무익하니 내버려두는 것만 같지 못하다고 했는데 이 말은 어떠한가?"[3]

이에 대해 과거의 최종 합격자들이 어떤 대책을 말했는지 기록된 것은 없다. 성종은 예조에 명하여 경차관 박종원에게 왜통사(倭通事)와 여진통사까지 붙여주었다. 새 섬에 왜인이나 여진족이 있으면 통역관을 통해 그들을 조사할 수 있게 배려했던 것이다.

삼봉도 수색대는 1472년 5월 28일에 울진 앞바다를 떠났다. 『성종

실록』에는 울진을 떠난 4척의 수색선 가운데 3척이 "무릉도에 도착하여 사흘 동안 머물렀는데, 섬 안을 조사해보니 거주민은 보이지 않고 다만 옛 집터만 있을 따름이었다"면서 풍랑이 심해 항해하기 어려우므로 부득이 병사들을 서울로 올려 보내야겠다는 강원도 관찰사의 보고 내용이 실려 있다.[4]

이 기사를 읽어본 일본 연구자는 "한국은 삼봉도가 독도라고 주장하나 삼봉도는 울릉도 자체의 별칭에 지나지 않고 …… 설령 그것이 독도였다고 하더라도 풍랑 때문에 도달하지 못했으니 조사단이 삼봉도를 유효하게 점거 내지 경영했다고는 할 수 없을 것"[5]이라고 비웃었다.

그런데 『성종실록』에는 나머지 1척에 대한 언급이 없다. 1척은 조난당했던 것일까?

아니다.

"이제 경의 보고서를 보고 박종원 등이 배를 타고 출발했으나 풍랑을 만나 사방으로 흩어진 것을 알았다. 그러나 표류하여 익사한 사람이 없으니 기쁜 일이다"[6]라고 성종이 술회한 대목을 통해 나머지 1척도 무사히 귀환했음을 확인할 수 있다.

그런데 한 자료에는 "박종원을 보내 탐사케 했으나 풍랑이 거세 배를 대지 못하고 울릉도를 지나서 돌아왔다고 한다"[7]고 기록되어 있고, 다른 자료에는 "이에 박종원을 파견하여 가서 그것을 보고 오라고 했

---

4 『성종실록』, 성종 3년(1472) 6월 12일.

5 다무라 세이사부로(田村淸三郎), 『시마네현 다케시마의 신 연구(島根縣竹島の新研究)』, 報光社, 松江, 1965.

6 『성종실록』, 성종 3년(1472) 6월 12일.

7 "遣朴元宗往探, 因風濤不得泊, 還過鬱陵島云." 이수광(李晬光), 『지봉유설(芝峰類說)』, 「도(島)」.

으나 풍랑 때문에 다다를 수가 없어 되돌아왔고 동행한 배 1척은 울릉도에 정박했다"[8]고 기록되어 있어 나머지 1척이 배를 대려 했던 곳이 울릉도가 아니었음을 알려준다. 여기서 "삼봉도가 울릉도의 다른 이름"이라던 일본 측의 논리는 보기 좋게 깨진다.

그러나 상륙에 실패했기 때문에 박종원이 보고한 삼봉도의 정황이 분명하지는 못했다. 성종도 이 점을 느꼈던지 "세간에 전해오기를 '무릉도 북쪽에 요도가 있는데, 한 사람도 다녀온 사람이 없다'고 하니 이 역시 의심스럽다. 경이 다시 바닷가에 사는 늙은 뱃사람을 찾아가 상세히 알아본 뒤 보고하라"고 영안도 관찰사에게 명을 내렸다.

삼봉도를 요도에 비교한 점이 눈에 띄는데, 요도의 경우처럼 삼봉도에 대해 올라온 보고도 신통한 것이 없었던 것이다.

삼봉도 토벌군

그로부터 3년이 지났다.

세조비의 섭정에서 벗어나 친정에 임하게 된 성종은 새로운 의욕을 가지고 삼봉도 일을 추진하기 시작했다. 그사이 김한경 등이 삼봉도에 다녀왔고 그와 함께 영흥 사람 김자주(金自周)가 삼봉도에 갔다가 섬 모양을 그려 왔는데, 병조에서 올린 보고서에는 김자주의 진술 내용이 이렇게 실려 있다.

---

[8] "乃遣朴元宗往見之 因風濤不得到而還 同行一船泊鬱陵島." 『증보문헌비고(增補文獻備考)』, 「여지고(輿地考)」 19, 관방(關防) 7, 해방(海防) 7, 울진(蔚珍).

독도의 진실

"섬 북쪽에 세 바위가 늘어서 있고, 다음에는 작은 섬, 다음에는 암석이 늘어서 있으며, 그다음은 가운데 섬, 가운데 섬 서쪽에는 또 작은 섬이 있는데 다 바닷물이 통합니다. 또 바다와 섬 사이에는 사람 모습 같은 것이 30개나 따로 서 있어 괴이쩍고 두려워 곧 다가갈 수 없기에 섬 모양을 그려가지고 왔습니다."[9]

이 대목을 보고 사학자 신석호(申奭鎬)는 김자주가 말한 "삼봉도의 모형(생김새)은 지금의 독도와 조금도 다름이 없다"고 했다.[10] 이후 한국에서는 이 해석에 이견을 단 사람이 아무도 없다. 그러나 일본 측은 이를 수긍하지 않았다.

"신 교수는 김자주가 본 사람 모습 같은 것이 30개나 따로 서 있던 것은 '아마 가제(강치)를 사람 모양으로 오인한 것'이라고 기술하였으나 『성종실록』 권 72, 7년 10월 임진조에는 '사람 30여 명이 섬 입구에 늘어서 있는데 연기가 났다. 그 사람들은 흰옷을 입었는데, 얼굴은 멀리서 보았기 때문에 자세히 알 수 없으나 대개는 조선 사람이었다'고 쓰여 있어 흰옷을 입고 있었기 때문에 이를 강치로 오인했다는 것은 있을 수 없다."[11]

일본 측은 이렇게 주장하면서 사람이 살지 않는 무인도에서 연기가 나고 조선 옷을 입은 사람들이 보였다면 삼봉도는 "오히려 울릉도에 비정(比定)하는 것이 더 자연스럽지 않겠는가?" 하고 반박했다.

---

9 『성종실록』, 성종 7년(1476) 10월 27일.
10 신석호, 「독도의 내력」, 『사상계』, 1960년 8월호.
11 가와카미 겐조(川上健三), 『다케시마의 역사지리학적 연구(竹島の歷史地理學的研究)』, 古今書院, 東京, 1966.

당시 조정에서도 김자주의 진술을 두고 논란이 있었던 모양이다. 신하들 가운데는 삼봉도의 존재를 의심한 자도 있었고, 좌랑 이창신(李昌臣)과 같이 세종조 후반기부터 흉흉해진 영안도의 민심을 안정시키는 것이 더 시급하니 삼봉도 문제는 내버려둬도 무방하다고 아뢴 이도 있었다. 그러나 성종은 흔들리지 않았다.

"이 섬이 지금 어느 곳에 있다는 것을 명확히 말하는 자가 있는데 지금 찾지 않는다면 반드시 달아난 자들의 소굴이 될 터이니 그대로 내버려둘 수는 없다."[12]

병조판서의 보고서도 성종의 생각을 굳히는 데 일조했다.

"신이 삼봉도에서 돌아온 김한경 등에게 그 일을 대략 물어보니 대답이 매우 상세하여 거짓이 아닌 듯하므로 삼봉도가 있는 것은 틀림없습니다. 명년 봄에 배를 만들어 들여보낼 일을 서로 의논케 함이 어떻겠습니까?"[13]

성종은 이렇게 말했다.

"삼봉도로 달아나 숨은 사람을 그냥 내버려둘 수는 없으니 반드시 찾아내 체포해야 할 것이다. 만약 거칠게 대드는 자가 있다면 군사를 보내 들어가서 공격케 함이 좋겠다."[14]

성종은 영안도 경차관 신중거(辛仲琚)를 불러들여 현지 사정을 물어보았다. 그러자 신중거는 노역을 피해 삼봉도로 달아난 백성이 무려 1,000여 명에 이른다고 보고했다. 이에 크게 놀란 성종은 대규모 토벌

---

12 『성종실록』, 성종 8년(1477) 3월 4일.
13 『성종실록』, 성종 10년(1479) 12월 19일.
14 『성종실록』, 성종 10년(1479) 12월 19일.

　　　　　　　　　　　　　　　　　　　　　독도의 진실

군을 보내기로 하고 이들을 실어 나를 초마선(수색선) 50척을 건조하라는 명을 내렸다.

이후 조정은 토벌군 규모를 1,500명으로 하느냐 300~400명의 정예병으로 하느냐의 문제와 시기를 언제로 잡느냐의 문제로 한동안 시끄러웠다.

영혼 없는 관리

백성을 구하고 국토를 넓힌다는 생각에 임금은 더없이 의욕적이었지만, 예나 지금이나 자신의 입신영달에 직결된 일이 아니면 큰 관심을 보이지 않는 관리들은 매우 소극적이었다. 이 점은 삼봉도 초무사[15]에 임명된 정석희(鄭錫禧)가 뱃길의 험난함을 꺼려 자신은 빠지려는 운동을 벌이다가 적발된 사건을 통해 확인된다. 이 사건을 들은 성종은 그를 창원으로 귀양 보냈다. 부사에 임명된 박종원도 병을 핑계 대고 교체 운동을 벌이디기 적빌돼 김해로 귀양을 갔다.

성종은 심안인(沈安仁)을 신임 초무사에 임명했다. 그러자 심안인은 "삼봉도에 거주민이 많으면 그 우두머리만 데리고 나오고 나머지는 놔둔 채 '너희들이 바로 나오지 않으면 마땅히 군사를 크게 일으켜 들어와서 궤멸시킬 것'이라고 말할 것입니다"라고 했다고 기록되어 있는데, 이는 그가 삼봉도 거주민의 저항을 두려워했음을 보여주는 자료다.

그로부터 사흘 뒤 성종이 경연[16]에 나갔더니 시독관[17] 김흔(金訢)이

---

15 초무사(招撫使): 진압군 책임자.

삼봉도에 관한 이야기를 꺼냈다. 그는 한 어부가 우연히 무릉도원을 찾았지만 그 뒤 무릉도원을 다시 찾은 어부는 없었다는 고사를 예로 들면서, 김한경의 말만 믿고 초무사가 이끄는 대규모 수색대를 보내기보다 삼봉도의 존재 여부를 먼저 확인한 뒤 초무사를 파견하는 편이 좋지 않느냐고 말했다.

성종은 "삼봉도는 무릉도원과 다르다"며 그 제안을 물리쳤다. 그러자 이번에는 지평[18] 복승정(卜承貞)이 삼봉도의 유무를 확인한 뒤 초무사를 보내야 하지 않느냐고 건의했다.

임금은 의욕적이었지만 관리들은 그렇지 않았던 것이다. 그들은 왕명이라 해도 다 수용하려 들지 않았다. 이런 핑계나 저런 이유를 댔다. 그렇게 하여 관리들은 당초 배 50척에 병사 1,500명을 동원하려던 성종의 계획을 배 9척에 병사 200여 명으로 축소시켰다.

이윽고 음력 5월에 이르러 초무사 심안인, 부사 성건(成健)이 이끄는 삼봉도 수색대가 서울을 출발했다. 그들이 영안도에 도착해 배를 막 타려는데 삼봉도 행차를 중지하라는 명이 내려왔다. 장마철에 풍랑을 만나면 병사들의 아까운 목숨만 잃게 된다는 신하들의 상소가 빗발치는 바람에 성종이 뒤로 물러섰던 것이다.

이듬해 다시 삼봉도 수색에 착수하려고 하자 정창손(鄭昌孫) 등 중신들이, 무턱대고 대규모 군사를 보내기보다는 영안도에서 지원자를 30명쯤 선발해 그들로 하여금 임금의 명령서인 유서(諭書)를 갖고 들

---

16 경연(經筵): 왕에게 유학의 경서(經書)와 사서(史書)를 강론하는 일 또는 그 자리.
17 시독관(侍讀官): 왕에게 경서(經書)를 강의하는 관리.
18 지평(持平): 사헌부에 소속된 정5품의 관직.

어가 저들의 항복을 권유해보고, 그래도 안 되면 그때 가서 군대를 파견해도 늦지 않다는 의견을 내놓았다. 이에 성종은 유서 한 통을 영안도 관찰사에게 보냈다.

그 후 삼봉도의 일은 잘 진척되었을까? 거주민들은 임금의 명령을 따랐을까? 아니면 토벌군을 파견했을까? 그로부터 1년 뒤 『성종실록』에 다음과 같은 충격적인 내용이 실려 있다.

"의금부에서 아뢰기를 '난신 역적에 연좌된 자로서 성년이 되지 못한 자들은 일찍이 족친들에게 보내주었으나 이제 그들의 나이가 성년이 되었으니 여러 군읍에 예속시켜 노비로 삼아야 합니다. …… 김한경의 딸 김귀진(金貴珍)을 함원참에 예속시키소서' 하니 왕이 그대로 따랐다."[19]

삼봉도를 처음 발견한 뒤 정부의 요구에 적극 협조하여 삼봉도를 여러 번 다녀온 김한경의 딸을 노비로 삼는다는 기사다. 김한경 자신은 이보다 1년 전, 곧 정찬손 등의 중신들이 지원자 30명을 선발하자고 했던 직후에 역적으로 몰렸음을 알 수 있다.

새 국토야 생기든 말든 관리들은 자신의 입신영달에 도움이 되지 않으면 일이 파투 나도록 유도하는 기술을 알고 있다. 아직 나이가 어렸던 성종은 이런 '영혼 없는 관리들'의 농간에 놀아났던 셈이다. 항해나 모험을 꺼린 관리들은 성종의 관심도가 떨어질 때를 기다렸다가 삼봉도를 아예 존재하지 않는 섬으로 만들고, 그 섬을 처음 발견하여 자신들을 불편하게 만들었던 김한경을 임금과 조정을 속인 대역죄인

---

19 『성종실록』, 성종 13년(1482) 2월 5일.

으로 몰아 극형에 처하고 아무것도 모르는 그의 딸은 노비로 만들었던 것이다.

이렇게 하여 탐험 자체가 무산된 삼봉도는 전설의 섬이 되어버렸다. 민간 차원에서는 목격하거나 가본 사람들이 있었지만 정부 차원에서는 공식 확인이 안 된 셈이었다. 그 결과 일본 측이 "한국은 삼봉도가 독도라고 주장하지만 사실은 성인봉·나리봉·미륵봉의 세 봉우리가 있는 울릉도를 보고 삼봉도라 한 것 아닙니까?"[20]라고 약을 올려도 할 말이 없게 되었다.

당초 우산도가 잊히면서 새 섬으로 대두된 요도·삼봉도에 이어 제3의 신도로 등장한 것이 가지도(可支島)였다.

---

[20] 오쿠마 료이치(大熊良一),『죽도사고(竹島史稿)』, 原書房, 平田, 1966.

　　　　　　　　　　　　　　　독도의 진실

정조 시대의 독도

가지도의 존재

수토관(搜討官)이라는 것이 있었다.

수색해서 토벌하는 관리라는 뜻이다. 울릉도를 비우는 쇄출정책 또는 빈섬정책을 실시한 이후 조선 정부에서는 그곳에 잠입한 불순 세력이나 왜인들을 수색·토벌하기 위해 수토관을 파견했다. 그런데 정조때 한창국(韓昌國)이라는 수토관의 보고서에 이런 내용이 들어 있다.

"앞에는 3개의 섬이 있는데, 북쪽에 있는 것은 방패도, 가운데 있는 것은 죽도, 동쪽에 있는 것은 옹도라 했고, 세 섬 사이의 거리는 100보 남짓에 지나지 않았습니다. 섬의 둘레는 각각 수십 파[1]쯤 되는데, 험한 바위들이 하도 삐죽삐죽하여 올라가서 보기가 어려웠습니다. 그 때문에 그곳에 머물러 잤습니다."

---

1 파(把): 두 팔을 벌린 길이로, 2m가량이다.

"26일 방향을 바꾸어 '가지도'로 갔더니 가지(강치) 네댓 마리가 놀라 뛰쳐나오는데, 그 모양이 마치 물소 같았습니다. 포수들이 일제히 총을 쏘아 두 마리를 잡았습니다. 그리고 구미진의 산세가 가장 기이하여 계곡으로 몇 리를 들어가 보았더니 예전에 사람이 살던 집터가 아직도 완연하게 남아 있었습니다. 좌우의 산골짜기가 하도 깊어 올라가기가 어려웠습니다. 이어 죽암·후포암·공암·추산 등의 여러 곳을 둘러보고 통구미로 가서 산과 바다에 고사를 지낸 다음, 바람이 가라앉기를 기다리며 머물러 있었습니다."[2]

이 보고서에 등장하는 가지도를 해방 전의 저명 사학자인 최남선 (崔南善)은 독도에 비정했다.

"울릉도의 동쪽에 가지섬이 있다 함은 우리 국가적 문헌에도 보이는 바니, 가지섬이 지금의 어디이겠느냐 함은 상세한 고증을 요할 것이로되, 우리는 지금 독섬(독도)이 그것이라 함을 주장하고 싶다. 다른 도서에는 적을망정 사람들이 살지만 오직 가지만의 서식처요, 그 번식지로 유명한 곳은 독섬이기 때문이다."[3]

이후 최남선의 학설에 따라 가지도를 독도로 보는 학자들이 늘어났다. 그러나 일본 외무성 출신의 독도 전문가 가와카미 겐조는 격렬히 반발했다.

"한창국이 울릉도를 답사할 때 강치가 생식하던 곳이 결코 오늘날의 다케시마만은 아니었다. 메이지 초 이래 울릉도 개발이 시작되어

---

2 이상의 2개 인용문은 『정조실록』, 정조 18년(1794) 6월 3일.
3 최남선, "울릉두와 독도", 「서울신문」, 1953년 8월 10일~9월 7일 연재. 『육당최남선전집』 2, 현암사, 1973에서 재인용.

     독도의 진실

사람들의 이주가 크게 증가함에 따라 강치는 이 섬 주위에서 달아나 오늘날의 다케시마로 모여들었지만 그 이전, 바꿔 말하면 울릉도의 공도(쇄출)정책이 실시되던 시절에는 강치의 주요 생산지가 오히려 울릉도 주변이었다."[4]

가지(강치)가 많다는 사실 하나만으로 가지도를 독도로 단정할 수는 없다는 주장이다. 한국 학자들 가운데도 최남선의 학설을 부정하는 이가 생겨났다. 가지도는 독도가 아니라 울릉도 옆의 관음도라는 것이었다.

"(가지도가) 독도라면 울릉도에서 독도까지 왕복하는 어려움을 기술한 내용이 있어야 하는데 이러한 내용이 없다. 또한 울릉도에서 독도로 갈 때 소요되는 1일(26일), 독도에서의 활동 1일(27일), 울릉도로의 복귀 2일(28, 29일) 등을 감안하면 울릉도의 북부 지방인 죽암·후포암·공암 등을 탐험하고 30일에 통구미에서 출항할 수가 없게 된다. 따라서 수토사 일행의 행적과 일정을 분석해볼 때 가지도는 독도라고 하기보다는 현재의 죽서 또는 관음도라고 보는 것이 정확하다."[5]

결국 가지도는 녹도가 아니라는 것이다.

요도와 삼봉도는 존재하지 않는 전설의 섬이 되었다. 독도의 옛 이름으로 알려진 우산도에 관해서는 그 실체를 잘 모른다.

이런 점들에 기초하여 우에다(植田捷雄), 다바타(田畑茂二郎), 다이쥬도(太壽堂鼎) 등 일본의 내로라하는 학자들은 우산도 또는 독도의 한국

4 가와카미 겐조(川上健三), 『다케시마의 역사지리학적 연구(竹島の歷史地理學的硏究)』, 古今書院, 東京, 1966.
5 김병렬, 『독도 자료 총람』, 해양수산부, 1997.

영토설을 일제히 부정한다. 우산도와 독도는 고사하고 빈섬(쇄출)정책
이 지속된 울릉도조차 일본의 실효지배하에 있었다는 주장까지 하는
데, 과연 저들의 주장에는 나름대로 근거가 있는 것일까? 만일 있다면
그건 무엇이었을까?

숙종 시대의 독도

울릉도와 도해면허

1618년의 어느 날, 무라카와 이치베에(村川市兵衛)라는 일본 요나고[1]의 상인이 배를 타고 울릉도에 건너왔다. 그리고 섬을 돌아보던 중 숲 속에서 돌단이 쌓여 있는 무덤과 그곳에 세워진 묘비 하나를 발견했다.

손으로 묘비의 앞면을 문질러보니 '한슈 오사카야 도쿠베(播州大阪屋德兵衛)'라는 글자가 나타났다.

요나고로 돌아간 뒤 그는 울릉도에서 발견한 비석의 주인공 도쿠베에 대해 수소문해보았으나 제대로 아는 사람이 없었다.

때마침 전국 순찰사가 에도[2]에서 요나고로 내려왔기에 그에 대한 것을 물어보았더니 "조선 정벌 때 히젠[3]의 요비코[4]에서 활·방패·기

---

[1] 요나고(米子): 현재의 돗토리현 요나고시.
[2] 에도(江戸): 도쿄의 옛 이름.
[3] 히젠(肥前): 사가현(佐賀縣)과 나가사키현(長崎縣)의 옛 이름.

치를 갖추고 사방의 선장들로 하여금 울릉도를 경유해 조선에 건너가게 했던 자로서, 귀국할 무렵 병사해 돌아오지 못했다. 그 옛 흔적이 아니겠느냐?”라고 하여 처음으로 도쿠베의 내력을 알게 되었다는 이야기가 저들의 자료에 나온다.[5]

조선 정벌이란 임진왜란을 가리키는데, 당시 왜나라 병사가 울릉도를 유린했다는 이야기는 조선조의 자료에도 나온다. “임진왜란 뒤 가 본 사람이 있는데, 그곳 역시 왜놈들이 불을 지르고 노략질한 탓에 사람 사는 집이 다시 들어서지 못했다.”[6]

여기서 ‘그곳’은 울릉도다. 왜나라 수군은 조선 침공의 발판으로 울릉도를 먼저 점거했다. 그래서 그곳에 몰래 들어가 살던 조선 주민들을 살육하고 가옥을 불태우며 노략질을 했던 것이다. 그러다가 전쟁을 일으킨 도요토미 히데요시(豊臣秀吉)가 급사한 뒤 왜나라 병사들이 철군할 때 일부는 조선과 명나라 수군의 저지에 막혀 바다를 건너갈 수 없게 되자 일단 울릉도로 피신했다. 그들 가운데 문제의 도쿠베가 포함되었던 것인데, 병사하는 바람에 귀국하지 못하고 울릉도에 묻혔다는 것이다.

그러한 유래를 알아냈다는 쥐꼬리만 한 인연을 근거로 무라카와는 뒤에 에도의 막부[7]로부터 울릉도에 건너갈 수 있는 도해(渡海)면허를 받아 도항을 허가받게 되는데, 이에 대해서는 다시 살펴보기로 하겠다.

---

4 요비코(呼子): 사가현 북쪽에 있는 지명.

5 야다 다카마사(矢田高當), 『장생죽도기(長生竹島記)』(寫本), 1801.

6 “壬辰亂後, 人有往見者, 亦被倭焚掠, 無復人煙.” 이수광, 『지봉유설』, 「도」.

7 막부(幕府): 중세 일본의 통치자이던 쇼군(將軍)이 정무를 보던 곳. ‘바쿠후’.

무라카와와 엇비슷한 시기에 울릉도에 건너간 요나고의 상인이 1명 더 있었다. 그는 해상 운송업자 오오야 진기치(大谷甚吉)였는데, 어느 날 에치고[8]에서 배를 타고 돌아오다 풍랑을 만나 울릉도까지 표류하게 되었다고 한다.

그런데 우연히 표착한 무인도의 풍부한 물산을 보고 그는 눈이 번쩍 뜨였다. 돈이 될 만한 것들이 너무나 많았던 것이다. 그래서 요나고에 돌아간 그는 막부의 도해면허를 받아내기 위해 백방으로 뛰어다녔다.

그러던 중 마침 요나고성의 대리 성주(城代)로 부임한 아베(阿部四郎五郎)가 요나고의 상인 무라카와 집안과 가깝다는 것을 알고는 그를 찾아가 울릉도 이야기를 꺼냈다. 그렇지 않아도 묘비를 발견한 인연으로 울릉도를 남달리 생각하던 무라카와는 울릉도 사업을 같이 해보자는 오오야의 제안에 적극 동조했다. 이렇게 하여 두 사람은 아베 대리 성주를 찾아가 상황을 설명하고 협조를 부탁했다.

오오야가 돗토리번의 지방 면허가 아닌 막부의 중앙 면허를 추구한 것은 다른 번[9]의 경쟁자가 끼어들 수 없게 하기 위함이었다. 한때 도쿠가와 이에야스를 모셨던 막부 직속의 아베는 두 사람을 에도에 데려가 도해면허가 발급되도록 도와주었다.

당시 막부가 다케시마(울릉도)[10]를 발견한 공을 인정하여 무라카와

및 오오야에게 발급했다는 이른바 '다케시마 도해면허'의 사본은 다음과 같다.

"호키국[11] 요나고에서 다케시마로 연전(年前) 배가 건너간 일이 있는데, 그와 같이 이번에도 건너가고 싶다고 요나고의 상인 무라카와 이치베와 오오야 진기치가 신청하여 위에 보고했더니 이의가 없다는 뜻을 말씀하셨습니다. 그 뜻을 얻을 수 있었기에 도해 건은 가능하다고 말씀드릴 수 있게 되었습니다. 삼가 이 일을 알려드립니다."[12]

그리고 5월 16일이라는 날짜 밑에 나가이(永井尚政)·이노우에(井上正就) 등 4명의 연대 서명이 있다. 면허장치고는 좀 기이한 형식이다. 솔직히 말해 이것은 면허장이라기보다 일종의 편지가 아니었을까?

실효지배의 증거

그렇다. 나가이 등 네 사람이 5월 16일자로 돗토리번 영주[13]에게 보낸 편지다.

에도 시대의 행정은 노중[14]이 통치자인 쇼군(將軍)의 의중을 물어 이를 편지(奉書) 형태로 각 번(藩)에 하달하는 방식이었다.

---

11 호키국(伯耆國): 돗토리현의 옛 지명. 일본은 중앙집권제가 아니었기 때문에 지방 행정 단위를 국(國)으로 표시했다.

12 "從伯耆國米子竹島江 先年船相渡之由候 然者如其今度致渡海度之段 米子町人村川市兵衛 大屋甚吉 申上付而 達上聞候之処 不可有異議之旨 被仰出候間 被得其意 渡海之儀可 被仰付候 恐々謹言." 오오야 구우에몬(大谷九右衛門), 『죽도도해유래기발서공(竹島渡海由来記抜書控)』, 1868.

13 원문에는 번주(藩主)로 되어 있다.

14 노중(老中): 막부 시대에 정무를 총괄하던 관직으로, 대개 4명이었다. '로쥬'로 발음.

따라서 울릉도로 건너가는 도항 문제를 물어보니 가도 좋다는 쇼군의 뜻을 얻었노라고 4명의 노중이 돗토리번 영주에게 그 가부를 편지로 알린 것이다. 이 편지를 읽어보고 돗토리번 영주는 자기 영지 안의 오오야·무라카와에게 도항을 허가해준다는 방식이었다. 하지만 오오야 집안에서 보관해온 이 편지 형식의 도해면허 사본에는 몇 가지 문제점이 있다.

첫째, 편지 말미에 적힌 연대 서명자들의 화압 또는 수결[15]이 보이지 않는다.

둘째, 편지 말미에 5월 16일의 날짜만 적혀 있을 뿐 연도를 알려주는 표시가 없다. 오오야 집안은 그것이 1618년 5월 16일이었다고 주장하지만, 그럴 경우 연대 서명한 사람들이 문제가 된다. 즉, 연대 서명한 4명의 노중 가운데 나가이와 이노우에는 1622년에 노중이 되었기 때문이다. 이 점을 고려하여 일본 외무성에서는 "1625년이라는 설도 있다"는 각주를 달았는데, 그렇다면 1618년에 받았다는 이 도해면허는 과연 진짜였던가 하는 의혹마저 든다.

셋째, "그와 같이 이번에도 건너가고 싶다"는 문장을 보면 막부는 '이후에도(今後)'가 아니라 '이번(今度)'으로 한정하여 도항을 허가했다. 그 후 따로 발행된 것이 없으니 오오야 집안은 이때 발행된 1회용 면허로 70여 년간 계속 도항했다는 이야기다.[16]

이걸 왜 자세히 쓰느냐 하면 오오야 집안과 무라카와 집안이 번갈

---

15 화압(花押): 서명/수결(手決): 도장 대신으로 찍는 표식.
16 권오엽, 『일본의 죽도 발견』, 2008.

아가며 70여 년 동안 도항한 사실이야말로 울릉도·독도에 대한 '실효적 경영'의 증거라고 훗날 일본 정부가 주장하게 되기 때문이다.[17] 대체 무엇을 했기에 '실효적 경영' 운운한 것일까?

조사해보았더니 크게 두 가지였다. 하나는 오동나무·동백나무·잣나무·대나무·향나무 등 굵은 나무들을 베어 간 일이었다. 일본에서 잘 자라지 않는 향나무 같은 것은 막부 고위층과 사찰에서 엄청난 인기를 끌었고, 이와 더불어 울릉도의 좋은 재목들이 대량 반출되어 일본 사찰을 짓는 데 쓰였다. 이를테면 교토의 혼간사(本願寺)를 떠받치고 있는 굵은 나무 기둥들은 다 울릉도에서 베어 간 재목이었다.[18]

다른 하나는 전복 채취였다. 전복은 일본인이 가장 좋아하는 해산물의 하나였는데, 어린이 머리통만 한 울릉도 전복은 특상품 중의 특상품으로 큰 돈벌이가 되었다. 실제로 두 집안에서 돗토리번의 영주 및 에도 막부의 쇼군, 고관, 관계 부서장에게 해마다 바친 상납품 명단에는 막대한 양의 말린 전복과 전복 내장 등이 기록되어 있음을 볼 수 있다.

이 밖에도 인삼·참나물 등의 각종 식물을 채취하고 솔개·매 등의 각종 새와 너구리·살쾡이·고양이 등 짐승 15종을 잡아갔다.

결국 일본 외무성이 주장한 '실효적 경영'의 실체란 울릉도 약탈이었던 셈이다. 그것도 울릉도의 소유주인 조선 정부의 면허가 아니라 자기네 정부의 1회용 도해면허를 가지고 말이다. 하지만 70여 년간

---

[17] 「다케시마에 관한 1959년 1월 7일자 한국 정부의 견해에 대한 일본 정부의 견해(竹島に關する 1959年1月7日付韓國政府の見解に對する日本國政府の見解)」, 1962年 7月13日付 日側口述書 (No. 228/ASN).

[18] 도리이 류조(鳥居龍藏), 『일본 주위 민족의 원시종교(日本周圍民族の原始宗敎)』, 岡書院、東京, 1924.

독도의 진실

지속하던 그 약탈 사업에도 끝은 있었다. 방해자가 나타났던 것이다.

일본어가 통하는 조선인

1692년 3월 26일, 무라카와 집안의 배가 울릉도에 도착했다.

도동 앞바다로 다가갔을 때 선원들은 눈앞에 펼쳐진 풍경에 깜짝 놀랐다. 바닷가에서 엄청난 양의 전복이 말려지고 있었던 것이다.

그때까지 그런 일은 한 번도 없었다. 그래서 주변을 둘러보니 전해에 놔두고 간 작업용 소형 나룻배 8척과 어구와 기계 따위가 보이지 않는 등 사람의 손을 탄 흔적이 보였다.

당혹해하던 선원들은 전복을 따던 이국인 두 사람을 만나게 되었는데, 그들 가운데 일본어가 통하는 사람이 있었다.

"그중 한 사람은 말이 통하는 자로 두 사람이 함께 배를 타고 이쪽 배로 다가왔으므로 승선시키고 대체 어느 나라 사람이냐고 물어보았더니 '조선 가야국 마을에서 온 사람'[19]이라고 해서 '이 섬은 나라에서 영지로 받아 해마다 건너오는 섬인데 왜 왔느냐'고 물었더니 '이 섬 북쪽에 해당하는 섬이 있어 3년에 한 번씩 임금께 바칠 전복을 따러 온다. 2월 21일 모양이 같은 배 11척이 고향을 출범했으나 난풍을 만나 그중 53명을 태운 배 5척이 3월 23일 이 섬에 표착했는데, 이 섬의 모양을 보니 전복이 있을 것 같아 머물면서 전복을 땄다'고 했다."[20]

---

[19] "ちやうせんかわてん國村之者." 원문의 かわてん國는 '가야국'으로 추정된다.
[20] 오오야 후미코(大谷文子), 『오오야 집안의 고문서(大谷家古文書)』, 1984.

일본어가 통하는 '조선 가야국 부락에서 온 사람'은 아무래도 부산 동래에 거주하던 안용복(安龍福)이었을 것으로 추정된다. 그는 울릉도에 와 있는 조선인이 모두 53명이나 된다고 했다. 이에 비해 자기들은 21명밖에 안 되므로 중과부적이라 판단을 내린 일본인들은 배를 뒤로 물렸다. 이 같은 상황을 일본 자료는 다음과 같이 기록했다.

"당인(唐人)[21]은 숫자가 많고 우리는 겨우 21명이었으므로 어쩔 수 없이 돌아가는 것이 좋다 생각하고, 다케시마(울릉도)에서 3월 27일 새벽 4시경 배를 띄웠다. 그러나 아무래도 증거가 없으면 안 되겠다 생각하고 당인이 만든 꼬치 전복 약간, 갓 하나, 망건 하나, 된장 한 사발을 취해 귀로에 올랐다."[22]

선원들은 일단 귀국하여 이 일을 막부에 호소하면 당장 군선을 보내 저들을 쫓아내줄 것으로 생각하고 험한 바다를 건너 다음 달 5일 새벽 4시경 요나고항으로 돌아갔다. 그리고 정황을 설명한 다음 증거물로 울릉도에서 가져간 전복 약간과 떨어진 갓, 망건 하나, 된장 한 그릇 등 보잘것없는 노획품을 내놓자 선주 무라카와가 버럭 소리를 질렀다.

"수상한 자들이 있으면 싸워 쫓아냈어야지 이딴 걸 가져와서 무얼

---

21 당인(唐人): '당나라 사람'이란 뜻이 아니다. 저들의 발음으로는 '가라비토'라고 하는데 가라비토의 '가라'는 원래 가야를 뜻하는 가라(加羅)에서 온 말로, 처음에는 김해의 가야국을 뜻했지만, 나중에는 한반도 전체를 지칭하는 표현으로 사용되면서 한(韓)이라 쓰고 '가라'로 발음했다. 이 '가라'의 한자가 가라(加羅)→한(韓)에서 다시 당(唐)→공(空)→신(辛) 등으로 바뀐다. 가라테를 당수(唐手)로도 쓰고 공수(空手)로도 쓰는 것이 한 가지 사례다. 따라서 본문의 당인(唐人)은 가라비토=가야사람=한반도 사람=조선인이라는 뜻이다.
22 오오야 후미코, 앞의 책.

  독도의 진실

어쩌자는 것이냐?”

멀리 울릉도까지 배를 띄우려면 사람을 모으고 어구와 기계와 기타 필요품과 식량을 준비하는 데만도 상당히 큰돈이 들어가므로 빈손으로 돌아온 선원들에게 선주가 화를 낸 것은 당연한 일이었다. 선주는 울릉도의 조업 비용을 대기 위해 15kg 정도의 은자(銀子)를 관청에서 빌리고 나중에 전복 등을 팔아 갚았다고 한다. 그러나 화를 내본들 이미 도항 시기를 놓쳐 다음 해를 기약할 수밖에 없었다.

1693년, 다시 도항 시기가 왔다. 오키 섬을 출범한 오오야 집안의 배는 4월 17일 울릉도에 닻을 내렸다. 뭍에 올라갔을 때 바닷가에는 이미 전복과 미역이 널려 있었다. 이때도 어김없이 방해자들이 와 있었던 것이다. 주변을 살펴보니 조선인의 것으로 보이는 짚신이 버려져 있었으나 사람은 보이지 않았다. 이들은 그날 밤 안전을 위해 배 위에서 잠을 잤다.

그리고 다음 날 아침 선장은 뱃사람 6명과 함께 나룻배를 타고 서쪽 포구로 가보았으나 인기척이 없었다. 그래서 다시 북쪽 포구로 가보니 조선 배 1척과 오두막집이 눈에 띄었고, 그곳에 조선인이 한 사람 보였다. 집 안을 살펴보니 전복과 미역을 많이 거두어놓았기에 그 조선인에게 사정을 물어보았지만 말을 알아들을 수 없었다. 그래서 그를 배에 태우고 안내를 받아 대천구(大天狗)라는 해안으로 찾아갔더니 그곳에 고기잡이하는 조선인이 10명쯤 있었고, 그들 가운데 일본어가 통하는 사람이 1명 섞여 있었다. 그가 바로 17세기 조일 외교사에 한 획을 그은 문제의 안용복이었다.

1차 일본행

오오야 집안의 뱃사람은 안용복과의 만남을 이렇게 진술했다.

"그중에 통역이 한 사람 있어 …… 배에 태운 뒤 사정을 물어보았더니 …… '3월 3일 이 섬에 고기를 잡으러 왔다'고 했습니다. 배가 몇 척이냐고 물으니 '3척에 42명이 타고 왔다'고 했습니다. …… 너그럽게 봐줄 일도 아니었기 때문에 협박하고 야단치며 여러 번 타일렀는데도 해당 조선인들이 고기잡이를 하고 있었으므로 이런 식이면 향후 섬의 고기잡이를 묵인할 수 없고 폐가 되므로 나라님의 판단에 맡기기 위해 상기 조선인 2명을 데리고 4월 18일 다케시마(울릉도)를 출범해 같은 달 20일 오키 섬 후쿠우라에 도착했습니다."[23]

안용복 등을 협박하고 야단치며 여러 번 타일렀는데도 말을 듣지 않아 일본으로 연행해 갔다는 진술이다. 1차 일본행에서 돌아온 안용복을 취조했던 동래부의 상급 기관인 경상도 감영(監營)이 조정에 보낸 보고서에는 "왜인 8명이 배에 와서 도검이나 총으로 위협해 잡아떠났다"[24]는 내용이 보인다.

그러나 일본 관청에서 조사를 받을 때 진술한 내용에는, 안용복이 일본 배에 태워진 동료 박어둔(朴於屯)을 육지로 데려오기 위해 스스로 일본 배에 탔던 것으로 되어 있다.

---

23 '겐로쿠 6년 다케시마에서 호키국에 조선인들을 송환한 기록, 오오야 구로에몬 선상구술서(元禄六年竹島より伯州に朝鮮人連返り候趣, 大屋九郎右衛門船頭口上覺)', 『돗토리번사(鳥取藩史)』 第6卷, 『인부역년대잡집(因府歷年大雜集)』.
24 『변례집요(邊例集要)』, 「울릉도」, 1694년 8월.

 독도의 진실

"우리들이 그 섬(울릉도)에 있을 때 오두막집을 만들고 바쿠토라히(박어둔)라는 자가 그 오두막집을 지키고 있었는데, 4월 17일 7~8명이 탄 일본 배 1척이 나타나 오두막집에 있던 바쿠토라히를 잡아 거룻배에 태우고 오두막집에 둔 보따리 하나를 취해 떠나려 할 때, 그곳에 나타난 안요구(안용복)가 바쿠토라히를 육지로 데려오기 위해 거룻배에 탔으므로 빨리 거룻배를 움직여 두 사람 모두 본선에 옮겨 타게 한 뒤 조속히 배를 출범시켜 오키 섬에 같은 달 22일에 도착했습니다."[25]

1인칭과 3인칭을 섞는 바람에 문장이 좀 이상하지만, 아무튼 오오야 집안에 의해 일본으로 납치된 안용복, 박어둔 두 사람은 오키 섬의 관청에서 조사를 받았다.

이때의 심문 내용이 일본 측 자료에는 안용복의 인적 사항과 연행 경과를 중심으로 실려 있지만, 한국 측 자료에는 안용복이 오키 섬의 도주(島主)에게 주장했던 내용이 중점적으로 실려 있다.

"안용복이 도주에게 말하기를 '울릉도에서 우리나라까지는 그 거리가 하룻길이나 일본과는 닷새 길이니 우리나라에 속한 섬이 아니겠소? 조선인이 스스로 조선 땅에 갔는데 왜 억류한 것이오?' 하니 도주가 그 뜻을 굽히지 않을 것을 알고 백기주[26]로 보냈다."[27]

안용복이 제기한 문제는 그리 간단한 것이 아니었다. 거리를 보면 확실히 울릉도가 조선의 섬이라는 점에 수긍이 갔기 때문이다. 그렇다면 일본의 입장에서는 남의 나라 땅에 들어가서 남의 나라 사람을

---

25 『죽도기사(竹島紀事)』, 「조선인구술서(朝鮮人口書)」, 元祿 6年(1693) 9月 4日.
26 백기주(伯耆州): 현재의 돗토리현 중부. 원래는 호키국(伯耆國)이다.
27 『증보문헌비고』, 「여지고」 19, 관방 7, 해방 7, 울진.

잡아 온 셈이 아닌가? 이는 불법이고 외교 문제로 비화할 수도 있는 일이었다. 오키 섬의 도주는 이 문제를 상급 관청에 넘기기로 했다.

이렇게 하여 안용복 등은 다시 배를 타고 도젠→나가하마를 거쳐 27일 요나고에 도착했다. 그의 울릉도 영유권 주장은 일본인들을 긴박하게 움직이도록 만들었다. 요나고성에서는 이 사실을 즉시 돗토리번에 보고했고, 돗토리번에서는 자신들의 영주가 머무는 에도 관저에 서둘러 연락을 취했다. 5월 10일, 돗토리번의 에도 관저에서는 파발꾼이 가져온 '조선인 진술서' 및 '뱃사공 진술서' 등을 첨부하여 막부에 이 사실을 보고하고 지침을 기다렸다.

막부의 지침은 5월 13일에 내려왔다.

그 내용은 연행한 조선인들을 나가사키 관청으로 넘기라는 것이었다. 이에 돗토리번의 에도 관저는 당시 외국과의 통상 업무를 주관하던 나가사키 봉행[28]에게 공문을 보내는 동시에 돗토리번에 이 사실을 알렸다.

파발꾼이 막부의 지시 사항을 전달한 것은 5월 26일이었다. 돗토리번에서는 긴급회의를 열고 바닷길이 아닌 육로로 안용복 등을 이송하되, 만일의 경우에 대비해 사자 2명, 경호 2명, 의사 1명 등을 대동시키기로 결정했다.

---

28 봉행(奉行): 쇼군의 명을 받들어 행하는 장관급 관리. '부교오'로 발음한다.

    독도의 진실

한편 막부의 지시가 내려오기까지 약 한 달 동안 안용복은 박어둔과 함께 요나고의 오오야 저택에 감금되었다.

외출이 허락되지 않자 그는 "기분 전환을 위해 외출하고 싶다면서 여러 가지 불평을 했다."[29] 이를 막으니 술을 달라고 했다. 그래서 1되를 주니 날름 마셔버리고, 다시 2되, 3되를 달라고 했으나 그는 말술도 불사하는 주량이라 하루에 3되 이상은 안 되는 것으로 정했다고 한다. 술에 취해 때로 큰 소리를 치며 소란을 피웠던 모양이다.

이 때문에 안용복의 성격이 "사납고 포악하다"[30]고 기록한 자료도 있고, "다케시마에서 붙잡아 데려온 조선인을 최근 돗토리로 넘기는 데 있어 집안의 가신을 비롯한 모두가 구경하러 나오니 무분별한 행동을 하지 않도록 엄히 분부하시고, 그중에서도 아녀자가 나오지 않도록 하라는 취지의 당부가 있었다. 이번에 온 이객 가운데는 포악한 자도 있다고 들었기 때문이다"[31]라고 기록한 자료도 있다. 이는 울릉도가 조선 땅이라는 주장을 조금도 굽히지 않았던 사실과 더불어 안용복의 성격이 매우 강했음을 반증하는 사례다.

6월 1일 돗토리성에 도착한 안용복 등은 중신 아라오(荒尾大和)의 저택에서 하룻밤을 보냈는데, 다음 날은 와다 시키부 등 중신 3명이 동시에 아라오의 저택을 찾아왔다. 이렇게 돗토리번의 중신 4명이 안용

---

29 『이케다 집안 망루 일기(池田家御櫓日記)』, 元祿 6年(1693).
30 "猛悍强暴." 오카지마 마사요시(岡島正義), 『죽도고(竹島考)』下卷, 1828.
31 오카지마 마사요시(岡島正義), 『인부 연표(因府年表)』, 元祿 6年(1693) 5月 28日.

복을 만난 것은 호기심 때문이었으리라고 해석한 이도 있다.[32]

그러나 한국 측 자료에 따르면 조금 다른 해석이 가능해진다. 즉 이들 중신 4명이 안용복을 동시에 만난 것은 단순한 호기심의 차원보다 좀 더 실무적인 이유가 있었을지도 모른다는 해석이다.

"태수가 후하게 대접해주고 은자를 주니 안용복이 받지 않고 말하기를 '원하는 것은 일본에서 울릉도에 대해 다시는 왈가왈부하지 않는 것이고 은자를 받는 것은 내 뜻이 아니오'라고 하니 태수가 마침내 관백[33]에게 아뢰어 서계[34]를 만들어주면서 '울릉도는 일본의 영토가 아니다'라고 했다."[35]

울릉도가 일본의 영토가 아니라는 관백의 서계를 태수(영주)가 받아 안용복에게 주었다는 내용이다. 하지만 일본 측은 이 무렵 돗토리 번 영주는 에도에 체재하고 있었기 때문에 물리적으로 두 사람이 만날 수가 없었고, 따라서 영주가 서계를 만들어주었다는 주장이 사실로 성립되지 않는다고 반박했다.

그러나 4명의 중신이 안용복을 만난 뒤 그를 에도로 보냈을 가능성도 배제할 수는 없다. 안용복을 납치했던 오오야 집안의 고문서에 이런 대목이 보이기 때문이다.

"돗토리에서 심문한 뒤에 당인(조선인)을 에도로 인도했습니다. 곧 에도에서 조사가 있었고, 조사도 끝나 순차적으로 귀국했습니다. 이

---

32 박병섭·나이토 세이추, 『독도=다케시마 논쟁』, 보고사, 2008.
33 관백(關白): 통치자 쇼군을 가리킨다. '감파쿠'로 발음한다.
34 서계(書契): 외교 문서.
35 『증보문헌비고』, 「여지고」 19, 관방 7, 해방 7, 울진.

점을 따로 적은 것이 있으므로 여기서는 생략합니다."[36]

이 기록처럼 안용복이 에도에 갔다면 돗토리번 영주를 만났을 수가 있고, 만났다면 그가 막부의 서계를 받아주었을 가능성이 있는 것이다. 일본 측은 위 자료의 신뢰성이 낮고 다른 자료에는 그 같은 언급이 없다면서 안용복의 에도행을 강력히 부정했는데, 이에 동조한 한국 학자들도 많다.

그러나 "당대의 당사자 기록은 존중되어야 한다"고 전제하면서 "후세의 기록이 전하는 상황을 중시하면 안용복의 에도행은 불가능해진다. 그래서 에도행의 기록은 무시되거나 부정당하고 있다. 우리 역시 점검하고 분석하는 과정도 없이 일본의 주장에 동조하는 흐름이다"라고 반론을 제기한 이도 있다.[37]

안용복과 박어둔은 6월 7일 돗토리를 출발해 6월 30일에 나가사키에 도착했다. 따라서 23일 동안 돗토리→에도→나가사키의 일정을 소화할 수 있었느냐가 관건인데, 돗토리에서 에도까지는 19일, 에도에서 나가사키까지는 36일이 걸렸다는 당시 기록이 있나고 하므로 그 일정은 무리라는 것이다.[38]

그렇다면 안용복은 에도에 가보지도 못한 것일까?

---

[36] "則鳥府表御吟味之上 唐人江府江御引渡 則江戸表御穿鑿 相済順々御贈帰卜成ル 別記有之故略ス." 오오야 구우에몬, 앞의 책.

[37] 권오엽, 『독도와 안용복』, 충남대출판부, 2009.

[38] 이케우치 사토시(池內敏), 『천황 외교와 무위(大君外交と‘武威’)』, 名古屋大學出版會, 名古屋, 2006.

그렇다는 것이 일본 학계의 정설이다.

그래도 의문은 남는다. 가령 행차의 규모 같은 것 말이다. 안용복과 박어둔은 둘 다 가마를 타고 갔을 뿐 아니라 이들을 따르던 수행원이 의사·요리사·경호원 등 무려 90명이나 되었다는 기록이 있는데,[39] 이 정도의 규모는 단순히 출국 수순을 밟기 위해 조선인을 나가사키로 보내기 위한 행렬이었다기보다는 영주나 막부 고위층을 만나러 가는 뭐 그런 행차였다고 보는 편이 더 그럴듯하지 않은가?

게다가 "곳곳에서 대접을 받았습니다. 상에 오른 음식은 국 하나에 반찬 일고여덟 개씩이었습니다"[40]라는 진술처럼 곳곳에서 안용복이 받았다는 '1즙(汁)7~8채(菜)'의 밥상은 '1즙3채'의 일본인 평균 식단에 비해 그야말로 진수성찬이었는데, 이 같은 칙사 대접도 에도행에 더 어울리는 대접이 아니었을까?

안용복과 박어둔은 6월 30일 나가사키에 도착했다. 나가사키 관청에 인도된 두 사람은 다시 대마번(對馬藩)의 나가사키 연락소장[41] 하마다(濱田源兵衛)에게 인계되었고, 그 연락소에서 또 조사를 받았다. 돗토리번에서 작성한 '조선인 진술서'가 틀림없는지를 확인하는 차원이지만 조사는 세밀했고, 이 과정에서 문제가 된 것이 안용복의 나이였다.

---

39 『죽도기사(竹島紀事)』, 元祿 6年(1693) 7月 朔日.

40 『죽도기사(竹島紀事)』, 「조선인 구술서(朝鮮人口書)」, 元祿 6年(1693) 9月 4日.

41 원문은 "對馬藩留守居役." 국제 통상의 창구였던 나가사키에서 국제 정보를 얻고 업무 연락을 위해 대마번에서 나가사키에 두었던 관직이다.

돗토리번에서 보낸 문서에는 43세로 기록되어 있었는데, 나가사키에서는 40세라 했기 때문에 그 차이를 추궁받게 되었던 것이다.

"안요쿠호키(안용복)는 40세입니다. 그런데 이나바[42]에서 43세라고 했던 것은 말이 분명하게 통하지 않았기 때문입니다."[43]

이 기록으로 미루어 보면 안용복의 일본어가 완벽한 수준은 아니었던 것 같다. 조사서 말미에는 2명의 조선어 통역 이름까지 기재되어 있다. 그런데 그의 공술을 받아 재작성된 '조선인 2인 진술서(朝鮮人貳人申由)' 어디에도 서계에 대한 언급은 없다.

이와 반대로 한국 측 자료에는 "가다가 나가사키 섬에 이르렀는데, 도주는 곧 대마도의 패거리로, 서계를 보자고 요구하여 꺼내 보였더니 이를 빼앗고 돌려주지 않은 채 안용복을 대마도로 보냈다"[44]는 구절이 나온다.

나가사키 도주(봉행)가 서계를 빼앗았다는 것이다. 그러나 "도주는 곧 대마도의 패거리"라는 안용복의 설명을 통해 서계를 빼앗은 것은 대마번의 나가사키 연락소장 하마다였음을 알 수 있다. 이 하마다를 안용복은 나가사키 도주로 착각했던 것이다.

그러나 일본 측은 서계 자체가 존재하지 않았다는 입장을 고수한다. 한국 연구자들 가운데도 서계의 존재에 대해 회의적인 시각을 보이는 사람이 많다. 조정의 대표도 아닌 일개 민간인에게 어떻게 에도

---

42 이나바(因幡): 현재의 돗토리현 동부.

43 『죽도기사(竹島紀事)』, 元祿 6年(1693) 6月.

44 "行至長崎島島主卽馬島之黨也 求見書契出示之奪不還送龍福于馬島." 『증보문헌비고』, 「여지고」19, 관방 7, 해방 7, 울진.

막부가 영토에 관한 외교 문서를 만들어줄 수 있었겠느냐는 것이다.

그러나 뒤에 안용복을 취조한 영중추부사 남구만(南九萬)이 사실로 인정한 기록으로 미루어 안용복의 주장은 신빙성이 높을 뿐 아니라, 당시의 국제정세로 볼 때도 그것이 불가능하지만은 않았으리라는 설도 있다.

"그때 에도의 도쿠가와 막부는 (임진왜란으로 망가진) 조선과의 국교를 회복하려고 애쓰고 있었다. …… 울릉도 문제를 놓고 조선과 불화를 빚고 싶지 않았다. 그러한 배경에서 '울릉도는 일본 땅이 아니다'라는 서계를 만들어주었을 것이다."[45]

안용복 등은 조사를 받은 뒤 8월 14일 대마도에서 온 사자(宮助左衛門)에게 인도되었다. 그의 인솔하에 안용복 등은 9월 3일 대마도에 도착했다. 이때부터 대우가 돌변했다.

대마도의 꼼수

우선 대마도에 도착한 안용복 등은 사신 숙소에 연금되어 엄한 감시를 받았다.

"안용복 자신도 귀국 후 대마도에서 결박되었다고 공술했다. 안용복은 대마번의 학대를 견디기 어려웠던 것으로 보인다. 이것이 3년 후 자청해서 도일을 결심한 원인의 하나가 된 것이다."[46]

---

45 김학준, 『독도는 우리 땅』, 한줄기, 1996.
46 박병섭, 「안용복 사건에 대한 검증」, 한국해양수산개발원, 2007. 안용복의 일본 체재에 대한 부분은 이 논문을 많이 참조했다.

    독도의 진실

저들이 안용복을 냉대한 데는 나름대로의 이유와 논리가 있었다. 대마도주는 에도 막부와 달리 울릉도를 차지하고 싶은 생각이 있었다. 그래서 나가사키 연락소장에게 "울릉도는 일본 땅이 아니다"라는 서계를 안용복에게서 빼앗도록 지시하고, 다시 대마도에 도착한 그를 박어둔과 함께 "일본 땅 다케시마(울릉도)를 침범한 죄를 범했다"는 구실로 구속했던 것이다.

그러나 안용복 등을 조선에 인도하라는 막부의 명 자체를 어길 수는 없었기 때문에 억류 49일 만인 10월 22일 중신 다다 요자에몬(多田與左衛門)으로 하여금 안용복 등을 인솔해 조선으로 떠나게 했다. 그들이 탄 배는 11월 1일 부산 절영도에 도착했다. 다음 날 다다는 안용복 등을 저들의 활동 근거지인 왜관으로 데리고 들어갔다. 안용복은 그곳에서 38일간 더 구금 생활을 하게 된다.

그동안 다다는 조선인 (통)역관을 만났다. 그는 왜나라 사신, 곧 당시 용어로는 차왜(差倭)였다. 그런데 일본 풍습에는 대외 사신으로 나갈 때 자신의 이름이 아닌 씨족의 '가바네(姓)'를 들고 나가는 경우가 많았기 때문에 조선 자료에 실린 귤진중(橘眞重) 또는 다치바나 신쥬는 다다와 같은 인물이다.

그는 조선인 역관에게 대마도의 요구 사항을 구두로 말하고 가져온 서계를 슬쩍 보여주었다. 이렇게 하여 조선인 역관을 통해 자기 쪽 의사가 먼저 구두로 동래부사에게 전달되게 하려는 것이었는데, 이런 방식으로 서로의 입장을 사전 조율해나가는 것이 당시 양국의 외교 방식이었다. 공식 문서인 서계는 정식 회담 때 전달되었다.

역관의 말을 들은 동래부사 성관(成瓘)은 즉시 서울로 파발을 띄웠고, 조정에서는 11월 18일 차왜를 상대할 접위관에 홍문관 교리 홍중하(洪重夏)를 임명했다. 접위관이 부산에 내려가서 12월 10일 귤진중과 회담을 가졌고, 바로 그날 조선인 인질들이 동래부로 인계되었다.

오랜 감금 생활에서 풀려난 안용복은 이제 살았다 싶어 동래부사에게 자초지종을 설명하고 자신의 억울함을 호소했다. 그러나 부사는 귀담아 들으려고도 하지 않았다. 타국에서 고초를 겪다 돌아온 자국인에 대한 따스한 배려까지는 바라지 않는다 해도, 적어도 "울릉도가 일본 땅이 아니다"라는 관백의 서계를 빼앗긴 사정에 대해서는 귀를 기울였을 법도 한데 전혀 그러지 않았다.

동래부사 또한 자신의 입신영달에 관한 일이 아니면 신경을 쓰지 않는 전형적인 조선 관리였던 것이다. 그래서 상부에 보고도 하지 않고 무단으로 국경을 넘나들었다는 사실 하나만 가지고 월경죄(越境罪)를 기계적으로 적용하여 안용복을 감옥에 집어넣었다.

이렇게 하여 안용복과 박어둔은 2년간 옥살이를 하게 되지만, 그가 제기했던 울릉도의 영유권 문제는 조일 간의 치열한 외교전으로 비화하고 있었다. 이를테면 귤진중이 정식 회담 때 내놓은 대마도주(宗義倫)의 서한에는 이런 내용이 보인다.

"귀국 바닷가에서 고기 잡는 백성들이 해마다 배를 타고 본국의 다케시마(울릉도)에 오므로 현지 관리가 국법으로 금지되었음을 자세히 깨우치고 다시 와서는 안 된다는 것을 단단히 알렸음에도, 올봄 어민 40여 명이 다케시마에 들어와 번거로이 고기를 잡으므로 현지 관리가 그중 2명을 잡아 한때 증거를 위한 인질로 삼으려 했으나, 본국 이나바의 태수가 급히 올린 보고서를 보고 에도 막부에서 명을 내린바, 저희 대마도로 하여금 어민을 고향 땅에 돌려보내도록 한 것이온즉, 이제부터는 결단코 그 섬에 배가 가지 않게 하고 더욱 금지 사항을 지켜 두 나라의 우정에 틈이 생기지 않도록 해야 할 것입니다.”[47]

안용복과 박어둔을 돌려보내는 것을 들어 한껏 생색을 낸 이 서계의 핵심은 “본국의 다케시마(本國竹島)”라는 문구에 있었다. 대마도주는 이 구절 하나로 울릉도를 자신의 영토에 슬쩍 집어넣는 꼼수를 부렸던 것이다.

조선의 회답서

사서삼경까지 달달 외우며 과거에 급제한 조선 관리들이 왜나라 한문 편지를 보고 그것이 노리는 바, 곧 대마도주가 기도하는 꼼수를 눈치채지 못했을 리가 없다. 핵심이 울릉도의 영토 문제에 있다는 것쯤은 단박에 파악했을 것이다.

그러나 임진왜란 때 혼쭐이 났던 조선 조정은 저들과의 대결에서 어느 정도 기가 꺾여 있었던 것이 사실이다. 더구나 이 무렵 조정은 장희빈을 앞세운 남인[48] 정권이었다. 입신영달에 목을 맨 이들은 문제가 커지는 것을 원치 않았다. 그렇다고 울릉도를 저들의 영토로 인정해줄 수도 없는 노릇이었다. 그래서 궁리 끝에 예조에서는 이런 묘한 답장을 만들었다.

<hr>

47 『숙종실록』, 숙종 20년(1694) 2월 23일.
48 남인(南人): 조선조 때 사색당파의 하나로, 동인(東人)에서 갈라져 나온 일파다.

"우리나라에서는 어민을 금지·단속하여 바깥바다에 나가지 못하도록 했고, 비록 우리나라 땅인 울릉도라 할지라도 또한 아득히 멀리 있는 까닭에 마음대로 오가지 못하게 했는데, 하물며 그 밖의 것이겠습니까? 지금 이 어선이 감히 귀국 땅인 다케시마에 들어감으로써 번거롭게 거느려 보내주시고 먼 곳에서 글로 알려주시니 이웃 나라 된 우의를 실로 기쁘게 느끼는 바입니다."[49]

답장을 받아 본 왜관의 귤진중은 글 가운데 "귀국 땅인 다케시마(貴境竹島)"라는 표현이 있는 것을 보고 회심의 미소를 지었을 것이다. 일단은 절반의 성공이었기 때문이다.

그러나 조선 조정에서 궁리 끝에 짜낸 묘책은 "우리나라 땅인 울릉도(弊境之鬱陵島)"라는 구절의 삽입이었다. 울릉도와 다케시마가 서로 다른 섬인 것처럼 꾸민 '이도이명(二島二名)'의 회답서는 결과적으로 "조선 왕조의 무사안일 외교의 대표적 사례가 될 만한 것이었다."[50]

이 약점을 차왜가 파고들었다. 그래서 조선인 역관을 만나서는 "'서계에 다만 다케시마라고 하면 좋았을 것을 하필 울릉도를 들먹인 것은 무슨 까닭인가?' 하면서 여러 차례 수정해줄 것을 요청했다."[51]

그리고 접위관 홍중하를 만나서는 "울릉도는 전에 조선에서 지배했으나 임진왜란 이후는 일본에 속합니다. 다케시마는 곧 울릉도인데 섬 하나를 둘로 하여 하나는 다케시마, 하나는 울릉도로 했으니 만약 또다시 이 섬에 조선인이 오는 일이 생긴다면 아주 큰일이 될 것입니

---

49 『숙종실록』, 숙종 20년(1694) 2월 23일.
50 신용하, 「독도 주권, 사활이 걸린 민족 문제이다」, 『신동아』, 1996년 4월호.
51 『숙종실록』, 숙종 20년(1694) 2월 23일.

다. 전부터 울릉도에 가면 안 된다는 법제가 있었으므로 일본의 다케
시마에 다시 가지 않도록 단단히 분부하시겠다는 답을 주시면 쉬 끝
날 일인데, 회답서에 쓸데없이 울릉도라 쓴 것은 이해할 수 없는 일이
고, 훗날 조선의 입장에서도 성가신 일이 될 것이니 접위관께서는 잘
생각해서 아뢰시기 바랍니다"[52]라고 주장했다.

귤진중은 임진왜란 때 왜병들이 울릉도를 잠시 점거했던 사실을 근
거로 하여 일본이 계속 지배해왔다고 주장했다. 그 때문에 "우리나라
땅인 울릉도"라는 문구가 들어간 서계를 받지 않으려 했던 것이고, 조
선 조정에서도 '울릉'의 두 글자를 삭제해달라는 저들의 요청을 받아
들이지 않았던 것이다. 이렇게 하여 1차 협상이 결렬됨에 따라 귤진중
은 1694년 2월 22일 대마도로 돌아갔다.

그런데 그해 3월 조선 조정에서는 장희빈의 모략으로 폐비되었던
인현왕후 민씨가 복위되면서 남인 정권이 붕괴하고 소론[53] 정권이 들
어섰다. 전부터 남인 정권의 굴욕 외교에 비판적이었던 소론 정권은
대일 외교 방침을 온건에서 강경으로 전환했다.

소론 정권으로 바뀐 뒤에는 울릉도·독도를 둘러싼 조일 간의 영토
싸움에 대한 대책을 묻는 책문이 과거에 출제되기도 했다.[54] 이런 상황
에서 그해 윤 5월 13일 왜관에 다시 돌아온 귤진중은 조선 조정의 내
부가 바뀐 줄도 모르고 전처럼 큰소리를 쳤다.

"울릉도 이름을 삭제하시오."

---

[52] 『죽도기사(竹島紀事)』, 元祿 6年(1693) 12月 10日, '정관 구술(正官口上)'.
[53] 소론(少論): 조선조 때 사색당파의 하나로, 서인(西人)에서 갈라져 나온 일파다.
[54] 「조선일보」, 2011년 11월 14일.

차왜가 내놓은 대마도주의 친서에도 "우리 서한에서는 일찍이 울릉도를 언급한 일이 없는데, 회답서에서 갑자기 '울릉'의 두 글자가 들먹여진 것을 이해하기 어려우니 다만 이를 삭제해주시기 바랍니다"[55]라는 내용이 들어 있었다.

그러나 소론 정권은 저들의 요구에 위축되지 않았다. 접위관에 새로 임명된 유집일(兪集一)은 회담에 앞서 동래부 감옥에 구속되어 있던 안용복부터 만나보는 치밀함을 보였다. 그가 안용복에게서 들은 이야기의 일부가 『숙종실록』에 다음과 같이 간접으로 실려 있다.

"생각건대 안용복·박어둔이 처음 일본에 갔을 때는 매우 좋은 대접을 받았다. 의복과 후추, 촛불을 주어 보냈고 또한 모든 섬에 공문을 돌려 공연한 심문을 못 하게 했는데, 나가사키 섬에서부터 추궁이 시작되었다. 대마도주의 서계에 언급된 다케시마 이야기는 장차 에도에서의 공을 과시하기 위한 계책이었다. 유집일은 안용복에게 물어보고 비로소 그 사실을 알게 되었다."[56]

유집일은 안용복의 이야기를 듣고 대마도주와 에도 막부의 생각이 서로 다르다는 점을 파악했다. 즉 에도 막부는 안용복에게 "울릉도는 일본 땅이 아니다"라는 서계를 써주었는데, 대마도주는 그 서계를 빼앗고 울릉도를 차지하기 위해 그러한 사단을 벌였다는 것이다. 안용

---

55 『숙종실록』, 숙종 20년(1694) 8월 14일.
56 『숙종실록』, 숙종 20년(1694) 8월 14일.

복의 지적에 의해 대마도주의 '계략'을 파악한 유집일은 자신감을 갖고 차왜를 밀어붙였다.

"장차 일본에 글을 보내 안용복 등을 추궁한 정황을 갖추어 말한다면 여러 섬들이 무사할 수 있을 것 같소?' 하니 차왜들이 서로 돌아보고 실색하며 스스로 굽히기 시작했다."[57]

유집일은 이 같은 사실과 정황을 조정에 보고했고, 이 보고에 따라 소론 정권의 영수 격인 남구만은 예전에 잘못 쓴 회답서를 이렇게 고쳐 썼다.

"우리나라 백성이 고기를 잡던 땅은 본시 울릉도로, 대나무가 나기 때문에 더러 죽도(竹島)라고도 했는데, 이는 곧 하나의 섬을 두 가지 이름으로 부른 것입니다. 하나의 섬을 두 가지 이름으로 부른 상황은 단지 우리나라 책에만 기록되어 있는 것이 아니고 귀국 사람들도 모두 알고 있는 일입니다."

"그런데 이번에 온 서계 가운데 죽도를 귀국 땅이라 하여 우리나라로 하여금 어선이 다시 가는 것을 금지시키려고만 들었지 귀국 사람들이 우리나라 지경을 침범해 와 우리나라 백성을 붙잡아 간 잘못은 논하지 않았으니, 이 어찌 성실하고 미더운 도리에 흠이 없다 하겠습니까? 깊이 바라건대 이 같은 취지를 에도에 알려서, 귀국의 변방 해안 사람들을 단단히 일러 다시는 울릉도를 오가며 사단을 일으키는 일이 없도록 한다면 서로 좋게 지내는 우의에 있어 이보다 다행한 일은 없겠지요."[58]

---

57 『숙종실록』, 숙종 20년(1694) 8월 14일.

귤진중은 크게 놀랐다.

1693년과 1694년의 회답서 내용이 전혀 달랐기 때문이다. 1년 전에는 울릉도와 죽도(다케시마)가 서로 다른 섬인 것처럼 얼버무렸는데, 이번에는 울릉도와 다케시마는 같은 섬이며, 따라서 일본인의 울릉도 왕래를 금지시켜야 한다고 요구했기 때문이다.

저들은 이 같은 강경 방침의 배경에 안용복이 있음을 알게 되었다.

즉, 안용복은 옥사를 찾아온 유집일에게 자신들은 오랏줄에 묶여 죄인 취급을 받으며 에도로 보내졌는데, 에도 관청에서는 그런 취급을 한 것이 엄청난 실수라며 새 의복과 금은을 주며 가마에 태워주고 좌우에서 부채질까지 해주는 등 극진하게 대접하며 나가사키에 보내주었다고 했다. 그런데 나가사키에 도착하여 대마도 관원들에게 인계된 뒤에는 다시 죄인 취급을 받았다면서 이처럼 대접이 다른 것은 울릉도에 대한 에도와 대마도의 생각이 서로 달랐기 때문이라고 했다. 이 발언이 유집일을 통해 상부에 보고되면서 조선 조정에서는 대마도의 저의를 의심하게 되었던 것이다.[59]

이런 배경을 알게 된 대마도 측은 안용복의 오해는 돗토리성을 에도로 착각한 데서 비롯된 것이니 이 점을 충분히 밝히면 조선 조정의 방침을 바꿀 수 있으리라는 계산하에 회답서의 의문점들을 공략하는 등 적극적으로 임했으나 대마도의 꼼수를 알아차린 소론 정권은 움쩍도 하지 않았다.

---

58 이상 2개 인용문은 『숙종실록』, 숙종 20년(1694) 8월 14일.
59 『죽도기사(竹島紀事)』, 元祿 8年(1695) 6月.

이에 귤진중이 1695년 6월 하순경 대마도로 돌아감으로써 2차 협
상도 막을 내렸다.

안용복의 제2차 도일

도해 금지령

귤진중, 곧 다다 요자에몬이 귀국한 뒤 대마도에서는 강온 양파 사이에 논쟁이 일었다. 조일 외교의 벽에 부닥친 강경파가 수세에 몰렸다. 온건파는 다른 나라의 섬을 강제로 빼앗아 에도 막부에 바치는 일이 "불의라고는 할 수 있어도 충공(忠功)이라고는 할 수 없다"[1]는 논리로 강경파를 압박했다. 이에 대마번은 에도에 중신을 보내 이 문제를 협의토록 했다.

어차피 울릉도를 얻기 어렵다면 돗토리번의 도항을 막아야 한다는 계산이었다. 본래 대마도는 땅이 좁아 이렇다 할 물산이 없는 섬인데도 조선과의 교역을 통해 번영했다. 그런데 돗토리번에서 울릉도로 도

---

1 "不義とは申候而も, 忠功とは被申間敷." 이케우치 사토시(池內敏), 『천황 외교와 무위(大君外交と'武威')』, 名古屋大學出版會, 名古屋, 2006에서 재인용.

항하여 조선을 자극한다면 대마도의 교역마저 중단될 위험이 있었다.

대마도 중신이 에도 막부에 고했다.

"돗토리번의 자극으로 대마도와 조선의 교역이 중단된다면 저희를 중개로 조선과 교역해온 막부 또한 재정 압박을 받게 되지 않을는지요?"

이에 막부는 사실 여부에 대한 진상 조사부터 벌였다. 그래서 돗토리번의 에도 관저에 "이나바국과 호키국[2]에 부속한 다케시마(울릉도)는 언제부터 두 나라에 속하게 되었는가?" 하는 질문을 보냈다. 그러자 "다케시마는 이나바국과 호키국에 부속된 일이 없습니다[3]"라는 대답이 왔다.

또 "다케시마 외에 두 나라에 속한 섬이 있는가?"라는 물음에 "다케시마와 마쓰시마(독도)이온데 두 나라에 속해 있지 않습니다[4]"라는 대답이 왔다.

이처럼 돗토리번이 울릉도 · 독도가 자기 영토가 아님을 분명히 한데다가 "마쓰시마에서 호키국까지는 바닷길이 120리 정도이고, 마쓰시마에서 조선까지는 80~90리 정도[5]"라는 거리적 요소도 크게 작용하여 에도 막부는 그해 1월 28일 울릉도에 대한 도해 금지령을 내렸다.

"연전부터 호키국 요나고의 백성 두 사람이 다케시마(울릉도)에 건

---

2 이나바국과 호키국은 돗토리번에 속한 나라다.
3 "竹嶋は因幡 · 伯耆附屬ニては無御座候."『죽도지서부(竹嶋之書附)』, 元祿 8年(1695) 12月 25日.
4 "竹嶋 · 松島其外兩國江附屬之嶋無御座候事."『죽도지서부(竹嶋之書附)』, 元祿 8年(1695) 12月 25日.
5 "松嶋江伯耆國より海路百貳拾里程御座候事, 松嶋より朝鮮江は八, 九拾里程も御座候樣及承候事."「小谷伊兵衛差出候竹嶋之書附」,『죽도지서부(竹嶋之書附)』, 元祿 9年(1696) 1月 25日.

너가 지금까지 고기를 잡아왔지만 조선인도 그 섬에 가서 고기를 잡아왔다니, 그렇다면 일본인이 들어가 섞이는 것은 무익한 일이므로 향후 요나고 백성의 도해를 금지시키라는 (쇼군의) 분부가 계셔 마쓰다이라 호키국 태수에게 봉서로 전달하는 것이니 이를 준수토록 할 것, 이상."[6]

이 명령에 따라 돗토리번 영주는 울릉도 도해면허증을 2월 9일자로 막부에 반납했다.[7] 그러나 이 도해 금지의 봉서가 돗토리번에 전달된 것은 그해 8월 1일이었고, 이 소식이 조선에 전달된 것은 그다음 해의 일이었다.

울릉도 영유권 문제를 제기하고 대마도의 속셈을 유집일에게 알려줌으로써 소론 정권의 강경 방침을 굳히게 했으며, 그로 인해 도해 금지령까지 이끌어낸 숨은 공로자는 안용복이었다.

그러나 그해 봄 2년간의 옥살이에서 풀려난 그는 이 사실을 전혀 모른 채 일본에 연행되었을 때 대마도주에게 서계를 빼앗기고 학대받은 일에 대한 원한을 되새기고 있었다. 울릉도를 탈취하려는 대마도주의 흉계를 보고 들었기 때문에 그는 이 문제에 대해 매듭지을 생각으로 일본에 다시 건너갈 준비를 하기 위해 울산으로 갔다.

안용복은 당시의 상황에 대해 "저는 본디 동래에 사는데, 어머니를 보러 울산에 갔다가 마침 중 뇌헌(雷憲) 등을 만나 근년 울릉도에 오간 일을 자세히 설명하고 또 그 섬에 해물이 풍부하다는 것을 말했더니

---

6 『죽도기사(竹島紀事)』, 元祿 9年(1696) 1月 28日, '口上之覺'.
7 『이소다케시마 각서(磯竹島覺書)』, 元祿 9年(1696) 2月 9日.

    독도의 진실

뇌헌 등이 마음이 동했습니다"[8]라고 말했다.

그렇게 안용복은 뇌헌을 비롯한 중 5명을 포섭하고, 다시 뱃사공 유일부(劉日夫)를 비롯한 민간인 5명을 끌어들여 함께 배를 타고 울릉도로 떠났다.

제2차 도일

그들이 울릉도에 도착했을 때의 상황에 대해 안용복은 "왜나라 배도 많이 와서 정박해 있었습니다. 뱃사람들이 모두 다 두려워하기에 제가 앞으로 나서 말하기를 '울릉도는 본래 우리 땅인데 왜인이 어찌 감히 국경을 넘어 침범했단 말인가? 너희를 모두 포박하여야겠다' 하고 다시 뱃머리로 나아가 크게 꾸짖었더니 왜인이 말하기를 '우리들은 본래 마쓰시마(독도)에 사는데 우연히 고기를 잡으러 나왔다가 이리 된 것이니 이제 사는 곳으로 돌아가겠다'고 하므로 '마쓰시마는 자산도(子山島)요, 그곳 역시 우리나라 땅인데 너희가 감히 그곳에 살고 있단 말이냐?' 하였습니다"[9]라고 말했다.

여기서 안용복이 언급한 '자산도'는 제1차 도일 때의 사료에는 등장하지 않았던 우산도, 즉 독도다. 일본 측은 독도의 무주지 선점론에 큰 걸림돌이 되는 안용복의 이 진술을 뼈아파했다.

그래서 안용복을 일단 허풍쟁이로 몰고, 그 증거로 "왜나라 배도 많

---

8 『숙종실록』, 숙종 22년(1696) 9월 25일.
9 『숙종실록』, 숙종 22년(1696) 9월 25일.

이 와서 정박하고 있었다"고 그가 진술한 대목을 사례로 들면서 1696년 봄에는 오오야·무라카와 집안 어느 쪽의 배도 울릉도에 건너간 일이 없는데 무슨 왜나라 배가 울릉도에 많이 왔다는 것이냐, 안용복의 진술은 "허구와 과장이다",[10] "위증이다"[11]라고 몰아붙였다.

이는 그해(1696년) 1월 28일 도해 금지령이 내렸고, 2월 9일 돗토리번이 도해면허증을 막부에 반납한 사실에 기초를 둔 주장이지만, 그 도해 금지령이 실제 돗토리번 현지에 내려진 것은 그보다 훨씬 뒤였다는 다음 자료를 미처 챙겨 보지 못한 저들의 자충수였다.

"향후 다케시마(울릉도) 도해를 금지한다는 뜻, 얼마 전 에도에 계실 때 봉서로 내리셨고, 귀국하신 뒤에 이 일을 이치베에·진기치에게 분부하라는 오오쿠보 가가 태수님의 지시에 따라 오늘 금지의 뜻을 명했다."[12]

여기서 오늘은 8월 1일이고, 이날 도해 금지령을 내렸다면 오오야나 무라카와 집안의 배가 그해 봄에는 도항할 수 있었던 것이고, 따라서 그해 5월 울릉도 바닷가에서 왜나라 배를 보았다는 안용복의 진술이 거짓이 아니었음을 입증해주는 자료다.

안용복이 "마침내 이튿날 새벽 배를 끌고 자산도에 들어가니 왜인들이 막 가마솥을 걸고 물고기를 조리고 있었습니다. 제가 막대기로

---

10 가와카미 겐조(川上健三), 앞의 책.

11 시모조 마사오(下條正男), 「다케시마, 그 역사와 영토 문제(竹島, その歷史と領土問題)」, 『竹島·北方領土返還要求運動島根縣民會議』, 松江, 2005.

12 "向後竹嶋渡海之儀制禁被仰出之旨, 最前御在府之內被成御奉書, 御帰國之上を以, 右之段市兵衛·甚吉江被仰渡候樣, 大久保加賀守御差圖ニ付て, 今日弥可爲制禁之旨被仰付之." 『어용인 일기(御用人日記)』, 元祿 9年(1696) 8月 1日.

때려 부수고 큰 소리로 꾸짖으니 왜인들이 거두어 배에 싣고 돛을 올리고 돌아가므로 제가 배를 타고 뒤쫓았는데, 갑자기 광풍을 만나 표류하는 바람에 옥기도에 도착했습니다"[13]라고 말한 대목을 두고서도 일본 측은 조목조목 의문을 제기한다.

이를테면 자산도(독도)는 해안가가 없는 바위섬인데 어떻게 배를 끌고(挽) 들어갔다는 것인가?

울릉도에서 독도까지는 하루가 걸리는데, 새벽녘에 떠나 아침밥 지을 시간에 도착했다면 그가 쫓아갔다는 자산도가 과연 현재의 독도였겠는가?

독도는 사람이 살 수 없는 곳인데, 일본 어부들이 떼 지어 살았다면 그곳이 과연 현재의 독도였겠는가?

더구나 총칼로 무장하여 조선 어부들이 모두 두려워했다고 안용복 자신이 증언한 일본 어부들이 그가 호통 한번 쳤다고 가마솥을 챙겨 줄행랑을 쳤다는 것이 앞뒤가 맞는 이야기인가?[14]

결국 일본 측의 문제 제기는 안용복이 언급한 자산도가 현재의 독도가 아니었다는 점을 부각시키기 위한 것이다. 그 자산도에서 밥솥을 챙겨 달아난 왜인들을 쫓다가 안용복이 옥기도(玉岐島, 오키 섬)에 표착한 것은 5월 20일이었다.[15]

---

13 『숙종실록』, 숙종 22년(1696) 9월 25일.
14 시모조 마사오, 「다케시마가 한국령이라는 근거는 왜곡돼 있다」, 『한국논단』, 1996년 5월호.
15 "朝鮮人之船一艘五月卄日隱岐國江着岸." 『죽도기사(竹島紀事)』, 元祿 9年(1696) 6月 23日, '覺'.

상소문

조선 배를 발견한 왜인들은 여러 척의 배로 조선 배를 아오야 마을[16]로 예인했다. 그날 밤 안용복 등 조선인 11명은 배 위에서 잠을 잤다.

그러나 다음 날 쌀이 떨어진 것을 발견하고 식료품을 부탁하는 글을 보냈더니 촌장이 배에 올라와 형편을 살펴보았다.

"조선에서는 타국 배가 오면 대접을 하는데, 이곳에서도 그러겠지요?" 하고 안용복이 물었다.

그러자 촌장은 "여기서도 이국 배가 풍랑을 만나 표류해 오면 쌀과 그 밖에 상응하는 대접을 하지요. 그러나 당신네는 호키국 태수에게 소송할 일이 있어 왔다니까 식량 정도는 준비해 오셨겠지요" 하고 대꾸하더니 가마니에 백미가 3홉 정도밖에 남아 있지 않은 점을 확인하고 돌아가서는 백미 4되 5홉을 보내주었다.[17]

그 후 강한 서풍으로 배가 흔들려 글을 쓸 수 없게 되자 안용복 등은 상륙을 원했고, 이에 마을 사람들은 이들을 해변 부근의 농가로 안내했다. 저들 자료에는 일행 중 글을 아는 이인성(李仁成)이 동네 사람에게 붓글씨를 써주었다는 기록이 있는데,[18] 실은 그 농가에서 상소문을 지었던 것으로 보인다. 우리 쪽 자료에는 상소문 또는 소장을 쓰게

---

16 아오야 마을(靑屋村): 아오야무라.

17 '겐로쿠 9년 병자년 조선 배 도착 한 권의 각서(元祿九丙子年朝鮮舟着岸一卷之覺書)'. 2005년 5월 16일 오키 섬의 무라카미(村上助九郎) 저택에서 발견된 고문서.

18 『이나바지(因幡志)』. 챠야 구라우에몬(茶屋九良右衛門)이 이인성에게서 얻은 붓글씨 7점이 실려 있는데, 필적으로 보나 '관동(關東) 800리'를 '관동(館東)'으로 틀리게 쓴 것을 보나 이인성은 학식이 그리 높지 않았던 것으로 보인다.

된 동기가 이렇게 적혀 있다.

"도주가 들어온 까닭을 물으므로 제가 말하기를 '근년에 내가 이곳에 들어와서 울릉도·자산도 등을 조선 땅의 경계로 정했고 그에 대한 관백의 서계까지 있는데, 이 나라에는 정해진 규칙이 없는지 이제 또 우리 땅을 침범하였으니 이것이 무슨 도리인가?' 했더니 이 말을 곧 호키국에 전하겠다고 했습니다."[19]

안용복은 오키 섬 관청에 울릉도·독도가 조선 영토라고 주장한 상소문을 제출했는데, 그것이 저들 자료에는 '한 권의 문서(一卷之書)'라고 기록되어 있다.[20]

상소문의 흔적은 이 밖에도 '쇼군께 올리는 서책'[21]이라는 식으로 저들 자료에도 남아 있고, 우리 쪽 자료에도 "이제 안용복이 다시 호키국에 가서 글을 올린 것을 보면 전에 한 말이 사실인 듯합니다"[22]라는 대목이나 대마번이 동래부사에게 "지난 가을 귀국 사람이 글쪽지를 바친 일이 있습니까?"[23]라고 질문한 대목에서도 그 흔적이 엿보인다.

이 상소문이야말로 독도(자산도)의 영유권 문제를 문서화한 최초의 기록이었던 것으로 평가된다. 안용복은 이 문제를 보다 분명히 하기 위해 울릉도·자산도가 조선 팔도의 하나인 강원도에 속한다고 명기한 '조선지팔도(朝鮮之八道)'의 지도를 가져갔다.

오키 섬의 관청(代官所)에서 조사를 받을 때 그는 이 팔도 지도를 보

---

[19] 『숙종실록』, 숙종 22년(1696) 9월 25일.
[20] '겐로쿠 9년 병자년 조선 배 도착 한 권의 각서(元祿九丙子年朝鮮舟着岸一卷之覺書)'.
[21] "公方樣へ差上候書物." 『죽도기사(竹島紀事)』.
[22] "今見龍福, 再往伯耆州呈文, 則前言似是實狀." 『숙종실록』, 숙종 22년(1696) 10월 13일.
[23] "去秋貴國人有呈單事." 『숙종실록』, 숙종 23년(1697) 2월 14일.

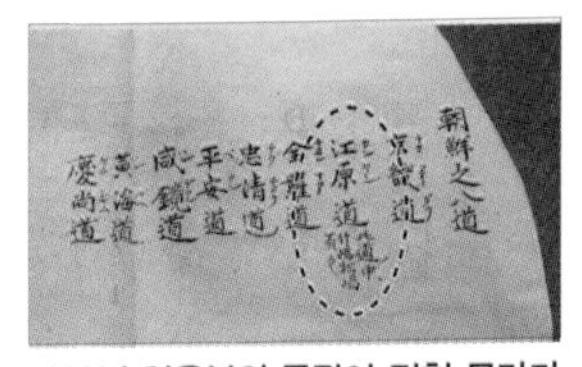

1696년 안용복의 주장이 적힌 무라카미 집안 소장의 '조선지팔도' 공문서. 다케시마(竹嶋)와 마쓰시마(松島)가 강원도에 속해 있다고 기록되어 있다.

여주면서 "다케시마를 대섬(竹ノ嶋)이라고 합니다. 조선국 강원도 동래부 안에 울릉도라는 섬이 있어 이것을 대섬이라고 합니다. 즉 팔도 지도에 적혀 있어 갖고 왔습니다. 마쓰시마는 오른쪽 같은 도 안에 자산이라고 하는 섬이 있는데, 이것도 팔도 지도에 적혀 있습니다"[24]라고 말한 것으로 기록되어 있다.

여기서 저들은 '자산(子山)'이라는 글자 옆에 '소우산(ソウサン)'이라는 발음을 가타카나로 병기해놓았다. 이를 보면 안용복은 울릉도와 독도(자산도)를 어머니 섬과 아들 섬으로 인식하여 울릉도는 우산도로, 자산도는 소우산도로 불렀던 모양이다.

이어 그는 "다케시마(울릉도)와 조선의 사이는 30리(120km), 다케시마와 마쓰시마(독도)의 사이는 50리(200km)에 있다"[25]고 거리를 밝힘으로써 독도의 존재에 대해 분명한 인식을 갖고 있었음을 보여주었다.

그러나 호키국에 상소문을 보낸 지 열흘이 지나도 아무 소식이 없자 안용복은 불평하면서 호키국에 직접 가겠다고 나섰다. 그러자 그들을 지키고 있던 마을 사람이 못 가게 막았다. 표류한 이국인은 모두 나가사키로 보내는 것이 당시의 관례였기 때문이다.

그러자 안용복은 "화를 내며 대나무 장대로 이곳 사람을 때려눕힌 뒤"[26] 배를 타고 직접 호키국으로 건너갔다. 그것도 그냥 간 것이 아니

---

24 '겐로쿠 9년 병자년 조선 배 도착 한 권의 각서(元祿九丙子年朝鮮舟着岸一卷之覺書)'.

25 "竹嶋と朝鮮之間三十里竹嶋と松嶋之間五十里在." '겐로쿠 9년 병자년 조선 배 도착 한 권의 각서(元祿九丙子年朝鮮舟着岸一卷之覺書)'.

독도의 진실

었다. 배에 "조울 양도 감세장(朝蔚兩島監稅將)"이라는 커다란 깃발을 세우고 갔는데,[27] 우리 쪽 자료에는 당시 정황이 이렇게 기록되어 있다.

"제가 분통을 이기지 못해 배를 타고 곧장 호키국으로 갈 때 '울릉·자산 양도 감세장(鬱陵子山兩島監稅將)'이라 거짓 칭하고 사람을 시켜 통고하려고 했더니 그 섬에서 사람과 말을 보내 맞아주었으므로, 저는 푸른 철릭[28]에 검은 갓, 가죽신을 착용하고 가마를 타고 갔고, 다른 사람들은 모두 말을 타고 그 나라로 나아갔습니다."[29]

유폐와 추방

'울릉도와 자산도 두 섬에 대한 세금을 감독하는 장군'의 신분으로 위장한 안용복은 4명의 교꾼이 채를 잡은 가마 위에 올라앉아 마치 성주나 된 듯한 기분이었을 것이다. 동료들은 관용마 아홉 필에 나누어 탔다. 구경거리가 별로 없는 시대였으니만큼 돗토리번 백성들은 이들의 행렬을 구경하기 위해 너도나도 길거리로 나왔다.

앞뒤로 쌍칼잡이 무사들의 호위를 받으며 가마를 타고 가던 안용복은 조선의 정식 사신이라도 된 양, 연도에 늘어선 돗토리번 백성들을 보면서 "어험" 하고 헛기침을 하는 등 자못 의기양양한 모습이었다.[30]

이때 안용복은 3품 당상관의 신분으로 위장했다. 그뿐 아니라 동행

---

26 "致立腹, 水竿ニ而此方之者を打倒し…"『죽도기사(竹島紀事)』, 元祿 9年(1696) 6月 23日.

27 오카지마 마사요시(岡嶋正義),『죽도고(竹島考)』下卷.

28 철릭(帖裏): 무관들이 입던 관복.

29 『숙종실록』, 숙종 22년(1696) 9월 25일.

한 조선인 10명도 모두 신분을 올렸는데, 우리 쪽 자료에 실린 그들의
본명과 일본 자료에 실린 그들의 호칭과 신분을 표로 작성하면 다음
과 같다.

본명	호칭[31]	신분
안용복(安龍福)	안동지(安同知)	3품당상신(三品堂上臣)
이인성(李仁成)	이비장(李裨將)	진사군관(進士軍官)
김성길(金成吉)	김비장(金裨將)	대율(帶率)
유일부(劉日夫)	유한부(劉漢夫)	수주(水主)
유봉석(劉奉石)	유격률(劉格率)	격률(格率)
김순립(金順立)	김사공(金沙工)	사공(沙工)
뇌헌(雷憲)	헌판사(憲判事)	금오승장석씨(金烏僧將釋氏)
승담(勝淡)	담법주(淡法主)	석씨대율승(釋氏帶率僧)
연습(連習)	습화주(習化主)	석씨대율승(釋氏帶率僧)
영률(靈律)	율화주(律化主)	석씨대율승(釋氏帶率僧)
단책(丹責)	책화주(責化主)	석씨대율승(釋氏帶率僧)

신분을 위장한 것은 상대방과 협상할 때 대등한 격을 만들기 위해
서였다. 스님 가운데 가장 연장자인 뇌헌조차 '헌판사(憲判事)'라는 직
함을 저들에게 말했던 것 같다. 이런 점도 있어 일행은 돗토리성의 공
회당(町會所)에서 칙사 대접을 받았다. 이때 돗토리번 영주는 에도에
있었으므로 이들을 만난 일이 없지만 안용복은 자신을 접대한 관리
(羽原傳五兵衛)를 그곳 도주로 생각했던 것 같다.

---

30 야다 다카마사(矢田高當), 『장생죽도기(長生竹島記)』(寫本), 1801.
31 『이나바지(因幡志)』, 元祿 9年(1696), '朝鮮人十一人騎名如左'.

독도의 진실

"저는 도주와 함께 대청마루 위에 마주 앉고 다른 사람들은 모두 중간 계단에 앉았는데, 도주가 묻기를 '어찌하여 들어왔는가?' 하므로 답하기를 '전날 두 섬의 일로 서계를 받아낸 것이 분명할 뿐 아니라 대마도주가 서계를 빼앗고 중간에서 위조하며 수차례 차왜를 보내고 법을 어겨 함부로 침범했으니, 내가 장차 관백에게 상소하여 죄상을 두루 말하려 한다'고 했더니 도주가 이를 허락했습니다."[32]

그래서 글을 아는 이인성으로 하여금 상소문을 지어 바치게 했다는 것이다. 그러나 실제 이인성이 상소문 초고를 쓴 곳은 오키 섬의 농가였다.

상소문을 완성하자 대마도주의 아비가 호키국에 "이 상소문을 올리면 내 아들이 반드시 중한 죄를 얻어 죽게 될 것이니 바치지 말기 바란다"고 간청하여 관백에게 올리지 못했다는 것이지만, 일본 자료에 따르면 당시 에도 막부에서는 "조선인을 상륙시키지 말고 일단 배에 잡아두라"는 명령을 내려보냈다.

그러자 돗토리번의 태도가 일변했다. 그들은 안용복 등을 도젠사(東禪寺)로 옮기고 막부의 추가 명령을 기다렸다. 이 무렵 막부의 견해는 이미 정해져 있었다. 안용복은 모르고 출발했지만 에도 막부는 그해 1월 28일, 울릉도 도해 금지령을 내렸다. 따라서 그것이 지켜지면 될 뿐 안용복이 제기한 소송을 받아들일 필요는 없었다.

만일 소송을 받아들인다면 이미 내린 도해 금지령을 안용복이 승소해 내린 것으로 오해할 여지를 조선 측에 주고, 그러면 앞으로 갈등이

---

32 『숙종실록』, 숙종 22년(1696) 9월 25일.

생길 때마다 사람들이 안용복처럼 바다를 건너와 소송을 제기할지도 모르는데, 그렇게 되면 중개자인 대마도의 존재와 역할이 큰 타격을 입게 된다는 것이었다.[33]

이에 대마도는 소송을 각하하고 관련자들을 돗토리번에서 조선으로 직접 돌려보내야 한다는 의견을 제시했다. 막부의 행정 책임자인 노중(老中) 오오쿠보 가가(大久保加賀)도 대마도의 제안을 받아들일 생각이었다. 이러는 사이 돗토리번에서는 조선 배를 고야마 못[34]으로 끌어들여 사실상 안용복 일행을 그곳에 유폐시켰다.

호수 안에는 둘레 1.8km의 아오시마[35]라는 작은 섬이 있었다. 안용복 등은 배 안에서 잠을 자고 낮에는 섬에 올라가서 시간을 보냈다. 문제는 11명이나 되는 일행의 식량이었다. 돗토리번에서는 더 이상 먹을 것을 대주지 않았다. 평소에는 인근 주민들이 배를 타고 건너와 섬에서 농사를 지었으나 안용복 일행이 도착한 뒤로는 아무도 섬에 드나들지 않았다. 여름철이라 푸성귀 말고는 열린 것도 없었다.

그러나 궁하면 통하는 법이다. 허기진 안용복 등은 습기가 많은 그 섬에 뱀이 많이 서식한다는 사실을 발견하고는 닥치는 대로 뱀을 잡아먹었다. 그래서 그들이 떠난 뒤 아오시마에서는 뱀을 찾아볼 수 없게 되었고, 그 때문에 쥐가 들끓어 농사를 망치다가 8년 뒤 뱀을 번식시키고 나서야 다시 농사가 되기 시작했다는 일화가 전해진다.

마침내 조선인을 나가사키로 이송하지 말고 곧장 조선으로 보내라

---

33 이케우치 사토시(池內敏), 앞의 책.
34 고야마 못(湖山池): 돗토리에 있는 연못 이름.
35 아오시마(靑嶋): 고야마 호수 안의 섬 이름.

는 막부의 명령이 전달되자 안용복 일행은 그해 8월 6일 돗토리번에서 추방되었다.

사형과 유배

안용복 일행은 배를 타고 강원도 양양 땅으로 돌아왔다.

"동래 사람 안용복이 흥해 사람 유일부 …… 등과 함께 배를 타고 울릉도에 가서 일본국 호키주로 들어가 왜인과 서로 송사한 뒤 양양현 지경으로 돌아왔기에 강원감사 심평(沈枰)이 그들을 잡아 가두고 서둘러 보고서를 올렸다."[36]

이들은 서울로 압송되어 비변사(備邊司)에서 취조를 받았다. 9월 27일 어전회의가 열렸을 때 영의정 유상운(柳尙運)이 입을 열었다.

"안용복은 법으로 금지한 것을 두려워하지 않고 다른 나라에서 사단을 일으켰으니 그 죄를 너그러이 봐줄 수는 없습니다. 또 그 나라에서 표류한 사람을 놓아 보내는 일은 반드시 대마도에서 하는 것이 상례였는데, 곧바로 그곳에서 내보냈으니 이 점을 분명히 지적해두지 않을 수 없습니다. 안용복은 도해역관[37]이 돌아온 뒤에 처단하는 것이 마땅합니다."[38]

그는 취조를 받은 일행 11명 가운데 상소문을 쓴 이인성은 죄가 무거우나 우두머리는 안용복이므로 그가 주범이고 이인성은 종범이며,

---

[36] 『숙종실록』, 숙종 22년(1696) 8월 29일.
[37] 도해역관(渡海譯官): 일본에 파견한 통역관.
[38] 『숙종실록』, 숙종 22년(1696) 9월 27일.

나머지는 그저 고기 잡으러 갔다가 일본까지 따라간 꼴이니 방면하는 것이 옳다고 주청하여 윤허를 얻었다.

그러나 '국법 준수'를 주장하는 신하들은 모두 안용복에 대해서는 죄를 용서할 수 없다고 했고, 특히 사헌부에서는 국법에 따라 극형에 처해야 한다고 주장했다. 숙종은 영의정의 말에 따라 "도해역관이 돌아온 뒤에 처리하는 것이 옳겠다"며 이 문제를 일단 뒤로 미뤘다.

일본에 파견되었던 도해역관 변동지(卞同知)와 송판사(宋判事)는 다음 해(1697년) 1월 10일 귀국했다.[39]

그들은 귀국하면서 에도 막부의 도해 금지령을 필사해서 가져왔는데, 이는 1년 전인 1696년 1월 28일에 내려진 것이었다. 막부의 도해 금지령이 이렇게 1년이나 늦게 조선에 전달된 것은 대마도의 농간 때문이었다.

막부의 도해 금지령이 떨어진 1년 전만 해도 대마도는 울릉도를 차지해보려고 조선과의 협상에 매달렸기 때문에 도해 금지령을 곧바로 전달할 수가 없어 막부에 도해 금지령의 공개를 늦춰달라고 요청했던 것이다.[40]

게다가 당시 일본의 외교 관행은 관백이 서명 날인한 문서를 조선에 직접 보내지 않고 일단 대마도주에게 보내고, 대마도주가 이를 서찰 형식으로 재작성해서 조선 역관더러 필사해서 가져가 그 뜻을 조정에 알리게 하는 방식이었다.

---

39 "元祿十年渡海譯官卞同知宋判事歸國… 正月十日譯官兩使朝鮮江歸着."『죽도기사(竹島紀事)』, 元祿 10年(1697).
40 『죽도기사(竹島紀事)』, 元祿 9年(1696) 1月 28日.

이런 방식으로 역관들이 필사해 온 공문서에는 "(다케시마는) 우리나라에서 거리가 매우 멀고 귀국에서는 도리어 가깝습니다. 아마도 두 나라 사람이 섞이게 되면 반드시 밀무역과 암거래 등의 폐단이 있을 것입니다. 이에 들어가서 고기 잡는 것을 영구히 허락하지 않는다는 명령을 내렸습니다"[41]라는 도해 금지령의 문안이 들어 있었다.

역관들이 가져온 도해 금지령의 필사본을 먼저 접한 동래부사 이세재(李世載)는 조정에 장계를 올려 이 사실을 알렸다. 연전 대마도가 우기던 것과는 반대로 에도 막부가 일본인의 울릉도 왕래를 금지하는 명령을 내린 것은 오로지 안용복의 공이었다. 물론 공식적인 외교 문서는 훨씬 뒤에 오지만 조정은 일본의 도해 금지령을 이때 알게 되었다.

이에 남구만은 "대마도가 중간에서 농간을 부린 정황이 안용복으로 인해 다 드러났다"면서 그를 죽이면 대마도주만 기쁘게 하고 나라의 약함을 보여 차후 대일 외교에서 업신여김을 당할 것이라는 논지로 극형을 반대했다. 영의정 또한 남구만의 주장을 지지했다. 이렇게 하여 안용복은 간신히 사형을 면해 귀양을 갔다. 사서의 기록은 여기까지다. 귀양을 간 안용복은 그 후 어떻게 되었을까?

영웅과 유배

숙종 시대에 성호(星湖) 이익(李瀷)이라는 실학자가 있었다. 안용복

---

[41] "本邦太遠而去 貴國却近. 兩地人毆雜 必有潛通私市等弊 隨卽下令永不許入往漁採."『죽도기사(竹島紀事)』, 元祿 9年(1696) 10月.

보다 20세쯤 연하였던 그는 이런 글을 남겼다.

"내 생각에 안용복은 곧 영웅에 짝한다. 미천한 일개 군졸로 만 번의 죽음을 무릅쓰고 국가를 위해 강적과 겨루어 간악한 싹을 잘라버리고 누대의 싸움을 그치게 했으며, 한 고을의 땅을 회복했으니 부개자[42]와 진탕[43]이 한 일과 비교해도 더 어려운 그 일은 뛰어난 자가 아니면 해낼 수 없는 일이었다. 그런데 조정에서는 상을 줄 생각은 않고 앞서는 사형선고를 내리더니 뒤에는 귀양을 보냄으로써 꺾고 빠뜨리는 데 여념이 없었으니 슬픈 일이로다."

"울릉도가 비록 척박한 땅이라고 하나 대마도 또한 한 뙈기 땅도 없이 왜구의 소굴이 되어 역대의 우환거리였는데, 혹시라도 한 번 빼앗긴다면 이는 또 하나의 대마도를 불리는 것이니 바야흐로 닥쳐올 화를 어찌 말로 다 하겠는가."

"이로써 논하건대 안용복은 비단 일세의 공을 세운 것뿐이 아니다. 고금에 장순왕[44]의 화원노졸[45]을 통이 큰 위인이라고들 하지만 그가 힘쓴 바는 큰 장사로 이익을 불리는 일에 지나지 않았고, 국가의 계책에 있어 반드시 뛰어났던 것은 아니다. 만약 위난을 당할 때 안용복과 같은 자를 대오에서 발탁하여 장수급으로 등용하고 그 뜻을 펼쳐보게

---

42 부개자(傅介子): 한나라 소제(昭帝) 때 누란왕(樓蘭王)의 목을 벤 외교 사절.

43 진탕(陣湯): 한나라 원제(元帝) 때 질지선우(郅支單于)를 잡은 장군.

44 장순왕(張循王): 중국 남송(南宋) 시대의 명장 장준(張俊).

45 화원노졸(花園老卒): 화원에서 졸고 있는 한 늙은 병졸에게 왜 자고 있느냐고 묻자 할 일이 없어 잔다면서 자기에게 무역 일을 맡기면 큰돈을 벌 수 있다고 하므로 장순왕이 1만 전을 주겠다고 했으나, 노병은 거절하고 통 크게 50만 전을 요구했다. 그 돈을 받아 큰 배에 물품과 미녀들을 잔뜩 태우고 떠났던 노병이 1년 후 그 수십 배에 달하는 이익을 가져왔다는 고사가 전한다.

   독도의 진실

했다면 그 이룬 바가 어찌 이에서 그쳤겠는가."[46]

이익은 평생 관직에 나아가지 않았던 재야 선비다. 그래서 사물을 맑게 보는 눈이 있었던 것인지도 모른다.

안용복의 언행은 한국은 물론이고 심지어 일본 문헌에도 영향을 끼쳤는데, 그 대표적인 사례가 "울릉도는 일본에서 다케시마라고 칭하고 우산도는 일본에서 마쓰시마라고 부른다"[47]는 기록이다.

그러나 당대의 조선 관리들은 안용복을 평가하지 않았다. 대표적인 사례가 동래부사의 언사인데 그는 안용복을 가리켜 "미치고 어리석은 바닷가 백성"[48]이라고 했으며, 차왜의 질문에 "풍랑으로 표류한 어리석은 백성에 이르러서는 설사 한 일이 있다 하더라도 역시 조정에서 알 바 아니다"[49]라고 답했다. 백성을 깔보는 교만함으로 가득 차 있다.

물론 관리들 중에도 남구만처럼 안용복을 평가하고 옹호해준 사람이 없었던 것은 아니다. 그러나 평가와 옹호의 내용이란 것이 고작 사형에서 귀양살이로 감형해주었다는 수준이다. 이익의 표현처럼 "만 번의 죽음을 무릅쓰고 국가를 위해 강적과 겨루었던" 대가치고는 너무나 야박했다. 안용복이 이룬 공이 100이라면 그가 허가 없이 국경을 넘나든 실정법 위반은 1 정도였는데 말이다. 결코 영웅을 만들지 않는 풍토였던 것이다.

이 대목을 집필하면서 필자는 삼봉도를 처음 발견하고 이를 다시

---

46 이상 3개 인용문은 이익(李瀷), 『성호사설(星湖僿說)』, 울릉도조.
47 "鬱陵島(日本ニテ是ヲ竹嶋ト秤ス), 于山嶋(日本ニテ松嶋ト呼)." 『이나바지(因幡志)』.
48 "狂蠢浦民." 『숙종실록』, 숙종 23년(1697) 2월 14일.
49 "至於漂風愚民, 設有所作爲, 亦非朝家所知." 『숙종실록』, 숙종 23년(1697) 2월 14일.

찾느라 애썼던 성종 시대의 김한경이 문득 생각났다. 그가 조정의 명에 따라 국토를 넓히는 데 적극 협력한 대가는 참형이었다. 그의 딸은 노비로 팔려나갔고.

여기서 필자의 상념은 세월을 뛰어넘는다. 김한경이 맛봐야 했던 통한과 안용복이 느껴야 했던 울분은 그토록 뜨거운 열정과 애국심을 가지고 조국 독립을 위해 온몸을 바친 독립투사와 그 후손들이 해방된 조국에서 받아야 했던 푸대접과 어떻게 다른 것인지? 답답해진다.

안용복이 귀양을 간 곳은 어디였는지, 구체적으로 언제 죽었는지, 어디에 묻혔는지를 기록한 사료는 없다. 다만 구한말의 선비였던 황병중(黃炳中)의 『고암집(鼓巖集)』에 안용복은 유배지에서 죽었다는 사실만 기록되어 있을 뿐이다. 괄괄한 성격이라 울화를 참지 못해 혹 자결이라도 했던 것은 아닐까?

안용복의 고향

살아생전의 안용복을 다룬 이익의 글을 보면 "안용복이라는 자는 동래부 전선(戰船)의 노 젓는 군사였다. 왜관에 드나들어 왜말을 잘했다"[50]고 되어 있다.

여기서 우리는 그가 부산 동래부의 수군으로 일했다는 사실은 확인할 수 있지만 그의 고향이 과연 동래였는지에 대해서는 자료를 더 섭렵해봐야 하는데, 그럼에도 불구하고 그가 동래 출신 또는 태생이었

---

[50] "安龍福者 東萊府戰船櫓軍也 出入倭館 善倭語." 『성호사설』, 울릉도조.

던 것으로 널리 알려지게 된 것은 제1차 도일 때 그의 것으로 추정되는 다음의 호패 내용이 학계에 소개되면서부터였다.

앞면	東萊	私奴用卜年三十三長四	사노 용복, 33세, 4척 1촌
		尺一寸面鐵髭暫生疤無	검은 얼굴, 성긴 수염, 흉터 없음
		主京屈吳忠秋	주인은 서울에 사는 오충추
뒷면	庚午	釜山佐自川一里	부산 좌자천 1리
		第十四庹三戶	제14지 3호

〈사노 용복의 호패〉[51]

위 표는 동래부에서 경오년(1690)에 발행한 '사노(私奴) 용복(用卜)'의 호패 내용인데, 안용복의 출생 근거로 이용되는 이 호패는 문제가 좀 있다.

우선 용복(用卜)이라는 한자가 용복(龍福)과 다르다는 점이 있고, 33세의 나이도 제1차 도일 때인 1693년 오키 관청의 조사 기록(43세), 제2차 도일 때인 1696년 오키 관청의 조사 기록(43세)과 상당히 차이가 나며,[52] 신장도 문제다.

호패에 적힌 4척 1촌은 보통은 124cm, 영조척[53]으로는 129cm, 전통적으로는 135cm 등이지만 어느 경우나 너무 작다. 그래서 옷감의 길이를 재는 경척[54]을 적용하여 156cm 또는 185cm로 해석한 이도 있지만 호패는 조선 것인데, 이를 적용하는 경척은 원래 일본 자라는 점이

---

[51] 오카지마 마사요시, 앞의 책.
[52] 권오엽, 『통정대부 안용복』, 2009.
[53] 영조척(營造尺): 건축할 때 쓰는 척도.
[54] 경척(鯨尺): 에도(江戶)시대에 옷감을 재던 자. '구지라쟈쿠'로 발음한다.

문제다.

135cm 이하의 왜소한 체구를 가진 자가 힘깨나 써야 할 노 젓는 병졸이었다는 것도 납득이 되지 않는 대목이다. 또 그렇게 키가 작았다면 일본 자료에 보이는 "마을 사람을 때려눕혔다"는 구절이나 "성격이 사납고 포악하다"는 표현에도 들어맞지 않는다.

또 하나는 고향에 대한 문제다. 배는 부산에서도 뜰 수 있는데 왜 안용복은 두 번 모두 울산에서 사람을 모아 울릉도로 출항했을까 하는 점이다. 제1차 도일 때 그와 함께 연행된 박어둔은 울산 사람이다.

보다 주목할 점은 그의 어머니가 울산에 살았다는 점이다. 부모가 사는 곳이 고향이라는 관점에서 안용복의 원 고향은 울산이었는데, 수군으로 차출되면서 동래에 와서 살게 되었던 것이 아닌가 싶다.

이렇게 따지다 보면 '사노 용복'의 호패는 안용복의 것이 아니었다는 결론이 나온다. 동래에서 하나 얻어 가지고 다니던 남의 호패였을 확률이 높다. 왜냐하면 오키 관청의 조사 기록에는 용복(用卜)이 아닌 안용복(安龍福)이라는 이름 석 자가 온전히 적혀 있기 때문이다.

"안용복 나이 43세. 관 모양의 검은 갓, 수정이 달린 끈, 얇은 무명 웃옷을 착용하고, 허리에 나무패를 하나 차고 있음. 표면에 통정대부 안용복, 연 갑오생(甲午生). 표면에 동래 거주. 도장은 작은 상자에 들어 있고, 귀이개·이쑤시개를 작은 상자에 넣고 이 두 가지를 부채에 매달아 가지고 있음."[55]

동래 태생이 아니라 '동래 거주(住東萊)'였다는 점에 주목할 필요가

---

[55] '겐로쿠 9년 병자년 조선 배 도착 한 권의 각서(元祿九丙子年朝鮮舟着岸一卷之覺書)'.

있다. 그런데 이 기록에 보이는 안용복 이름 앞의 통정대부(通政大夫)는 대체 무엇이었을까?

안용복의 영향

통정대부는 정3품의 관직명이다. 안용복이 오키 섬에서 호키국으로 갈 때 배에 세운 "조울 양도 감세장"의 깃발 뒷면에 "안동지가 탄 배(安同知乘舟)"라는 글이 적혀 있었는데, 이때의 동지(同知)는 종2품이다. 관직의 품계가 서로 맞지 않았다는 점에서 안용복이 사용한 관직명은 가짜였음을 알 수 있다. 상대국과 대등한 담판을 짓기 위해 신분을 위장했던 것인데, 바로 이 점을 파고들어 일본 연구자는 안용복을 허위와 과장에 능한 거짓말쟁이로 본다.[56]

다른 연구자들도 다른 세부 내용을 지적하면서 안용복을 위증자나 허풍쟁이로 낙인찍는다. 이를테면 안용복이 우산도가 울릉도보다 큰 섬이고 울릉도 동북쪽에 있다고 진술한 섬을 꼬집어 실제 안용복은 독도에 가본 일도 없으면서 가보았다고 거짓 증언을 했다고 몰아세우는 식이다.[57]

저들이 안용복을 신뢰할 수 없는 사람으로 몰아야 하는 이유가 있다. 안용복의 증언을 허위로 만들어야 독도에 대한 한국 측의 역사적 권원을 부정할 수 있기 때문이다. 안용복의 증언도 증언이지만 그로

---

56 다가와 고조(田川孝三), 「다케시마 영유에 관한 역사적 고찰(竹島領有に關する歷史的考察)」, 『東洋文庫書報』 20, 東京, 1988.
57 시모조 마사오, 「다케시마가 한국령이라는 근거는 왜곡돼 있다」, 『한국논단』, 1996년 5월호.

인해 "울릉도와 우산도는 모두 우산국 땅이고, 우산도는 곧 왜인이 말하는 마쓰시마(松島)다"[58]라는 인식이 조선에 정착되었다는 점이 일본 측으로서는 더 골칫거리였다.

이 문구는 유형원[59]의 『여지지(輿地志)』에 처음 실렸는데, 안용복의 활약으로 뒷받침을 얻은 이 문구를 그대로 또는 거의 그대로 수용한 역대 문헌은 다음과 같다.

① 『문헌비고』(1770)

② 『강계고』(18세기 후반)

③ 『만기요람』(1808)

④ 『해동역사』(1823)

⑤ 『증보문헌비고』(1908)

위 다섯 가지 사료의 출전은 『여지지』라 하지만 이 책을 인용할 때 ①과 ②의 집필자인 신경준[60]이 안용복의 위증에 영향을 받아 본래의 기록을 개찬했기 때문에 일본 측은 위 사료를 전부 인정하지 못하겠다는 입장을 취한다. 그러면서 안용복의 위증 내용을 이것저것 들춘다. 세부에 강한 저들의 지적은 부분적으로 날카로운 점이 있다.

---

[58] "鬱陵于山皆于山國地 于山則倭所謂松島也." 『만기요람(萬機要覽)』, 군정편사, 해방, 동해조, 1808; 『증보문헌비고』, 「여지고」 19, 관방 7, 해방 1, 동해 울진, 1908.

[59] 유형원(柳馨遠): 조선 효종 때의 실학자. 지리 책인 『여지지』 등 수많은 저술을 남겼다. 이익이 그의 외6촌 동생이다.

[60] 신경준(申景濬): 영조 때의 실학자. 1770년 『문헌비고(文獻備考)』 편찬 시 「여지고(輿地考)」를 담당했다. 『강계고(疆界考)』 등의 저술을 남겼다.

　　　　　　　　　　　　　　　　　　　　독도의 진실

　그러나 저들은 가장 중요한 사실 하나를 망각하고 있다. 그것은 안용복이 울릉도→독도→오키 섬의 항로를 적어도 두 번 이상 오가면서 독도를 실제 목격하고 체험한 사람이라는 것, 그 때문에 세부 사항이 조금 틀려도 그가 언급한 독도는 진짜 독도일 수밖에 없다는 것이다. 이 점에 대해 해방 전 총독부의『조선사』편수 주임이었던 경성제대 교수 다보하시(田保橋潔)조차도 안용복의 공술에 대해서는 "함부로 장담하는 경향은 있지만 대체로 사실일 수 있다"[61]고 시인했다. 자잘한 잎보다는 큰 줄기를 본 것이다.

　전후 일본의 독도 영유권 주장에 앞장을 선 이들은 주로 외무성이나 시마네현청 등과 직간접으로 연관을 맺은 관변학자들이었지만 개중에는 이를 반대하는 학자들도 꽤 있었다. 그래서 양상은 관변학자 대 양심학자의 대결로 나타났다. 여기에 한국 학자들까지 합세한 싸움은 특히 일본의 한 문헌을 둘러싸고 불꽃 튀는 논쟁을 벌이게 된다.

---

[61] 다보하시 기요시(田保橋潔), 「울릉도 그 발견과 영유(鬱陵島その發見と領有)」, 『청구학총(靑丘學叢)』, 第3號, 京城, 1931.

일본 북서쪽의 끝은?

한일 간의 공방

『은주시청합기(隱州視聽合記)』라는 일본 문헌이 있다. 은주라고도 불리던 '오키 섬'에 관해 보고 들은 것을 모은 기록이라는 뜻이다.

은주, 곧 오키 섬은 일본 본토에서 멀리 떨어진 섬이라 일종의 유배지 같은 느낌이 들어 도성 사람들은 가기를 기피하는 경향이 있었다. 그래서 그곳 사정을 본토에서는 잘 몰랐다. 이 때문에 1667년 그곳 군수(郡代)로 부임한 사이토(齋藤勘介)는 은주의 지리·역사·인구·명승·고적·고사·의례 등을 취재·집필하여 마쓰에번[1]에 제출했는데, 그 보고서가 바로 『은주시청합기』다.

이 지리 책의 존재가 한일 국제 무대에 처음 알려진 것은 1954년 2월 10일 일본 외무성이 주일한국대표부에 구술서(note verbale)[2]를 보

---

[1] 마쓰에번(松江藩): 시마네현의 동부에 있던 이즈모국(出雲國)의 옛 이름.

내면서부터였다. 당시 외무성은 첨부 문서에 독도 영유의 방증 자료로 『은주시청합기』를 위시한 다섯 권의 고문헌을 제시했다. 생전 처음 보는 책들이었다. 이에 한국 외무부는 몹시 당황했던지 일본 정부가 제시한 문헌들은 증거로서 무효라는 주장부터 제기했다.

"일본 정부가 『은주시청합기』(1667)와 『오오야구우에몬 수기(大谷九右衛門手記)』(1682)[3]의 양자를 증거 문헌으로 제시하고 있으나 이들 문헌은 일본의 울릉도 방면 침략 시대에 제작된 것으로 대한민국 정부는 이를 증거로서 무효라고 할 뿐 아니라……."[4]

한국 정부가 일본이 제시한 자료를 증거로 인정하지 못하겠다고 하자 일본 외무성은 『은주시청합기』에 대해 간략하면서도 구체적인 해석을 내놓았는데, 그 골자는 "일본 서북쪽의 끝은 울릉도"라는 것이었다.

"이는 막부의 다케시마(울릉도) 도해 금지 이전의 저서에 속하는 『은주시청합기』가 다케시마 및 마쓰시마(독도)로써 일본 서북부의 한계로 보고 있는 것과 비교하면 흥미 깊다."[5]

일본 정부가 이 문헌을 제시한 것은 이것이 독도가 마쓰시마라는 이름으로 등장한 첫 사료였기 때문이다. 이를 근거로 일본 정부는 17세

---

[2] 제삼자의 형식으로 서명되지 않은 채 작성된 외교 문서. 비망록(aide-mémoire)보다는 공식적이고 각서(note)보다는 덜 공식적인 외교 문서다. 흔히 '구상서(口上書)'라고도 하는데, 이는 일본 용어다.

[3] 이 수기의 제목은 『죽도도해유래기발서공(竹島渡海由來記拔書控)』이고, 오오야 구우에몬(大谷九右衛門)이 지은 것이다.

[4] '독도(죽도) 영유에 관한 1954년 2월 10일자 亞2제15호 일본 외무성의 각서로서 일본 정부가 취한 견해를 반박하는 대한민국 정부의 견해', 1954년 9월 25일.

[5] '다케시마에 관한 1954년 9월 25일부 대한민국 정부의 견해에 대한 일본 정부의 견해(竹島に關する1954年9月25日付大韓民國政府の見解に對する日本國政府の見解)', 1956년 9월 20일.

기 중엽부터 일본의 북서쪽 경계는 울릉도였다는 주장을 폈다.

일본 외무성 뒤에는 그들의 논리를 뒷받침해주는 일본 학자들이 있었을 테고, 그 점은 한국 외무부의 경우도 동일했을 것이다. 구체적으로 어떤 학자들이 개입했는지 모르겠으나 의뢰를 받은 한국 학자들은 『은주시청합기』의 내용을 면밀히 읽어보고 드디어 공격의 실마리를 찾아냈는데, 그것은 새로운 사실의 발견이었다기보다 한문의 해석에 관한 것이었다.

이를 바탕으로 한국 외무부는 증거로서 무효라던 당초의 입장을 바꾸어 "일본 측이 오독(誤讀)을 하여 앞의 두 섬으로 '일본 서북부의 한계'라고 한 것은 큰 잘못"[6]이라는 요지의 반론을 제시했다. 일본 정부가 잘못 읽었다는 한문 문장은 대체 어떤 내용이었을까?

서로 다른 해석

이해를 돕기 위해 문제가 된 문장의 앞부분부터 옮겨보면 다음과 같다.

"은주는 북쪽 바다에 있는 까닭에 오키 섬이라 한다. 여기서부터 남쪽으로 35리를 가면 운주미수관에 다다르고, 남동쪽으로 40리를 가면 박주적기포에 다다르며, 서남쪽으로 58리를 가면 석주온천진에 다다르고, 북동쪽으로는 갈 수 있는 땅이 없다. 북서쪽 사이로 이틀 낮 하룻밤을

---

6 '독도에 관한 일본 정부의 견해를 반박하는 대한민국 정부의 견해', 1959년 1월 7일, '왕복 외교 문서', 『독도 관계 자료집』 1, 외무부, 1977.

가면 마쓰시마(독도)가 있고 또 하루 낮 길에 다케시마(울릉도)가 있다. 속칭 이소다케시마라고도 하는데, 대나무·물고기·물개가 많다."[7]

그러고 나서 윗글에 이어진 문장(此二島無人之地, 見高麗如自雲州望隱州. 然則日本之乾地, 以此州爲限矣)[8]이 있는데, 이 문장을 한일 양국은 다음과 같이 해석했다.

① 한국 측 해석: 이 두 섬은 사람이 살지 않는 땅으로, 고려를 보는 것이 운주[9]에서 은주를 바라보는 것 같다. 그런즉 일본의 북서쪽 땅은 이 주(州)로서 끝을 삼는다.

② 일본 측 해석: 이들 두 섬은 무인도로서, 고려를 보듯이 운주로부터 은주를 보는 것 같다. 그렇다면 곧 일본의 북서의 땅, 이 섬을 가지고 국경으로 한다.

결국 한국 측 해석은 "일본 북서쪽의 끝은 은주"라는 것이고, 일본 측 해석은 "일본 북서쪽의 끝은 울릉도"라는 것이다. 그 결과 한국 측의 해석에 따르면 울릉도·독도는 한국 땅이 되고, 일본 측의 해석에 따르면 두 섬은 일본 땅이 되는 것이다.

묘하게도 1959년 한국 정부의 반박문이 나온 후 일본 정부에서는

---

[7] "隱州在北海中故云隱岐島. 從是, 南至雲州美穗關三十五里. 辰史至泊州赤碕浦四十里, 未申至石州溫泉津五十八里, 自子至卯, 無可往地. 戌亥間行二日一夜有松島, 又一日程有竹島. 俗言磯竹島多竹魚海鹿." 사이토 간스케(齊藤勘介), 『은주시청합기(隱州視聽合記)』, 1667.

[8] 사이토 간스케(齊藤勘介), 위의 책.

[9] 운주(雲州): 현재의 시마네현 동부에 해당하는 출운국(出雲國: 이즈모노구니)의 옛 이름. 운슈로 발음.

그에 대해 정식 반론을 제기하지 않았다. 따라서 한문의 해석을 둘러싼 양국 정부의 공방은 그쳤으나 그 대신 양국의 학계가 바통을 이어받아 공방을 계속해나갔다.

한국 측 해석의 특징은 한문의 흐름에 따라 자연스레 번역했다는 점이다. 이에 반해 일본 측 해석은 끊어 읽기라는 저들 특유의 독해 방식을 따른 것으로, 우리 감각에는 좀 부자연스러워 보이기도 한다.

그러나 "울릉도가 일본 서북쪽의 끝"이라는 해석은 나가쿠보 세키스이(1770)→오쿠하라 헤키운(1906)→가와카미 겐조(1953)→황상기(1954)→다가와 고조(1950~60)→오쿠마 료이치(1968)→시모조 마사오(1996)→나이토 세이추(2000) 등으로 이어졌다.[10]

이에 반해 "은주가 일본 북서쪽의 끝"이라는 한국식 해석은 일본 외무성이 자료를 내놓은 3년 뒤부터 황상기(1957)→이한기(1969)→가지무라 히데키(1978)→송병기·최석우·백충현(1985)→신용하(1989)→이훈(1996)→김병렬(2001) 등으로 이어졌다.

한일 양국의 뜨거운 논란을 불러온 해석의 차이는 한마디로 '차주(此州)'의 주(州)를 한국식의 '은주'로 보느냐, 아니면 일본식의 '울릉도'로 보느냐 하는 문제로 집약된다.

일본식 해석의 선봉장 격인 시모조(下條正男)는 훈계조로 짐짓 이렇게 말했다.

"한문을 읽을 때는 한문 특유의 독해법이 있다는 것을 망각해서는

---

10 이케우치 사토시(池內敏), 『천황 외교와 무위(大君外交と'武威')』, 名古屋大學出版會, 名古屋, 2006.

　독도의 진실

안 된다. 그것은 『설문해자』[11]에 '물 가운데 살 수 있는 곳을 주(州)라 한다'고 쓰여 있는 것처럼 '주'에는 섬의 의미가 있기 때문이다. …… 이익도 『성호사설』에서 울릉도를 일주(一州)로 표현했다. …… 사이토가 울릉도를 차주(此州)로 한 것은 한문 소양이 있었기 때문이다. 그런데 신용하 씨는 '차주'를 은주로 해석했다."[12]

마치 시모조 자신은 한문에 정통한데 한국 학자는 그렇지 못하다는 투였다. 고쿠가쿠인(國學院)대학 박사과정을 수료한 뒤 1983년 한국 삼성그룹 회장 비서실에서 첫 직장 생활을 시작하여 1994년 인천대학교 일본어과 객원교수, 1999년 일본 다쿠쇼쿠(拓植)대학 국제개발연구소 교수, 2000년 국제개발학부 아시아태평양학과 교수, 2009년 시마네현청 소속의 다케시마문제연구회 좌장 등의 경력을 지닌 그는 정말 다른 학자를 타이를 수 있을 정도로 한문 실력이 뛰어난 것이었을까?

명쾌한 해설

그렇지 않다고 부인한 것은 한국인이 아니라 일본인이었다. 오니시(大西俊輝)는 시모조가 『설문해자』를 들먹이며 '주(州)'에 '도(島)'의 뜻이 있다고 피력한 것과 정반대되는 의견을 내놓았던 것이다.

---

11 『설문해자(說文解字)』: 후한 때 허신(許愼)이 편찬한 최초의 문자학 서적.

12 시모조 마사오(下條正男), 「제7회 한문적 표현으로서의 '차주'(第7回 漢文的表現としての '此州')」, 『실사구시: 한일의 가시(刺), 다케시마 문제를 생각한다(實事求是: 日韓のトゲ, 竹島問題を考える)』, Web竹島問題研究所.

"'주(州)'라는 글자는 원래 강 한가운데 생긴 모래톱을 가리킨다. 강의 흐름 안에 있는 상형문자로부터 시작되었다. 농업이 시작된 옛날, 관개가 용이한 '주'에 사람이 모였다. 사람이 모이면 나라가 생긴다. 그래서 상고 시대의 중국에서는 사람이 모인 땅, 곧 나라를 '주'로 표현했다."

"한편 도(島)나 도(嶋)는 산과 새가 합쳐진 회의문자로 철새가 쉬는 바다나 호수 안의 작은 산을 말한다. 즉 도서를 가리키는 것으로 여기에는 사람이 있어도 좋고 없어도 좋다. …… 마쓰시마(독도)나 다케시마(울릉도)는 도(島)이지만 주(州)는 아니다. 사람이 살지 않았기 때문이다."

"따라서 사람이 없는 울릉도는 '차주(此州)'가 될 수 없다. '차주'란 사람이 사는 '이 주'라는 뜻으로, 사람이 사는 은주, 곧 오키 섬을 말한다. 오키 섬이야말로 일본인이 살아온 땅 끝이라고 사이토 간스케는 생각했다."[13]

명쾌한 해설이다.

이 주장보다 더 설득력 있는 학설을 내놓은 이는 이케우치(池內敏)다. 그는 『은주시청합기』에 사용된 주(州)와 도(島)의 용례를 전부 조사하여 그 의미를 도출하는 통계학적 방법을 취했다.

"『은주시청합기』의 주제는 어디까지나 오키국의 지리 책으로 마츠에번에 제출된 보고서다. 보고서의 문장 가운데 66군데의 주(州)가 모

---

13 이상 3개 인용문은 오니시 도시테루(大西俊輝), 『일본해와 다케시마(日本海と竹島)』, 東洋出版, 東京, 2007.

두 '나라(國)'의 뜻인데, 단지 한 군데만 '섬(島)'의 뜻으로 무리하게 '바꿔 읽지 않으면 이해할 수 없다'고 한다면 보고서 자체를 다시 써야 했을 것이다. 『은주시청합기』는 지리서·보고서의 종류로 사색의 책이 아니다. 누가 읽어도 한 번 읽어서 내용이 뚜렷하지 못하면 보고서로서의 가치가 없다."

"차주(此州)는 '오키국'이라고밖에 읽을 수 없다. 그럼에도 불구하고 아직 문제의 부분만큼은 '섬'으로 바꿔 읽지 않으면 안 된다는 등으로 말하는 것은 학문적으로 전혀 성립되지 않는 감정론에 지나지 않는다."

"이상을 근거로 하여 『은주시청합기』의 결론은 '오키국이 일본의 북서쪽의 끝이다'라고 하지 않을 수 없다. 따라서 독도·울릉도는 당시 일본 판도에서 벗어난 것으로 인식되고 있었다고 할 수밖에 없다."[14]

의문의 여지가 없다.

이로써 『은주시청합기』를 놓고 한일 양국에서 벌였던 불꽃 튀는 논쟁은 종지부를 찍게 되었다. 독도·울릉노가 일본 영역의 밖, 곧 조선의 영토라는 점이 분명해진 것이다. 그러나 그렇게 한번 정리되었다고 독도·울릉도 문제가 끝나는 것은 아니었다. 적어도 역사가 그 점을 보여주고 있다.

『은주시청합기』가 나온 지 26년 뒤 독도·울릉도 영유권 문제를 둘러싼 안용복 사건이 일어났고, 뒤이어 대마도주가 "본국의 다케시마(本國竹島)"라고 주장하면서 울릉도를 슬쩍 차지해보려는 잔꾀를 부렸

---

14 이상 3개 인용문은 이케우치 사토시, 앞의 책.

다. 이처럼 외교 문제로 비화하자 1694년 조정에서는 삼척첨사 장한 상(張漢相)을 울릉도에 파견하여 현지를 조사하고 그 보고서를 올리도록 명했다. 이에 울릉도를 답사한 장한상은 비가 멈추고 안개가 걷힌 날 성인봉에 올라가서 사방을 두루 살펴보았다.

"서쪽을 바라보니 대관령의 구불구불한 모습이 보이고, 동쪽을 바라보니 바다 가운데 섬이 하나 있어 아득히 동남쪽에 위치해 있는데, 그 크기는 울릉도의 3분의 1 미만이고 거리는 300여 리에 지나지 않았다."[15]

그는 울릉도에서 동남쪽으로 300여 리 지점에 있는 섬, 곧 독도로 추정되는 섬을 발견했던 것이다. 그러나 사이토의 보고서와 마찬가지로 이 사실을 기록한 장한상의 보고서도 한일 양국 정치에 큰 영향을 미치지는 못했다. 독도 문제는 언제나 원점에서 다시 시작되곤 했기 때문이다.

---

[15] "西望大關嶺遠迤之狀　東望海中有一島　杳在辰方　而其大未滿蔚島三分之一不過三百餘里." 장한상(張漢相), 『울릉도 사적(鬱陵島事跡)』, 1694.

　　　　　　　　　　　　　　　　독도의 진실

19세기의 독도

울릉도 밀무역 사건

안용복의 활약으로 막부의 도해 금지령이 내려진 이후 울릉도에서는 더 이상 왜인의 모습이 눈에 띄지 않게 되었다. 당연한 이야기지만 독도에 대한 저들의 관심도 사라졌다. 울릉도로 오는 길목에 위치한 독도는 그 자체로는 별 가치가 없는 바위섬에 지나지 않았다. 그 때문에 독도만을 목표로 배를 띄운 왜인은 없었다.

이러한 평온 상태가 1세기 이상 계속되자 3년마다 한 번씩 왜인을 수색·토벌한다는 이른바 수토(搜討)정책의 긴장감도 떨어져 조정에서는 다시 무인도가 된 울릉도의 존재를 사실상 망각하게 되었다. 그러자 이번에는 예의 돗토리번이 아니라 그 남쪽에 위치한 하마다번[1]이 울릉도에 눈독을 들였다.

---

1 하마다번(浜田藩): 현재의 시마네현 하마다시의 중심 지역.

하마다번에는 아이즈야(會津屋八右衛門)라는 해운업자가 있었다. 그는 당시 하마다번의 영주가 에도 막부의 행정 책임자(老中)가 된 점을 이용하여 울릉도의 도해면허를 받으려고 에도에 올라가서 로비를 벌였다. 상납금이 미끼였다. 하마다 앞바다에서 배를 타고 북쪽으로 가면 울릉도가 나타난다. 그곳에서는 물고기가 풍성히 잡히므로 어용상인(御用商人)으로서의 도항을 승인해달라는 것이었다.

그러나 에도 막부의 쇄국정책은 예외를 인정하지 않았다. 에도에 올라가서 로비를 벌인 그의 노력은 통하지 않게 되었다. 그러나 여기서 주저앉을 아이즈야가 아니었다. 고향에 돌아온 그는 전부터 안면이 있던 고위 관리들에게 에도의 행정 책임자로 있는 영주가 도해면허를 내주기로 내락했다는 점을 암시하면서 자신의 울릉도 도항을 묵인해달라고 청원했다.

재정 압박을 받고 있던 하마다번으로서는 해마다 상당한 금액의 세금을 바치겠노라는 아이즈야의 약속에 귀가 솔깃해져 그의 출원을 묵인해주기로 했다. 이에 아이즈야는 생선을 잡으러 간다며 배를 띄웠다.

그러나 그의 관심사는 조선과의 밀무역에 있었다. 그래서 에도를 위시한 여러 지방에서 사 모은 일본도 등의 무기와 화약 등을 어선으로 위장한 배에 실었다. 그리고 이것들을 울릉도까지 싣고 가 조선의 암상인들에게 팔았다.

또 울릉도에서 돌아갈 때는 향나무 등 그곳에서 나는 고급 목재를 실어다 일본의 여러 사찰에 팔았고, 도라지 같은 풀뿌리를 조선의 인삼과 산삼이라고 속여 오사카 방면에 팔아 엄청난 폭리를 취했다. 이 같은 황금 밀무역이 수년간 지속되었다.

그러나 꼬리가 길면 밟히는 법이다. 아이즈야의 밀무역은 에도 막부의 한 저명한 정탐원[2]에게 탐지되었다. 이 정탐원은 오사카 봉행 야베(矢部定謙)에게 하마다번의 밀무역에 대해 귀띔해주었다. 조사를 시켜보니 아이즈야는 밀무역 물품에 '에후(會符)'라 불리던 꼬리표를 달았다.

당시 '에후'는 운반 화물에 대한 신용장 역할을 하던 꼬리표로, 이것이 붙어 있으면 관가의 높은 양반이 쓸 물건으로 간주되어 중간에 조사를 받거나 적발될 염려가 없었다. 그는 화물에 하마다번의 에후를 달았던 것이다.

오사카 봉행은 체포한 범인 중 1명을 일부러 풀어주고 그 뒤를 밟게 하여 은신처에 숨어 있던 일당 30여 명을 일망타진했다. 1836년 12월 23일, 막부는 하마다번의 중신 2명에게는 할복자살, 다른 중신 3명과 당사자 아이즈야에게는 참형 등 엄중한 판결을 내렸다.[3]

그런데 웃기는 것은 바로 이 사건(죽도 사건)의 판결문에 나오는 한 구절이 훗날 독도 고유 영토설의 한 증거자료로 이용된다는 점이다.

송죽 한 쌍

2008년 일본 외무성은 『다케시마 문제를 이해하기 위한 열 가지 포

---

[2] 원문은 '온미쓰(隱密)'로, 여기 등장하는 온미쓰는 일본 사극에도 자주 등장하는 마미야 린조(間宮林蔵)였다.

[3] 이 사건의 전말은 『조선 다케시마 도해시말기(朝鮮竹島渡海始末記)』(島根縣立圖書館所藏)에 상세히 기록되어 있다.

인트』라는 14쪽 분량의 팸플릿을 발행했다. 같은 내용이 외무성 홈페이지에도 실렸는데, 이 열 가지 포인트 중 네 번째 포인트의 제목은 "일본은 17세기 말 울릉도 도항을 금지했습니다만 다케시마 도항은 금지하지 않았습니다"이다.

위에 언급된 도항 금지는 안용복의 활약으로 1696년 1월 28일 막부가 내린 도해 금지령을 말한다. 그렇다면 당시 다케시마에 대해 도항 금지령을 내리지 않았다는 주장은 어디에 근거를 둔 것일까?

외무성 팸플릿에서는 구체적인 근거를 밝히지 않았으나 주요 연구서들[4]은 '죽도 사건'의 판결문에 나오는 "가장 가까운 마쓰시마에 도항한다는 명목으로 다케시마에 건너가서……"[5]라는 구절을 그 근거로 제시했다.

연도	왕	울릉도		독도	
		한국	일본	한국	일본
1836	헌종	울릉도	다케시마(竹島)	우산도	마쓰시마(松島)
1881	고종	울릉도	마쓰시마(松島)	독섬	리앙쿠르도
1900	고종	울릉도	마쓰시마	석도	리앙쿠르도
1905	고종	울릉도	우쓰료도	독섬	다케시마(竹島)

일본은 종래의 다케시마(울릉도)-마쓰시마(독도)를 1881년에는 마쓰시마(울릉도)-리앙쿠르도(독도)로 잠시 바꾸었다가 독도를 편입한

---

4 가와카미 겐조(川上健三), 『다케시마의 역사지리학적 연구(竹島の歴史地理學的研究)』, 古今書院, 東京, 1966; 다무라 세이사부로(田村淸三郎), 『시마네현 다케시마의 신 연구(島根縣竹島の新研究)』, 報光社, 松江, 1965.
5 "最寄松島へ渡海之名目を以て竹島え渡り…"『조선 다케시마 도해시말기(朝鮮竹島渡海始末記)』.

　　　　　　　　　　　　　　　　　　　　　　　독도의 진실

1905년부터는 우쓰료도(울릉도)-다케시마(독도)로 다시 바꾼다. 그 이유에 대해서는 나중에 언급하겠지만, 마쓰시마에 도항한다는 명목으로 다케시마에 건너갔다는 위 판결문은 1905년 이전의 것이므로 "독도에 도항한다는 명목으로 울릉도에 건너가서"로 해석된다.

판결문에서 도해 금지령을 내린 곳은 울릉도였다. 그와 달리 독도에의 도항이 자유로웠다면 그것은 독도가 당시 일본령으로 인식되었기 때문이 아니냐는 논리를 저들이 펴기 시작한 것이다. 나도 처음에는 당혹스러웠다. 판결문의 한 구절까지 예리하게 포착해서 이를 자기들 논리에 응용하는 저들의 집요함을 보고서. 그러나 다음 순간 도리어 안도감 같은 것이 생겼다. 독도에 관해서는 일본도 고유 영토설을 뒷받침할 만한 양질의 자료를 확보하지 못했다는 점이 역으로 드러났기 때문이다. 실제 저들에게는 "독도 단독 도항을 적극적으로 증명할 수 있는 사료는 하나도 없다."[6]

재미있는 것은 안용복의 개인 주장을 증거로 인정할 수 없다고 한 저들이 사형 판결문에 나오는 개인의 한마디를 증거자료로 내세웠다는 점이다. 외무성이 근거를 분명히 제시하지 않은 것도 출처가 좀 '남세스럽다'는 점 때문이 아니었겠는가?

그러나 한국 쪽의 자료도 양질은 아니다. 저들은 "안용복의 활동은 국가를 대표해서 행해진 것이 아니고, 18세기 이후 조선의 사서 등에 독도가 자산도로 기재되었다고 해도 조선에는 독도에 관한 현장의 지

---

[6] 가지무라 히데키(梶村秀樹), 「다케시마=독도 문제와 일본 국가(竹島=獨島問題と日本國家)」, 『朝鮮研究』182号, 東京, 1978.

식과 견해조차 없었기 때문에 한국에는 역사적 권원이라고 할 만한 확실한 물증이 존재하지 않는다"[7]고 보고 있다.

실제로 한국에는 우산도가 기록된 사서는 많지만 단지 이름뿐으로 실제 우산도가 어디에 어떤 모양으로 존재하는지, 섬 안팎의 정황, 가령 사람은 사는지, 어떤 동식물이 서식하는지, 무슨 산물이 나는지, 해산물은 많이 잡히는지 등 섬의 성격이나 내용을 구체적으로 기록한 자료는 하나도 없다고 저들은 강조한다.

거기다 독도에 관해 구체적 언급을 한 이는 안용복이 유일하다는 것이다. 그 말고는 독도에 가본 사람이 없었기 때문이다. 물론 더러는 있었다. 사서에 등장하는 삼봉도의 김한경이나 박종원, 그리고 삼척첨사 장한상 등은 먼발치에서 독도를 보았던 것 같고, 사서에 등장하지 않는 어부들도 더러 있었을 것이다. 그러나 전체적으로는 가본 사람이 거의 없었고, 더구나 조정 차원에서 이 섬을 공식적으로 답사한 사람은 없었다는 것이다.

그렇게 된 이유는, 일본 쪽에서는 울릉도라는 목적지가 있어 독도를 자연스레 경유했지만, 조선 쪽에서는 안용복의 경우처럼 일본행을 목표로 하지 않는 한 울릉도 저 밖의 독도까지 갈 이유가 없었기 때문이다.

그럼에도 불구하고 한국 측이 독도를 한국 땅이라고 주장할 수 있었던 것은 섬의 인접성에 있었다. 측정 방법에 따라 약간의 오차가 생

---

7 스카모토 다카시(塚本孝), 『국제법으로부터 본 다케시마 문제(國際法から見た竹島問題)』, 「다케시마 문제를 배운다(竹島問題を學ぶ)」, 講座第5回講義録(島根縣立圖書館集會室), 2008年 10月 26日.

 독도의 진실

기지만 최단 거리를 재보면 독도는 울릉도에서 87km, 오키 섬에서는 157km 떨어져 있어 일본보다는 한국 쪽에 훨씬 더 가깝다.

왜인들도 인접성에 기초하여 독도를 마쓰시마 곧 송도(松島)라고 불렀다. "소나무도 자라지 않는 곳을 송도로 부르게 된 것은 죽도(竹島)라고 부르는 섬이 먼저 있어서 그에 대한 대칭으로 후에 생긴 것으로 이해되고 있다."[8]

주지하는 바와 같이 절개의 상징인 송죽(松竹)은 늘 붙어 다니는 한 쌍이다. 두 섬을 한 쌍으로 보는 표현은 1778년의 「일본여지노정전도(日本輿地路程全圖)」나 1785년의 「삼국통람여지노정전도(三國通覽輿地路程全圖)」에서도 확인할 수 있다. 후자에는 죽도(울릉도) 그림 옆에 "조선의 것으로(朝鮮ノ持ニ)"라는 문구도 적혀 있다.

송죽으로 표현된 울릉도와 독도는 형 섬과 아우 섬 또는 어머니 섬과 아들 섬이었고, 안용복식으로는 울릉도와 자산도 또는 우산도와 소우산도였다. 두 섬을 본도와 속도 또는 모도와 자도로 본 것은 서양인들도 마찬가지였다.

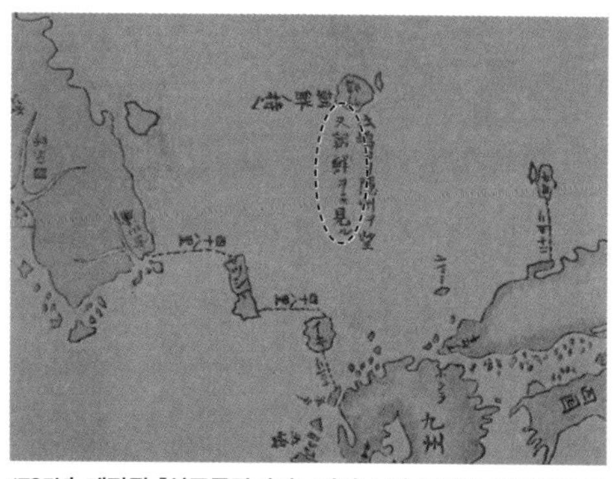

1785년 제작된 「삼국통람여지노정전도」에 그려진 울릉도와 독도. 그림 옆에 "조선의 것으로(朝鮮ノ持ニ)"라고 표기되어 있다.

---

[8] 가지무라 히데키, 앞의 글.

서양인이 발견한 독도

항해술의 발달과 함께 신천지를 찾아 동해까지 진출한 프랑스 함대가 울릉도를 발견한 것은 1787년 5월 27일이었는데, 당시 라페루즈함대의 『항해일지』에는 다음과 같은 기록이 보인다.

"나는 이 섬을 제일 먼저 발견한 천문학자 르포트 다줄레의 이름을 따서 '다줄레 섬'이라 명명했다. …… 우리는 이 작은 만에서 중국 배와 똑같은 모양으로 건조되고 있는 배들을 보았다. …… 다줄레 섬에서 불과 110km밖에 떨어지지 않은 육지에서 조선인 목수들이 식량을 가지고 와 여름 동안 배를 건조한 뒤 육지에 가져다 파는 것으로 보였다."

프랑스인이 먼발치에서 목수들의 모습을 보고서도 이들을 조선인이라 단정한 것은 조선 본토와의 인접성 때문이었다.

서양인 가운데 독도를 처음 발견한 것은 프랑스의 포경선 리앙쿠르호였다. 1849년 동해에 진출해 고래를 잡았던 리앙쿠르호는 바다 한가운데서 발견한 독도를 프랑스 해군성에 신고했다. 이후 '리앙쿠르 암석'으로 불리게 된 이 섬이 프랑스 해군 『수로지』에 한국 영토로 분류·게재된 것 역시 인접성 때문이었다.

같은 해 3월 18일, 미국 포경선 윌리엄톰슨호는 독도를 발견하고 "울릉도 동남쪽 40해리쯤에서 어떤 해도에도 없는 '3개의 암석(3 rocks)'을 보았다"는 기록을 항해 일지에 남겼는데, 이는 독도를 삼봉도라 불렀던 『성종실록』을 상기시킨다.

---

9 이진명, 『독도, 지리상의 재발견』, 삼인, 1998에서 재인용.

1854년 러시아 군함 팔라다호가 독도를 발견하고 독도를 구성하는 2개의 암석을 각각 '메넬라이(동도)'와 '올리부차(서도)'로 명명했는데, 이 2개의 암석이 러시아 해군이 작성한 「조선동해안도」에 조선의 부속 영토로 분류 · 게재된 것도 인접성 때문이었다.

다음 해인 1855년, 영국 함대 호넷호가 독도를 발견하고 이를 '호넷섬'이라 명명했는데, 이 섬을 영국 해군의 「중국 수로지」에 한국령으로 분류한 것 역시 인접성 때문이었다.[10]

독도와 울릉도의 인접성 문제는 일본의 메이지유신 직후에도 재확인된다. 즉 1868년 도쿠가와 막부를 타도하고 신정부를 수립한 메이지 정부는 조선과의 국교 재개를 교섭하기 위해 다음 해 12월 외무성 직원 3명을 부산 왜관에 파견했다. 이들은 귀국 후 보고서[11]를 제출했는데, 바로 이 보고서 가운데 울릉도와 독도는 조선의 부속 영토라고 명기한 부분이 있다.

그런데 이들은 "마쓰시마(독도)의 건에 대해서는 이제까지 기재된 문서도 없다"[12]고 밝힘으로써 당시 일본 정부도 독도에 대해 구체적 정보를 갖지 못했음을 간접으로 알려주고 있다. 그럼에도 불구하고

---

[10] 서양인들이 독도에만 자기네 이름을 붙인 것은 아니었다. 제주도는 네덜란드인이 퀠파트(Quelpart) 섬, 울릉도는 프랑스인이 다줄레(Dagelet) 섬, 울릉도 옆의 대섬(죽도)은 부솔(Boussole) 섬, 거문도는 영국인이 해밀톤항(Port Hamilton)이라는 이름을 각각 붙였다. 또 원산만에는 브라우튼 만(Broughton Bay), 영일만에는 케이프 클로나드(Cape Clonard)라는 이름을 붙였다. 일본에는 서양 지명이 없는데, 조선의 경우는 이와 같았다. 조선이 그만큼 폐쇄적이었다는 뜻이다.

[11] 사다 하쿠보(佐田白芽) · 모리야마 시게루(森山茂) · 사이토 사카에(齋藤榮), 「조선국교제시말내탐서(朝鮮國交際始末內探書)」, 『조선사건(朝鮮事件)』(國立文書館 所藏), 1870.

[12] "松島ノ儀ニ付是迄揭載セシ書留モ無之." 사다 하쿠보(佐田白芽) · 모리야마 시게루(森山茂) · 사이토 사카에(齋藤榮), 위의 글.

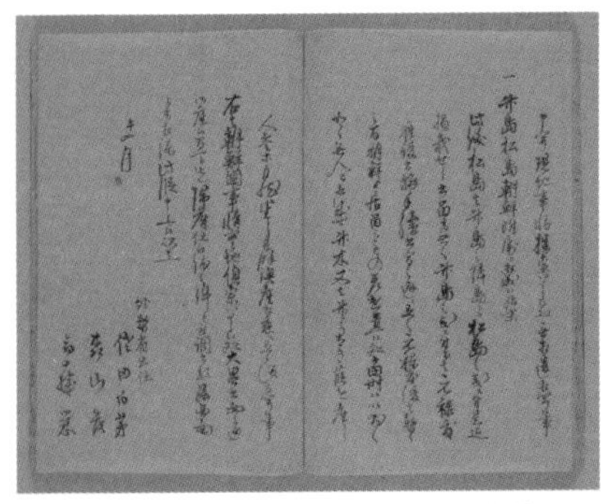

1869년 메이지 정부의 「조선국교제시말내탐서(朝鮮國交際始末內探書)」.

두 섬이 조선의 부속 영토라고 확언할 수 있었던 것은 "마쓰시마(독도)는 다케시마(울릉도)의 이웃 섬으로……"[13]라는 구절에서 알 수 있듯이 두 섬의 인접성을 감안했기 때문이다.

그로부터 6년 뒤 두 섬의 귀속 여부에 대해 보다 철저한 조사가 이루어졌다. 그것은 일본 내무성이 국토의 지적(地籍) 편찬 사업을 벌이면서 울릉도와 독도를 포함시킬지에 대한 시마네현청의 질의서를 받고 조사 작업을 벌였던 일을 말한다.

내무성은 약 5개월에 걸쳐 안용복 사건 이후 막부와 조선국 사이의 왕복 문서들을 면밀히 조사한 결과 두 섬이 일본 영토가 아니라는 결론을 내렸다. 안용복 사건 이후 막부에서 도해 금지령을 내린 주요 기준의 하나가 인접성의 문제였다는 점에 대해서는 앞에서 이미 살펴보았다.

그러나 영토를 취하고 버림은 국가의 중대사이므로 내무성은 일단 이 문제를 태정관[14]에 문의했다. 이에 태정관에서는 1877년 3월 29일, "질의해온 다케시마 외 1섬의 건에 대해 본국과는 관계없다는 점에 유념할 것"[15]이라는 지령문을 내무성과 시마네현청에 내려보냈다.

---

13 "松島ハ竹島ノ隣島ニテ…" 사다 하쿠보 · 모리야마 시게루 · 사이토 사카에, 앞의 글.
14 태정관(太政官): 오늘날의 총리부(總理府) 정도에 해당하는 기관.

독도의 진실

이 태정관 지령문에 나오는 "다케시마(울릉도) 외 1섬"의 '1섬'을 한국 측은 마쓰시마 곧 독도로 해석했다. 그래서 "자 봐라, 너희 정부에서도 일찍이 독도가 조선 땅이라는 것을 인정하지 않았느냐?"고 반문했다.

그러자 일본 측은 "무슨 소리냐? 그 섬이 왜 독도란 말이냐?"며 날카롭게 반응했다. 시모조 같은 사람은 "질 나쁜 사료의 왜곡"이라고까지 한국 측을 매도했다.

독도의 분리 전략

저들의 주장은 이렇다.

1789년 영국의 해양 탐험가 제임스 콜넷이 무역 원정대를 이끌고 동해안 부근을 항해하다가 울릉도를 잘못 측정하여 아르고노트 섬이라 명명했다. 이는 10년 전 프랑스 함대가 발견하여 명명한 다줄레 섬보다 약간 북쪽에 위치한 가공의 섬이었다.

그러나 당시 세계 제1의 해군력을 자랑하던 대영제국이 발견했기 때문에 한동안 유럽에서는 울릉도를 아르고노트 섬과 다줄레 섬이라는 두 가지 이름으로 표기했다.

이런 배경이 있기에 화란상관의 소속 의사로 나가사키에 와 있던 독일인 지볼트는 1840년, 「일본도(日本圖)」를 그릴 때 아르고노트 섬을

---

15 "伺之趣竹島外一島之義本邦關係無之義卜可相心得事." 「태정관지령(太政官指令)」, 明治 10年 (1877) 3月 29日, 『외무성 기록(外務省記錄)』(3門8類2項4号, 外務省外交史料館所藏).

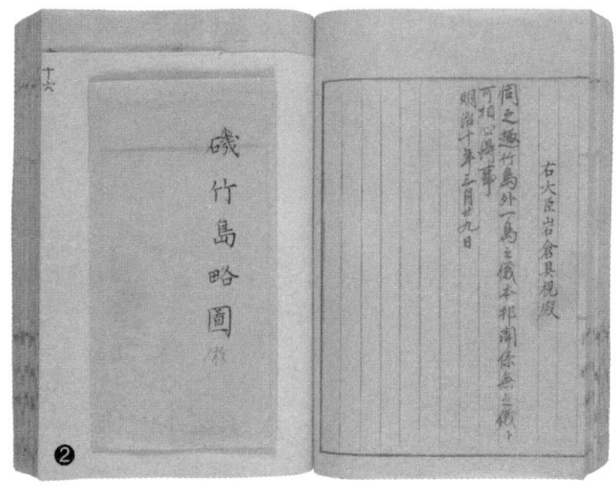

❶ 1877년 태정관 지령문이 실려 있는 일본 내무성의 『공문록』 표지.
❷ "다케시마 외 1섬의 건에 대해 본국과 관계없다는 점에 유념할 것"이라고 쓴 태정관 지령의 본문.

다케시마에, 다줄레 섬을 마쓰시마에 대응시키는 요령을 피웠다. 그 지도에 오늘날의 독도는 표시되지 않았다.

그러나 뒤에 아르고노트 섬이 존재하지 않는다는 사실이 밝혀지면서 다케시마와 마쓰시마가 둘 다 울릉도의 호칭으로 사용되는 혼란이 야기되었다. 당시 일본의 지도 제작 능력은 미흡했기 때문에 서양 지도의 영향을 받았던 것이다. 따라서 태정관 지령에 나오는 "다케시마 외 1섬"은 다케시마라는 울릉도 외에 "마쓰시마라는 울릉도"라는 뜻이기 때문에 한국 측이 주장하는 '독도'가 아니었다는 것이다.

그러나 이 논리가 성립하려면 아르고노트 섬이 존재하지 않는다는 사실이 태정관 지령 전에 일본에 알려졌어야 하는데 "서양에서 아르고노트 섬을 삭제한 지도가 발행된 것은 1880년이고, 이 해는 태정관 지령이 내려진 지 2년 후였는데 그 지도가 일본에 유입된 것도 아니었다. 그뿐만 아니라 당시 일본에는 울릉도와 독도의 경·위도를 측량한 일본 자체의 데이터가 없었다."[16]

울릉도를 둘러싼 혼란이 야기되자 일본 정부는 1880년 9월, 군함 아마기(天城)호를 파견하여 아르고노트 섬과 다줄레 섬의 경도와 위도를 측량케 했다. 그 결과 아르고노트 섬이 존재하지 않는다는 것을 확인한 일본 해군은 울릉도를 마쓰시마로 부르고, 독도는 서양식 호칭인 '리앙쿠르도'를 택하게 되었다.

마쓰시마와 리앙쿠르도.

여기서 종래 울릉도의 호칭이던 다케시마는 증발해버리고 말았다. 이렇게 사라졌던 다케시마가 독도의 호칭으로 다시 돌아온 것은 1905년의 일이다.

일본 정부는 독도를 시마네현에 편입시키면서 종래의 리앙쿠르도→량코도라는 서양식 호칭 대신에 다케시마라는 호칭을 붙였다. 이렇게 하여 "다케시마(울릉도)-마쓰시마(독도)"의 종래 호칭은 잠시 "마쓰시마(울릉도)-리앙쿠르도(독도)"를 거쳐 1905년의 독도 편입과 함께 "우쓰료노(울릉도)-다케시마(독도)"로 정착되었다.

연도	울릉도	독도
1696	다케시마(竹島)	마쓰시마(松島)
1840	다케시마(竹島)	-
1877	다케시마(竹嶋)	마쓰시마(松島)
1880	마쓰시마(松島)	리앙쿠르도
1905	우쓰료도(鬱陵島)	다케시마(竹島)

---

16 오니시 도시테루(大西俊輝), 『일본해와 다케시마(日本海と竹島)』, 東洋出版, 東京, 2007.

물론 그 과정에서 주무 부서인 내무성이 새로 편입할 리앙쿠르 섬을 어떻게 부르면 좋을지 시마네현에 물었고, 시마네현은 그 의견을 다시 오키 섬에 물었다. 그러자 오키 섬에서 '다케시마'로 부르는 것이 옳다고 상신(上申)했고, 그 제안을 상부에서 그대로 승인하여 다케시마가 되었다는 것이 공식적인 설명이다.

과정은 그랬을는지도 모른다. 그러나 그 설명은 자기들의 속셈을 숨긴 구헤이지 수법이다. 다케시마를 독도의 새 이름으로 부른 데는 그들 나름의 계략이 숨어 있었던 것이다. 독도를 다케시마(竹島)로 하고 울릉도를 마쓰시마(松島)로 바꿔 부른다면 종래의 송죽 한 쌍 개념이 되살아난다. 그렇게 되면 독도는 울릉도의 형제 섬이나 부속 섬으로 간주되고, 안용복 사건이나 막부의 도해 금지령 같은 것이 되살아나 "무주지라 선점했다"는 논리를 도저히 펼 수 없게 된다.

여기서 그들은 독도를 울릉도로부터 떼어내는 전략을 구사한다. 그 일환으로 과거의 다케시마는 우쓰료도로, 과거의 마쓰시마는 다케시마로 부르기로 결정했던 것이다. 이러한 분리 전략의 편린은 이미 1882년 임오군란이 일어났을 때 일본이 수습책을 강구하는 과정에서 "땅을 나누는 것은 영원히 원한을 사는 방법이지만 저 마쓰시마(독도)의 소관을 정하는 일 같은 것은 가하다"[17]라고 한 데서도 엿보인다.

울릉도가 조선령이면 그 부속 섬인 독도는 의당 조선령이다. 그런

---

[17] "土地ヲ割カシムルハ永遠ニ怨ヲ求ムルノ方法ナリ彼ノ松島ノ所管ヲ定ムルガ如キハ可ナルベシ." 「지유신문(自由新聞)」, 1882年 8月 2日.

 독도의 진실

데 관할권을 새로 정한다는 것은 결국 독도를 울릉도에서 떼어내겠다
는 뜻이다. 억지로 만들어낸 저들의 인위적 논리는 어떤 것이었을까?

1905년의 독도

욕심 많은 수산업자

누구였던가는 분명치 않다.

그러나 1897년 오키 섬에서 울릉도로 떠난 어선 한 척이 조난을 당하자 이를 찾으러 나섰던 동료 어부들이 도중에 새로운 섬을 발견하게 되었다.

어부들은 이 섬에 서식하던 엄청난 수의 강치 떼를 발견했다. 덩치가 송아지만 해서 처음에는 겁을 먹었지만 어부는 역시 어부였다. 그곳에서 새끼를 낳아 기르는 강치의 모습이 눈에 익자 그들은 총으로 40~50마리를 잡아 오키 섬으로 돌아갔다. 그런데 이것이 뜻밖에도 돈이 되었다. 소문이 나면서 오키 섬의 어부들은 너도나도 리앙쿠르도→리앙코르도→리앙코도→리양코도→량코도→양코도 (독도)로 배를 몰았다.

그 무리들 가운데 나카이 요자부로(中井養三郎)라는 욕심 많은 사내가 있었다. 오키 섬 출신으로는 보기 드물게 도쿄까지 유학하여 공부한 것도 좀 있었던 그는 시야를 넓혀 조선 연안, 러시아의 블라디보스토크, 호주의 목요도, 피지 군도까지 오가며 잠수기를 이용한 전복·해삼 따기와 바다표범 사냥 같은 어로 작업을 해온 수산업자였다.

그러다가 독도의 강치잡이로 재미를 보게 되자 그는 이 수익성 좋은 어장을 독식하려면 독도를 아예 통째로 빌리는 것이 좋겠다는 생각을 굳혔다. 그래서 독도 임대 원서를 준비했는데, 막상 작성하고 보니 어디다 제출해야 할지가 아리송했다. 처음에 그는 조선 정부에 낼 생각이었다고 한다. 독도가 조선 영토에 속한다고 생각했기 때문인데, 나카이에게 그 이야기를 직접 들은 오키 섬 출신의 한 문사는 이런 기록을 남겼다.

"나카이 요자부로 씨는 리양코도(독도)가 조선 영토라고 믿어 조선 정부에 임대 청원을 하기로 결심하고는 1904년의 고기잡이철이 끝나자 곧바로 상경했다. 그는 오키 섬 출신의 농상무성(農商務省) 수산국 직원 후지다와 일을 도모하여 마키(牧朴眞) 수산국장을 만나 사정을 말했다. 마키 씨 역시 이에 찬동하고 해군 수로부에 리양코도의 소속 확인을 요청했다."[1]

이렇게 하여 해군성을 찾아간 나카이는 수로부장으로부터 "그 섬의 소속은 확실한 증거가 없소. 한일 양국에서 거리를 측정해보면 일본 쪽이 10해리나 더 가깝소. 게다가 일본인 가운데 그 섬의 경영에 종사하는 이가 있는 이상 일본 영토로 편입하는 것이 타당하오"라는 말을

---

[1] 오쿠하라 헤키운, 『다케시마 및 울릉도(竹島及鬱陵島)』, 報光社, 松江, 1907.

들었다.

이 말을 한 기모쓰키(肝付兼行) 수로부장은 그해 2월부터 시작된 러일전쟁에서 승리하기 위해 전력을 기울이고 있던 해군 장군이었다. 당시에는 이미 뤼순이 함락되고 러시아의 황해함대도 소멸됐지만 아직 동해에서의 해전이 남아 있었다. 러시아가 자랑하는 정예 발틱함대가 블라디보스토크함대와 연합하기 위해 동해로 달려오는 중이었다.

동해 해전은 국가의 존망이 걸린 결전이 될 터였다. 그런 만큼 일본 해군에는 비상이 걸려 있었다. 러일전쟁을 다룬 『언덕 위의 구름』이라는 작품에 보면 아키야마(秋山眞之) 중좌라는 천재적인 작전 참모가 등장하는데, 그는 집 천장을 보다가 힌트를 얻어 동해 전체를 바둑판처럼 세분한 지도를 만들고, 그 바둑 칸 하나하나에 일련번호를 붙였다. 그래서 러시아 함대가 눈에 띄면 숫자 하나 대는 것만으로도 위치를 전달할 수 있도록 만들었는데, 이는 실제 있었던 일이라고 한다.[2]

이 같은 작전 지도를 만들고 전략을 검토하는 과정에서 일본 해군은 러시아 함대와 맞붙을 장소가 바로 독도 주변이 될 것임을 보다 분명히 예측하게 되었다. 이런즉 일본 해군으로서는 반드시 독도를 일본 영토로 만들어야 한다는 입장이었다. 기모쓰키 수로부장이 독도 편입을 언급한 것도 바로 이 때문이었다. 이에 용기를 얻은 나카이는 조선 정부에 제출하려던 독도 임대 원서를 내무성·농무성·외무성 세 곳에 동시 제출했다.

---

2 시바 료타로(司馬遼太郎), 『언덕 위의 구름(坂の上の雲)』, 文藝春秋, 東京, 1972; Denis A. Warner & Peggy Warner, 『동틀 녘의 밀물: 1904~1905년의 러일전쟁사(The Tide at Sunrise: A History of the Russo-Japanese War, 1904-05)』, Routledge, London, 1974.

   독도의 진실

다케시마의 탄생

나카이가 작성했다는 '리양코도 영토 편입 및 임대 원서(貸下願)'를 읽어보니 수산업자치고는 꽤 잘 쓴 글이다. 이 청원서에서 그는 독도의 강치잡이가 대단히 전도유망한 사업임을 설명하면서 자신은 그 효율성을 위해 자본을 들여 설비를 완벽히 할 생각이지만 "이 섬은 영토 소속이 정해져 있지 않아 훗날 외국의 반대에 부닥치는 등 예측 못 할 일"이 생길 수도 있으니 "조속히 이 섬을 일본 영토로 편입시키시고, 그와 동시에 향후 10년간 저에게 대여해주십사 별지 도면을 첨부하여 청원을 드립니다"라고 적었다.[3]

그런데 원서를 접수한 내무성 당국자는 뜻밖에 부정적인 반응을 보였다.

"이 시국(러일전쟁)에 즈음하여 한국 영토로 의심이 가는 황막한 일개 불모의 암초를 얻음으로써 두루 지켜보는 여러 외국에 일본이 한국 병탄의 야심이 있다는 의혹을 갖게 하는 것은 이익이 극히 적음에 반해 사태는 결코 용이하지가 않소."[4]

이에 나카이가 사업성 등을 열거하며 설득해보았으나 담당 서기관은 제출 원서 자체를 각하시키려 했다. 낙담한 그는 마음을 추스르고 다시 방법을 모색했다. 그래서 동향 출신인 법학 박사(桑田熊藏)의 소개를 받아 외무성 당국자를 찾아갔다. 그랬더니 야마자(山座円次郎) 정

---

³ 오쿠하라 헤키운, 앞의 책.
⁴ 나카이 요자부로(中井養三郎), 「사업경영개요(事業經營槪要)」, 『竹島關係誌料』 1卷, 島根縣廣報文書課編, 1953.

무국장은 내무성 당국자와 전혀 다른 말을 했다.

"이 시국이야말로 그 (섬의) 영토 편입을 시급히 필요로 하고 있소. 망루를 건축해서 무선 또는 해저 전신을 설치하면 적 함대를 감시하는 데 더없이 좋지 않겠소? 특히 외교상 내무성과 같은 고려는 필요치 않소. 빨리 원서를 외무성에 회부시키시오."[5]

나카이로서는 귀가 번쩍 띄는 소리였다. 이 말을 한 야마자는 정무국장에 취임하기 전 부산총영사관·인천영사관·경성공사관 등지에서 오래 근무한 한국통으로, 재임 중에는 일본의 이권을 위해 그 획책에 앞장섰던 인물이다.[6] 게다가 국가주의자들의 모임인 현양사(玄洋社)의 깊은 영향을 받고 '러일전쟁 선전포고문'을 기초한 대륙 진출파였다. 그런 까닭에 해군성 수로부장과도 호흡이 잘 맞았다. 나카이와 동향인 농상무성 수산국장도 일본의 대륙 진출을 지지하던 관리였다.

이렇게 하여 정무국장, 수로부장, 수산국장 등 세 핵심 관료의 지지를 받게 된 나카이는 크게 안도했다. 당초 그의 원서를 각하시키려 했던 내무성에도 군부의 입김이 들어갔다. 이미 나카이 개인의 강치잡이 사업 전망성 같은 것은 이들의 관심사가 아니었다. 일본 정부는 어장의 독점을 원하는 한 어민의 움직임을 이용해 독도의 단순 점령이 아닌 영토 편입의 형식을 취하기로 내부 방침을 정했던 것이다.

이에 주무 부서인 내무성은 새로 편입할 리양코도의 이름을 무엇으로 하면 좋을지 시마네현에 물었고, 시마네현은 그 의견을 다시 오키

---

5 오쿠하라 헤키운, 「다케시마 연혁고(竹島沿革考)」, 『歷史地理』 第8卷 第6號, 1906.
6 하세가와 슌(長谷川俊), 『야마자 엔지로-대륙 외교의 선구(山座円次郎 - 大陸外交の先駆)』, 時事通信社, 東京, 1967.

섬에 물었다. 그러자 오키 섬의 도사는 역사적인 사실에 비추어 새로운 섬은 다케시마(竹島)로 부르는 게 옳다고 답했다. 역사적으로 말하자면 일본에서는 지난날 울릉도를 다케시마라 불렀으므로 리양코도 또한 지난날처럼 마쓰시마(松島)로 부르는 게 옳았다.

그러나 오키도사의 틀린 회답에 대해 시마네현청의 어느 누구도 이론을 제기하지 않았다. 이는 섬이 편입될 현지에서조차 독도에 대한 정확한 인식이 없었음을 보여주는 단적인 사례다. 이렇게 하여 새 섬의 이름은 다케시마로 내무성에 보고되었다.[7]

1905년 1월 28일, 일본 내각회의는 "오키 섬에서 서북쪽으로 85해리에 있는 이 무인도는 다른 나라가 이를 점유했다고 인정할 형적이 없다"면서 나카이 요자부로라는 어부의 영토 편입 청원을 받아들여 이 섬을 다케시마라 이름하고 시마네현 오키 섬에 편입한다는 결정을 내렸다.

이른바 다케시마의 탄생이었다.

시마네현 고시 제40호

일본 정부가 독도를 일본 영토로 편입하는 데 채용한 논리는 '무주지(terra nullius)'의 선점론이다. 주인 없는 땅이니 먼저 갖는 쪽이 임자라는 것이다. 그래서 새 섬을 얻었다는 뜻으로 다케시마라는 새 이름도 붙였다.

---

[7] 박병섭 · 나이토 세이추, 『독도=다케시마 논쟁』, 보고사, 2008.

하지만 무주지 선점의 정당성을 확보하려면 먼저 그 섬이 무주지였
다는 전제 조건을 충족시켜야 한다. 그래서 "독도는 새 섬이 아니고,
주인이 없었던 섬도 아니오. 그런데 무주지라고 편입한 것이 옳은 일
이오?"라고 한국 측이 공격했다.

그러자 일본 측은 "무주지 문제는 문제를 제기한 쪽에서 입증해야
지요. 한국은 시마네현 고시 이전에 그 섬을 유효하게 경영하고 있었
다는 증거를 내놓을 수 있습니까? 그 섬에 한국인이 산 적이 있나요?
그런 형적이 없습니다. 하지만 일본은 나카이 요자부로라는 수산업자
가 그곳에 작은 집을 지었어요. 그건 국제법상 점령 사실에 해당합니
다. 편입 절차에 불비한 점은 없습니다" 하고 반격했다.

"그렇게 떳떳하다면 왜 그 사실을 국내외에 공표하지 않았소? 적어
도 관계국인 조선에 통고 정도는 했어야 하는 것 아니오?" 이 같은 공
격에 대해 일본 외무성은 "외국 정부에 통고하는 것은 국제법상 의무
가 아니다"라는 논리를 내놓았다. 당시 일본 내각은 『관보』를 통해 편
입 사실을 국내외에 알리는 대신 이 문제를 시마네현에서 처리하도록
했다.

이에 시마네현 지사는 1905년 2월 22일, "오키 섬 서북쪽으로 85해
리 떨어져 있는 섬을 다케시마라 부르고 이제부터는 본현 소속 오키
도사의 소관으로 정한다"는 내용의 이른바 '시마네현 고시 제40호'를
발표했다. 현재 시마네현청에 보관되어 있는 이 고시문에는 '회람'이
라는 붉은 도장이 선명하게 찍혀 있어 실제로는 '고시'였다기보다 내
부 관계자끼리 돌려보는 회람용에 지나지 않았던 것이 아니냐는 의혹
을 낳고 있다.

물론 고시 후 그곳 지방지에 '오키의 새 섬'이라는 제목으로 짤막한 2단 기사가 실렸고,[8] 학술지의 잡보란에 '제국 신영토 다케시마'라는 제목의 기사가 실렸던 것은 사실이다.[9]

무언가 하기는 했다.

그러나 옹색하다. 전국지도 아닌 지방신문이나 지리학 연구자들이 보는 학술지에 실렸다 하더라도, 시마네현 고시 자체는 국가 간의 행위가 아니라 내국인에게 알리는 행정적 통지 행위다. 따라서 "국제법상 선점의 통고로서는 부존재"라고 한국 학자는 지적했다.[10] 1855년 베를린 의정서는 통고를 선점 요건으로 의무화했기 때문이다.

고시의 주체도 문제다.

시마네현 지사는 일본을 대표하는 국가원수나 정부 수석, 외무 장관 또는 군 사령관이 아니다. 신임장이나 전권 위임장을 받아 대외 행위를 할 수 있는 국가 대표 기관도 아니다. 따라서 시마네현 고시는 대표 기관이 아닌 자의 행위이므로 "국제법상 행위로서 부존재"라는 것이다.[11]

그러나 일본 측의 주장은 달랐다.

"영토 편입의 고시가 외국에 통보되지 않았기 때문에 국제법상 효력이 없다고 하나 1888년 국제법학회 선언에 따르면 영토 편입의 공표 방식은 각국의 관행에 따른 형식을 취해도 좋다고 되어 있습니다.

---

8 「산인신문(山陰新聞)」, 明治 38年(1905) 2月 24日.
9 「제국 신영토 다케시마(帝國新領土竹島)」(雜報). 『地學雜誌』第196号, 東京地學協會, 1905.
10 김명기, 『독도의 영유권과 국제법』, 투어웨이사, 1999.
11 김명기, 위의 책.

내각회의의 결정에 기초하여 시마네현 지사가 발표한 것은 당시 일본이 채용하고 있던 통상의 편입 방법에 따른 것이며, 독도에 대해 특별히 취해진 조치가 아닙니다."[12]

그러면서 일본 측은 1898년 미나미도리시마[13]를 편입할 당시 지방 관서인 도쿄부(府)가 고시했던 사례를 들면서 그때 이의를 제기한 나라는 없었다고 주장했다. 시마네현청 역시 국가기관이고, 국제법은 국가의 의사 표시를 어떤 형식으로 해야 한다고 요구하지 않으므로 시마네현 고시도 국제법적 효력에는 아무 지장이 없다는 것이다.[14]

논리로서는 일본 측 주장에 타당성이 있는지도 모르겠다. 그럼에도 그들이 취한 행동은 어딘가 궁색하다. 영토 편입 같은 중대사를 『관보』에 싣지 않는다면 『관보』는 대체 무엇을 위한 것이란 말인가?

명백히 비밀리에 행해졌다고는 할 수 없겠지만 은밀히 또는 은근슬쩍 넘어가려고 했다고는 볼 수 있다. 그렇다면 그들은 대체 왜 이 일을 은밀히 처리하고 싶어 했던 것일까?

독도의 전략적 위치

대한제국과 열강의 반발을 피하고, 러일전쟁을 보다 효율적으로 수행하기 위해서였을 것이라고 한 사학자는 설명했다.[15] 실제로 한 나라

---

12 '다케시마에 관한 1959년 1월 7일자 한국 정부의 견해에 대한 일본 정부의 견해(竹島に關する 1959年1月7日付韓國政府の見解に對する日本國政府の見解)', 1962年 7月 13日.

13 미나미도리시마(南鳥島): 오가사와라제도(小笠原諸島)에 있는 섬.

14 다이쥬도 가나에(太壽堂鼎), 「다케시마 논쟁(竹島論爭)」, 『國際法外交雜誌』 第64卷 第4-5号, 1966.

     독도의 진실

의 대외 정책의 방향을 결정하는 것은 군사전략일 경우가 많다. 나라의 안위가 걸려 있기 때문이다.

그런데 러시아와의 해전이 예견되는 동해 한가운데 독도가 자리 잡고 있었다. 전략적으로 매우 중요하다고 판단되었던 섬이다. 그래서 전세에 영향을 줄까 봐 독도 편입 사실을 널리 알리고 싶지 않았다는 것이다.

실은 독도 편입을 결정하기 전부터도 일본 해군은 러시아 함대의 움직임을 면밀히 포착할 수 있도록 한반도의 동해안에서 남해안에 걸쳐 20개의 망루를 건설해나가고 있었다.[16] 그렇게 함으로써 동해상의 군사 정보를 한반도→대마도→북규슈→사세보의 해군 군령부로 순식간에 전달하는 시스템을 구축할 수 있었던 것이다.

이와 별도로 일본 해군은 독도에도 망루를 세워 독도→오키섬→마쓰에로 연결하는 새로운 정보 전달망을 구축할 계획이었으나 때가 겨울인지라 착공을 다음 해 봄으로 미룬 처지였다. 이런 상태에서 독도 편입안이 내각회의를 통과했던 것이다.

그 무렵 일본 해군은 동쪽으로 접근해오는 러시아 함대의 정보를 동맹국인 영국으로부터 전달받고 있었다. 일본의 연합함대는 러시아의 발틱함대와 일전을 치르기 위해 동해에 총집결해 있었다.

1905년 5월 27일 낮, 이윽고 발틱함대의 모습이 눈에 들어오자 도

---

[15] 송병기, 「일본의 량고도(독도) 영토 편입과 울릉군수 심흥택 보고서」, 『윤병석교수화갑기념한국근대사논총』, 지식산업사, 1990.

[16] 해군군령부편(海軍軍令部編), 『극비 메이지 37-8년 해전사(極秘明治三十七八年海戰史)』第 4 卷, 春陽堂, 東京, 1909.

고(東鄕平八郎) 총사령관은 Z 깃발을 올리도록 지시했다. 이는 "황국의 흥폐는 이 일전에 달렸다. 각자 한층 더 분발 노력하라"[17]는 신호였다. 이를 계기로 연합함대는 희망봉을 돌아 오느라고 기나긴 항해에 지쳐 있던 러시아 함대를 '정자전법(丁字戰法)'으로 격파했다. 치열한 싸움이 끝난 5월 29일 오전, 도고 사령관은 대본영에 이렇게 타전했다.

"연합함대의 주력은 27일 이래 잔적에 대한 추격을 계속함. 28일 리앙코르도 암석 부근에서 적함 니콜라이1세(전함), 오리욜(전함), 세냐빈(장갑 해방함), 아프라크신(장갑 해방함), 이즘루드(순양함)로 구성된 1군을 만나 이를 공격함. 이즘루드함은 떨어져 도망쳤으나 다른 4척은 삽시간에 항복함. 우리 함대의 손해는 없음."[18]

승전보를 알리는 바로 이 전문에 '리앙코르도 암석', 곧 독도의 이름이 등장하고 있다. 일본의 연합함대 114척과 발틱함대 37척이 건곤일척의 싸움을 벌인 장소가 바로 독도 주변이었던 것이다. 이 싸움에서 일본 해군은 러시아 해군 4,380명을 죽이고 5,917명을 생포하는 대승을 거두었다.

러일전쟁의 본질이 조선의 지배권을 확보하기 위한 싸움이었다면 이로써 독도는 승전 일본의 차지가 되었으며, 이 섬의 영토 편입은 조선 전체의 병합을 예고하는 작은 선행이었다고 할 수 있다.

당시 일본의 조선 지배를 제어할 세력은 없었다. 일본은 청일전쟁을 통해 중국을, 러일전쟁을 통해 러시아를 꺾었고, 가쓰라-태프트 밀

---

17 "皇國ノ興廃、コノ一戰ニ在リ. 各員一層奮勵努力セヨ." William J. Koenig, 『해전 서사시(Epic Sea Battles)』, Octopus Publishing Group Ltd., London, 1977.
18 『관보(官報)』 号外, '明治 38年 5月 29日', 內閣印刷局, 東京, 1905

약을 통해 미국으로부터, 제2차 영일동맹조약을 통해 영국으로부터 일본의 조선 지배에 대한 승인을 확약받았다.

이에 일본은 울릉도에서 독도를 힘으로 떼어내 시마네현에 갖다 붙였다. 문제될 것이 없었다. 그러나 영구한 것은 없는 법이다.

일본의 독도 공정

훔치교와 독도

19세기 말 또는 20세기 초의 일이다.

당시 울릉도에는 기묘한 기도가 유포되고 있었다. 방에 10여 명의 사람들이 모여 천장에 상투 끝을 붙들어 매고 "훔치", "훔치" 하면서 정좌한 자세로 상체를 위로 들어올린다. 그렇게 집중해서 공중 부양을 하면 동해 한가운데 있는 환상의 섬이 보인다는 것이었다.

이 기묘한 신앙 행위와 관련하여 울릉도에서 성장한 독도의용수비대 대장 홍순칠(洪淳七)은 이렇게 증언했다.

"필자가 어릴 때는 옆집에서 밤이면 '훔치', '훔치' 하며 앉은 자세로 천장을 향해 뛰는 '훔치교'가 있었다. 그렇게 1시간쯤 뛰고 나면 잠시

---

1 훔치교(吽哆教): 강일순(姜一淳)이 창시한 증산교(甑山教)인데, 신도들이 외우는 태을주(太乙呪)라는 주문에 "훔치(吽哆) 훔치(吽哆) 태을천(太乙天) 상원군(上元君) 훔리치야도래(吽哩哆哪都來) 훔리함리사파하(吽哩喊哩娑婆訶)"라는 대목이 있어 '훔치교'라고도 불렸다.

독도의 진실

쉬는 동안 나이 지긋하신 할머니가 곡을 달아 노래를 부르셨는데, 그 가운데 이런 구절이 있었다. '간산도로 찾아가세, 간산도로 찾아가서 불로장생하리다.'[2]

간산도는 가산도로도 불렸다. 노랫말에 등장하는 불로장생의 간산도나 가산도는 "훔치", "훔치" 하고 뛰어오르면 보인다는 환상의 섬이었다. 간산도(干山島)는 우산도(于山島)의 오독이고, 가산도는 간산도에서 발음이 변했으리라고 추정되는 현재의 독도였다. 그들이 그토록 보고 싶어 했던 섬에는 이런 전설이 전해지고 있었다.

어느 날 어부 3명이 배를 타고 고기를 잡으러 바다로 나갔다가 풍랑을 만났다. 사흘 동안 표류하다가 도착한 섬에서 그들은 신선이 준 과일을 먹고 힘을 얻어 집으로 돌아오게 되었다. 죽은 줄 알았던 그들이 살아서 돌아오니 가족들은 기뻐하며 안개에 싸인 신비의 섬에 대해 이야기꽃을 피웠다. 그 뒤 호기심 많은 사람 몇이 어부들을 부추겨 신비의 섬을 다시 찾았으나 풍랑이 심해 섬에는 도착하지 못하고 대신 철 아닌 복숭아꽃잎만 파도에 떠밀려오는 것을 보았다는 것이다.

이 전설이 어떻게 전라도까지 전해졌는지 모르지만 전북 김제 모악산에서 태동된 증산교 또는 훔치교의 신도들 가운데는 그 신비의 섬을 찾아 멀리 울릉도까지 건너온 사람들이 있었다. 그리고 신비의 섬을 보려고 "훔치", "훔치" 하며 천장으로 뛰어오르는 그들의 기묘한 신앙 행위 속에서 다른 희망의 끈을 붙잡아보려던 당시 민중들의 힘겨

---

2 홍순칠, 『이 땅이 뉘 땅인데!』, 혜안, 1997.

운 삶이 엿보이기도 한다.

여기서 우리의 관심은 독도가 정말 울릉도에서 보였을까 하는 점이다. 더러 보인 적도 있었기에 "훔치", "훔치" 하고 뛰었던 것 아닐까? 날이 맑으면 보였다는 옛 기록들이 있다.

① "우산도(독도)와 무릉도(울릉도)는 본래 두 섬으로 서로 거리가 멀지 않아 바람과 볕이 맑고 밝으면 바라볼 수 있다."[3]

② "우산도와 무릉도의 두 섬이 고을 바로 동쪽 바다 가운데 있는데 두 섬은 서로 거리가 멀지 않아 바람과 볕이 맑고 밝으면 바라볼 수 있다."[4]

'바람과 볕(風日)'은 날씨다. 그래서 날씨가 좋으면 바라볼 수 있다고 한 위의 기록들을 인용하여 한국 측에서는 독도가 보인다는 주장을 폈다.

그러나 일본 측은 "두 섬은 서로 거리가 멀지 않다"는 구절을 들어 "울릉도와 독도의 거리는 90km 이상 떨어져 있는데 이를 멀지 않다고 할 수 있느냐? 보이는 것은 독도가 아니라 울릉도 바로 옆에 있는 대섬(竹嶼)이었다"고 주장했다.

저들은 또 『신증동국여지승람』에 "두 섬이 고을 바로 동쪽 바다 가운데 있다. 세 봉우리가 곧게 솟아 하늘에 닿았고 남쪽 봉우리는 약간

---

3 "于山武陵本二島相距不遠風日淸明則可望見." 『고려사』, 지리지, 권 58.
4 "于山武陵二島在縣正東海中 二島相去不遠 風日淸明則可望見." 『세종실록』, 지리지.

낮지만 날씨가 좋으면 산꼭대기의 나무들과 산 밑의 모래톱을 역력히 볼 수 있다"[5]고 한 대목을 들어 "설마 독도의 나무들과 모래톱을 역력히 볼 수 있다고 한 것이었겠느냐?"고 반문했다. 저들은 독도가 보이지 않는다는 점을 왜 이렇게 강조했던 것일까?

가와카미의 수학 공식

울릉도로부터 독도를 떼어내기 위함이었다.

분리 전략이다. 독도는 일본의 오키 섬에서는 보이지 않는다. 그런데 울릉도에서 보인다면 그 가시성과 인접성 때문에 독도는 울릉도와 형제의 섬, 모자(母子)의 섬 또는 송죽 한 쌍이 되어 도저히 일본의 고유 영토설이나 무주지 선점론을 주장할 수가 없게 된다. 따라서 독도를 분리시켜야 하고, 그러기 위해서는 독도가 보이지 않는다는 논리를 정립시켜야 했다.

"보이지 않는다→조선인은 몰랐다→무주지였다→그래서 일본이 선점했다." 이 같은 논리를 확립시킨 것이 외무성 출신의 가와카미 겐조(川上健三)였다. 울릉도에서 독도가 보이지 않는다는 것을 수학적으로 입증함으로써 저들 사이에서 독도 영유권의 대부로 군림한 그는 이렇게 회고했다.

"1953년 1월 17일, 순시선 나가라(長良)호로 다케시마(독도)에 갔을

---

5 "二島在縣正東海中 三峯岌嶪撑空 南峯稍卑 風日清明則 峯頭樹木及山根沙渚 歷歷可見." 『신증동국여지승람(新增東國輿地勝覽)』, 강원도, 울진현, 우산도 · 울릉도조.

때 날씨는 쾌청하였다. 다케시마가 시계에 들어온 것은 약 27마일 정도의 거리에서였다. 처음에는 깎아지른 듯이 솟아오른 하나의 암초로밖에는 보이지 않았다. 섬의 전모를 확인할 수 있게 된 것은 약 8마일까지 접근한 뒤였다."[6]

이후 그는 수학적 분석을 통해 울릉도와 독도 간의 가시거리를 측정했다. 그리고 울릉도의 어느 높이에서 독도를 육안으로 식별할 수 있는지를 계산하는 수학 공식($D = 2.09(\sqrt{H} + \sqrt{h}\,)$)을 만들어냈다.

그는 평지에서 독도를 보려면 39km 이상 바다로 나가야 한다면서 "비교적 용이하게 인지할 수 있었다고 생각되는 울릉도마저 공도(空島)로 두었던 한인이 본토로부터 120마일이나 떨어져 있고 또한 목표물로서도 대단히 작은 대양 중의 한 다케시마(독도)를 발견했을 가능성은 극히 적다"[7]고 주장했다.

이 같은 논리에 한국 측은 크게 반발했다. 독도가 보이지 않는다는 것은 『삼국사기』 이래 한국의 많은 사서에 기록된 우산도(독도)의 존재를 부정하기 위한 일종의 정지 작업이었기 때문이다.

그래서 한국의 한 학자는 가와카미 공식을 역이용하여 해발 200m 지점에서는 독도의 상당 부분이 보인다면서 울릉도에는 성인봉 등 높은 지대가 많다고 반박했다.[8]

이에 대해 가와카미는 옛날 울릉도는 밀림으로 덮여 있어 해발

---

6 가와카미 겐조(川上健三), 『다케시마의 역사지리학적 연구(竹島の歷史地理學的研究)』, 古今書院, 東京, 1966.
7 가와카미 겐조, 위의 책.
8 이한기, 『한국의 영토』, 서울대학교출판부, 1969.

 독도의 진실

200m의 산 위로 올라가기가 어려웠고, 설사 올라간다 해도 한류와 난류의 교차로 발생하는 안개 때문에 독도는 보이지 않았을 것이라고 주장했다.

그러자 이번에는 한 학자(임영정)가 해발 120m 지점에서 독도를 촬영했다. 이후 가와카미의 설은 "사람이라는 존재가 빠져버린 박제화된 논리"[9]라든가 "현재 두 섬이 잘 보이면 고대에도 두 섬은 서로 보였다고 기술할 수 있다"[10]라는 주장이 나왔다.

더불어 인터넷상에서는 울릉도에서 독도의 모습을 촬영한 사진이 나돌기 시작했다. 모두 가와카미의 설을 반박하기 위한 것들이었다. 여기서 한 걸음 더 나아가 일본 독도 영유권의 바이블로 치부되는 가와카미 공식의 결론을 뒤집는 논문까지 나왔다.

집필자는 "울릉도 고지대로 올라가면 독도의 배경이 하늘이 아니라 어두운 바다가 되기 때문에 오히려 독도가 잘 보이지 않는다"면서 정상 수치를 넣어 계산하면 울릉도의 해발 88m 지점부터 독도가 보이기 시작한다는 새로운 해석을 내놓았다.[11]

그러나 이 같은 논쟁 이전에 독도가 보인다는 사실은 이미 20세기 초의 일본 측 문헌에도 "맑은 날에는 울릉도 산봉우리 높은 곳에서 이것을 바라볼 수 있다"[12]라든가 "울릉도로부터는 50리, 바다 위로 아득

---

[9] 「우리 역사 속의 독도 인식 1」, 독도본부.

[10] 최장근, 『독도의 영토학』, 대구대학교출판부, 2008.

[11] 정태만, 「독도 문제의 수학적 접근」, 『독도연구』 제5호, 영남대학교독도연구소, 2008.

[12] "晴天の際鬱陵島山峯の高所より之れを望むを得べし." 구즈 슈스케(葛生修亮), 『한해통어지침(韓海通漁指針)』, 黑龍會出版部, 東京, 1903.

히 이것을 바라볼 수 있다"[13]라고 명백히 기록되어 있어 가시성의 문제는 더 이상 왈가왈부할 것도 없다.

조선인이 독도를 몰랐음을 입증하기 위해 가와카미가 사용한 근거는 가시성 말고도 한 가지가 더 있었다.

조선인의 어업

그것은 실효지배의 관점이었다.

가와카미는 울릉도의 조선인이 어업을 알지 못하다가 일본인이 오징어잡이를 가르쳐준 1907년 이후에 비로소 어업을 시작했다고 주장했다. 그 근거는 대한제국에서 발행한 『한국수산지』의 다음 기사였다.

"주민은 원래 농업을 주로 하고 어업은 해조류 채취에 그쳤으나, 근래에는 일본 거주자에게 보고 배워 중등 이하의 농민은 모두 오징어잡이를 영위하기에 이르렀다."[14]

그러니까 독도가 편입되는 1905년까지 조선인은 바닷가에서 미역 · 다시마 · 김 · 파래 등의 해조류만 땄을 뿐 어업을 몰라 배를 타고 바다 멀리 나간 일도 없기 때문에 독도의 존재를 몰랐다는 이야기로 이어지게 된다.

---

[13] "鬱陵島よりは五十哩, 海上遙かに之れを望むを得べし." 다나카 아카마로(田中阿歌麻呂), 「오키국 다케시마에 관한 지리학상의 지식(隱岐國竹島に關する地理學上の知識)」, 『地學雜誌』 210號, 東京, 1906.

[14] 농상공부 수산국 편찬(農商工部水産局編纂), 『한국수산지(韓國水産誌)』 第2輯, 龍山印刷局, 隆熙 4年(1910).

그러나 가와카미가 인용한 『한국수산지』는 형태상으로는 대한제국에서 발행한 책이지만 그 연도를 보면 융희 4년, 곧 1910년 한일병합이 되던 해에 나왔다. 그 무렵 대한제국의 모든 분야는 일본 통감부의 손에 들어가 있었다. 따라서 일본어로 된 위 문장의 내용도 조선인은 미개하여 고기잡이도 할 줄 모르다가 일본인이 와서 가르쳐준 뒤에 비로소 어업을 시작하게 되었다는 투다.

『한국수산지』의 기사나 이를 인용한 가와카미의 주장은 사실이었을까? 고기잡이도 할 줄 몰랐다는? 하지만 당시 일본 해군이 발간한 『환영수로지』에는 그 같은 주장을 뒤집는 내용이 실려 있다.

"봄과 여름철에는 조선인들이 이 섬에 건너와 조선식 배를 만들어 이를 그 본토에 보내며, 또 다량의 조개류를 수집하여 말린다. 대개 조선인은 배를 만드는 데 쇠못을 사용하는 일이 매우 적고 모두 나무를 가지고 이를 짜 맞추며……."[15]

울릉도의 조선인이 배를 건조했다는 사실은 울릉도에 파견되었던 일본 외무성 조시킨의 보고서에노 "현재 토착민의 인구는 2,000여 명으로 호수는 500호이며, 농부와 어부가 각각 절반으로 선박을 건조하는 목공이 있습니다"[16]라는 내용이 실려 있어 위의 사실을 재확인할 수 있다.

---

15 "春夏ノ期節ニ於テハ朝鮮人此島ニ渡來シ朝鮮形船ヲ製造シ以テ之ヲ其本地ニ送リ又多量ノ介蟲ヲ拾集乾晒ス蓋シ朝鮮人ノ船ヲ製造スルヤ鐵鈕ヲ用ユルノ甚ダ少ナク皆木ヲ以テ之ヲ結合シ." 「울릉도조(鬱陵島條)」, 『환영수로지(寰瀛水路誌)』 第2卷 第2版, 海軍水路部, 東京, 1886.

16 "現在、土民の人口は2,000余人で、戸数は500戸であり, 農夫と漁夫がそれぞれ半数で, 船舶を建造する木工があります." 다카오 겐조(高雄兼三), 「다카오 서기생 복명서(高雄書記生復命書)」, 『外務省記録3532』, 1899年 10月 3日付.

농부와 어부가 반반이었다고 한다. 그 어부들은 미역만 딴 것이 아니고 강치도 잡았다. 강치 가죽은 이미 19세기 실학자의 저서[17]에 '물소 가죽(水牛皮)'이라는 표현으로 등장해 조선인은 오징어 등의 물고기조차 잡을 줄 몰랐다는 저들의 주장을 무색케 만든다.

예의 홍순칠은 자신의 회고록에서 할아버지 홍재현이 1897년 독도에 갔다가 "바다사자 세 마리를 잡아 와서 울릉도 주민에게 골고루 나누어주었다"고 말했다.[18]

1929년생인 그가 구전으로 들은 이야기 속의 연도는 맞지 않지만, 바다사자 또는 강치 세 마리를 잡아 왔다는 사실은 주목할 필요가 있다. 그의 할아버지 홍재현도 "지금으로부터 45년 전인 계묘년부터 네다섯 차례나 미역 채취와 강치 사냥을 하러 왕복한 예가 있다"[19]고 1947년에 증언한 일이 있기 때문이다.

홍재현이 언급한 계묘년은 1903년이다. 강치잡이는 수산업자 나카이 요자부로가 독도 임대 청원서를 낸 1904년부터 본격화하기 시작했는데, 오키 섬에서뿐 아니라 울릉도에서 출어한 강치잡이 팀도 있었다. 한국인 7명, 일본인 3명으로 구성된 이와사키(岩崎) 팀이 바로 그들이었는데, 홍재현은 이 팀에 속했던 것 같다고 한 연구자는 지적했다.[20]

---

17 이규경, 「수피금모변증설(獸皮禽毛辨證說)」, 『오주연문장전산고(五洲衍文長箋散稿)』(사본), 동국문화사, 1959.
18 홍순칠, 앞의 책.
19 원문은 "거금(距今) 45년 전(卯年)부터 사오차(四五次)나 감곽(甘藿) 채취 엽호 포획차(獵虎捕獲次) 왕복한 예가 있음." 외무부 정무국, '(홍재현의) 진술서', 『독도 문제 개론』, 외무부, 1955.
20 박병섭, 「한말의 울릉도 어업과 독도 영유권 문제」, 『독도연구』 제8호, 영남대학교독도연구소, 2010.

홍재현 자신도 "일본인 선박을 빌려 선주인 촌상(村上)이라는 사람과 대상(大上)이라는 선원을 고용하여 같이 포획한 예도 있습니다"[21]라고 일본인과 섞여 강치잡이에 나섰던 일이 있다고 증언했다.

실은 그 정도가 아니라 독도에서 잡은 강치의 가죽을 벗겨 일본에 수출까지 했다는 논문도 나왔다. 독도에 대한 조선인의 실효지배가 없었다는 가와카미의 설은 여기서 KO패한 것일까?

독도 공정

강치의 일본 수출설을 제기한 학위 논문은 1904년과 1905년 독도에서 강치를 잡아 가죽을 800관씩 일본에 수출한 사실이 시마네현 독도 조사단의 일원이었던 오쿠하라의 저서[22]에 기록되어 있다고 주장했다.

강치 가죽 800관은 약 286 마리분에 해당하는데, 이는 같은 기간 일본인이 독도에서 1904년에 2,760마리, 1905년에 1,800마리를 잡은 것과는 별도의 수량이었다는 것이다.[23]

1903년 강치를 잡는 일본 어부들의 모습.

21 외무부 정무국, '진술서', 『독도 문제 개론』, 외무부, 1955.
22 오쿠하라 헤키운, 『다케시마 및 울릉도(竹島及鬱陵島)』, 報光社, 松江, 1907.
23 선우영준, 「독도 영토 권원의 연구」, 성균관대학교 박사학위 논문, 2006.

사실이라면 독도 실효지배의 증거가 되기 때문에 매우 신선한 주장이다. 하지만 반론과 검증을 거쳐야 한다. 왜냐하면 1904년 오키 섬과 별도로 울릉도에서 출어한 이와사키 팀은 한국인 7명과 일본인 3명으로 구성되었는데,[24] 이들이 잡은 강치와 그 가죽이 오쿠하라의 저서에 기록된 "강치 가죽(卜卜皮) 800관"이었던 것으로 보이기 때문이다. 다음 해인 1905년에는 울릉도에서 출어한 팀이 더 늘어났다.

"도토(강치)라 부르는 바다짐승은 울릉도에서 동남쪽 약 25리에 위치하는 량코도(독도)에 서식하고 있으며 작년 무렵부터 울릉도 주민들이 잡기 시작했다. …… 이 사업에 종사하는 자는 30명으로 어선 세 팀이 있다."[25]

어선 세 팀의 구성원은 다음과 같았다.

○ 이와사키(岩崎) 팀: 한국인 7명, 일본인 3명

○ 누마타(沼田) 팀: 한국인 6명, 일본인 3명

○ 우라고(浦鄉) 팀: 한국인 3명, 일본인 7명[26]

이들이 잡은 강치의 가죽이 1904년에는 800관, 1905년에는 1,275관이었다는 자료도 있기 때문에,[27] 오쿠하라의 책에 나오는 800관이 과연

---

24 나카이 요자부로(中井養三郎), 「량코도 영토 편입 및 임대 청원 설명서(リヤンコ島領土編入幷貸下願說明書)」, 『竹島資料7』(島根縣立圖書館所藏).

25 「울릉도 현황(鬱陵島現況)」, 『通商彙纂』第50号, 外務省通商局編纂, 1905年 9月 3日.

26 나카이 요자부로, 앞의 글.

27 「울릉도의 현황에 관한 보고서(鬱陵島の現況に關する報告書)」, 『釜山領事館報告2』, 外務省記錄 616-10. 박병섭, 『한말의 울릉도 어업과 독도 영유권 문제』에서 재인용.

한국인이 수출한 것이었는지에 대해서는 좀 더 검증이 필요하다.

이렇게 볼 때 실효지배의 관점에서 한국은 역시 유리한 위치에 있었다고 보기는 어렵다. 하지만 실효지배의 도구를 이용하여 독도를 울릉도에서 분리하려던 일본의 독도 공정 또한 성과를 보기는 어려웠다.

왜냐하면 독도를 울릉도 항목에 편입한 과거 자료가 너무 많았기 때문이다. 일본에서 발행한 각종 수로지는 물론이고 심지어 조선총독부가 발행한 기념엽서 같이 엉뚱한 곳에서도 독도의 등

1911년 조선총독부 발행 기념엽서 속의 독도 등대.

대가 배경 사진으로 등장하는 등[28] 독도가 울릉도의 부속 섬이었다는 사실을 지우기가 쉽지 않았던 것이다.

실제로 독도 분리 작업이 각국 해군 수로지나 항해 지침, 국제 해도(海圖) 제작에 영향을 주는 방식으로 아주 교묘히 진행된 것은 해방 후, 좀 더 구체석으로는 샌프란시스코조약이 발효된 1952년 이후다.

그렇다면 그 이전에는?

앞 장에서 살펴본 바와 같이 일제는 1905년, 독도를 힘으로 시마네 현에 갖다 붙였다. 강압적이었으니 분리 공작을 하고 자시고 할 것도 없었다. 한편 조선인 쪽에서도 그 5년 뒤에는 나라 전체를 빼앗기고 삼엄한 식민지 치하로 들어가기 때문에 독도의 귀속 문제에 신경을

---

28 "일제 총독부도 독도 한국 땅 인정", 「동아일보」, 2004년 2월 27일.

쓸 여유가 없었다.

참고로 당시 유력지였던 「동아일보」에 몇 건이나 실렸나 조사해보니 창간부터 해방까지 26년 동안 독도의 기사라고는 달랑 독도의 전경을 찍은 사진 한 장과 간단한 사진 설명 한 건이 전부였다.[29] 이미 나라 전체를 잃은 상황에서 동해의 작은 섬 하나는 세인들의 관심사도 아니었던 것이다.

독도의 귀속 문제는 망각의 늪에 가라앉은 것 같았다. 영원히 말이다. 그랬던 독도 문제가 수면 위로 다시 떠오른 것은 해방 후였다.

---

[29] "竹島(죽도), 울릉도 소선(所見)", 「동아일보」, 1937년 7월 13일자 4면 상단의 사진 한 컷.

독도의 진실

해방 직후의 독도

제1차 학술조사대

빼앗긴 뒤 42년 동안 망각의 늪에 빠져 있던 독도 문제를 다시 수면 위로 끌어올린 것은 남조선과도정부의 민정장관 안재홍(安在鴻)이었다.

조선의 문화 · 역사 · 지리 등에 깊은 애정과 소양을 지녔던 그는 극동위원회의 '일본에 대한 항복 후의 기본 정책'이 1947년 신문지상에 보도되자 독도의 소속 문제에 주목했다.[1]

극동위원회의 결정은 "일본의 주권은 본토 4대섬과 향후 결정해야 할, 밖에 있는 작은 섬들에 한정된다"는 것이었다. 이 구절은 해방 직후 도쿄의 맥아더사령부가 발표한 '연합국최고사령부 지령(SCAPIN) 677호'와 조금 달랐다.

즉 지령 677호에서는 일본 영토의 범위가 본토 4대섬과 '인접

---

[1] 외무부 정무국, 『독도 문제 개론』, 외무부, 1955.

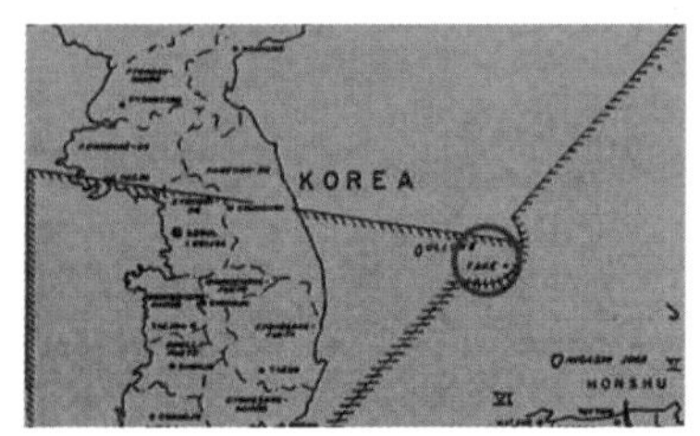

1946년 맥아더사령부 '지령 677호'에 첨부된 지도.
독도가 한국령으로 표시되어 있다.

(adjacent) 섬들'로 독도는 제외되었는데, 극동위원회 문안에는 '밖에 있는(outlying) 섬들'로 그 범위를 차후 결정하는 것으로 바뀌었다. 해석 여하에 따라서는 독도의 소속이 달라질 수도 있었다. 게다가 이 무렵 일본인들의 독도 영유권 주장과 영해 침입 문제가 대두되고 있었다.

"동해 바다 울릉도 동남 49마일 지점에는 2개의 무인도인 독도가 있는데 …… 요즈음에 와서는 일본 시마네현 사카이에 사는 일본인이 이 섬은 자기 개인의 것이라고 조선인의 어업을 금하고 있으며, 또한 일본인이 우리의 영해에 침입하고 있어 울릉도 도민들도 경상북도를 거쳐 군정 당국에 진정을 해왔다."[2]

이에 민정장관 안재홍은 관련 분야의 전문가들을 불러 '독도수색위원회'를 구성하고 위원장에 취임한 뒤 8월 4일 중앙청 민정장관실에서 대책 회의를 가졌다.

"동 수색위원회에서는 관계 방면 권위자들이 다수 참석한 가운데 첫 회의를 열어 독도가 우리의 판도라는 유력한 증거물을 얻었다. 즉 역사적 증거 문헌과 독도가 강원도 행정 구역에 편입된다는 일본인의 지리학 논문이 발견되었다. 이리하여 동 위원회에서는 주도면밀한 조사를 거듭하여 맥아더사령부에 보고하기로 되었다."[3]

---

[2] 「동아일보」, 1947년 7월 23일.
[3] 「동아일보」, 1947년 8월 5일.

독도의 진실

이들이 얻었다는 유력한 증거물이란 독도가 시마네현이 아닌 강원도 소속이라고 밝힘으로써 조선 영토임을 명기한 일본 학자의 지리학 논문이었다고 한다.[4]

이로써 자신감을 얻은 수색위원회는 독도 조사대를 파견하자는 쪽으로 의견을 모았다. 이에 민정장관 안재홍은 국사관 관장 신석호, 외무처 일본과장 추인봉, 문교부 편수사 이봉수, 수산국 기술사 한기준 등 4명의 관리를 현지에 파견하기로 결정했다.

이와 더불어 조사대에는 탐험과 조사 경험이 많은 조선산악회를 동참케 했다. 이렇게 하여 8개 분과로 구성된 학술반 및 의학반, 보도반 등에는 민속학자 송석하, 국어학자 방종현, 고고학자 김원룡, 곤충학자 석주명, 언론인 홍종인 등 이름을 대면 알 만한 학자나 전문가들이 대거 포함되었다.

총 63명의 대규모 학술조사대가 서울을 출발한 것은 1947년 8월 16일이었다. 이들은 안재홍 민정장관의 주선으로 조선해안경비대에서 제공한 군힘 '대전호'를 타고 8월 20일 독도에 상륙했다. 그리고 같은 날 동도(東島)에 2개의 말뚝을 박았는데, 하나에는 '울릉도·독도 학술조사대 기념'이라는 한자가 쓰여 있었고, 다른 하나에는 '조선 울릉도 남면 독도[5]'라는 한자가 쓰여 있었다고 한다.

그러나 다른 자료에는 '남면 소속 독도[6]'라고 쓰여 있었다고 하며,

---

4 히바타 셋코(樋畑雪湖), 「일본해에 있어서의 다케시마의 조일 관계에 대하여(日本海に於ける竹島の日鮮關係に就いて)」, 『歷史地理』 55-6, 日本歷史地理學會, 1930. 정병준, 『독도 1947』, 돌베개, 2010에서 재인용.
5 정병준, 위의 책.
6 외무부 정무국, 앞의 책.

또 다른 자료에는 '조선 경상북도 울릉군 남면 독도'[7]라고 쓰여 있었다고도 한다. 어느 것이든 다 독도가 한국 영토임을 알리는 최초의 표식이었음에는 틀림이 없다.

현지답사를 끝낸 학술조사대는 돌아오는 길에 울릉도에 들렀는데, 그곳에서 예기치 않은 세 가지의 귀중한 성과를 올리게 되었다.

홍재현의 증언

첫 번째 성과는 국사관 관장 신석호가 발굴한 '심흥택 보고서'였다. 우리는 이 책의 앞부분에서 1906년 울릉도 군수 심흥택이 강원도 관찰사에게 올린 긴급 보고서, 곧 "본군 소속 독도가 바깥바다 100여 리 밖에 있사옵더니 3월 28일 8시쯤 기선 1척이 군 내 도동항에 기항했는데, 일본 관리 일행이 관사로 와서 스스로 이르기를 '독도가 이제 일본 영토가 되었기에 시찰차 왔다'고 하는바……" 하는 내용을 살펴봤는데, 신석호가 울릉도청 청사를 방문하여 발굴했다는 자료가 바로 그 보고서의 부본(副本)이었다.

이는 뒤에 일본과의 논쟁에서 한국 측의 주장을 보강하는 매우 중요한 자료로 사용된다. 자료를 발굴한 신석호는 경성제대 사학과를 졸업한 뒤 총독부 조선사편수회의 수사관을 역임하다가 해방 후 조선사편수회의 후신인 국사관(후에 국사편찬위원회로 개편)을 창설하고 관장에 취임했던 인물이다. 그의 친일 문제를 거론하는 사람도 있지만, 적

---

7 「1953년 독도를 최초로 측량한 박병주 선생」, 『신동아』, 2009년 1월호.

    독도의 진실

어도 독도 연구에 있어서는 그의 공을 평가해야 한다.

"신석호의 논문은 이후 독도 연구는 물론 한국의 독도 인식과 정책에서 가장 중요한 핵심 자료이자 출발점이 되었다. 1950년대 일본과의 대격돌을 거치면서 추가 자료들이 조금씩 밝혀졌지만 기본적인 골조는 신석호가 세워놓은 논리와 자료에 의지한 것으로 볼 수 있다."[8]

두 번째 성과는 민속학자 송석하와 국어학자 방종현이 현지에서 취재하여 발전시킨 독도의 명칭 연구인데, 이에 대해서는 뒤에 다시 살펴보겠다.

세 번째 성과는 외무처 일본과장 추인봉이 홍순칠의 할아버지 홍재현을 만나 들은 독도에 대한 증언이었다. 뒤에 독도 영유권 보강의 주요 논거로 활용되는 이 진술서는 외무부 정무국이 발행한『독도 문제 개론』이라는 책자에 전문이 실려 있다.

추인봉이 인터뷰한 1947년도에 85세였던 홍재현 옹은 그로부터 60년 전인 1887년에 울릉도에 이주한 초기 개척민으로 독도에 대해 "천기가 청명한 날이면 울릉도에서 분명히 조망할 수 있습니다. 또 울릉도 동쪽 바다에서 표류하는 어선은 예로부터 독도에 표착하는 일이 종종 있었던 관계로 독도에 대한 울릉도 주민의 관심은 깊고 절실한 것"이라고 증언함으로써 독도가 보이지 않는다거나 조선인이 독도의 존재를 몰랐다는 일본 측의 주장을 단숨에 꺾고 말았다. 이 때문에 일본 측에서는 홍재현의 증언을 인정하지 않으려 들었지만 진실은 진실이다.

---

8 정병준, 앞의 책.

또 그는 1906년 시마네현 관리 일행 10여 명이 울릉도로 찾아와 독도를 일본 소유라고 무리하게 주장한 사실은 자신도 아는 일이라면서 "일본인 관리 일행이 독도를 일본 소유라고 주장했다는 말을 전해 들은 당시 울릉도 주민과 어업 종사자들은 크게 분개하였습니다"라고 덧붙였다.[9]

학술조사대는 8월 21일 대전호를 타고 다시 포항을 거쳐 서울로 돌아왔다. 자료의 발굴과 취재의 성과도 있었지만 이들 조사대가 올린 가장 큰 성과는 "문헌과 소수의 학자들 외에는 아는 사람도 드물었던" 독도의 존재를 당시의 엘리트층 또는 오피니언 리더들에게 알릴 수 있었다는 점이다.

그런데 정작 독도의 대중화가 이루어진 것은 역설적이게도 다음 해에 일어난 참극을 통해서였다.

제1차 폭격

1948년 6월 8일의 일이다.

오키나와의 가데나 공군기지를 출발한 미 공군 제93폭격대대 소속의 B-29기 편대 21기는 폭격 연습지로 지정된 독도에 1,000파운드(약 45kg)짜리 AN-M-65 범용폭탄 76발을 떨어뜨렸다. 그 바람에 독도에서 고기잡이를 하던 조선인 어부가 상당수 죽고 다쳤다.

---

[9] 홍재현 씨 인터뷰의 인용문은 외무부 정무국, 『독도 문제 개론』, 외무부, 1955에서. 가독성을 위해 현대문으로 고침.

 독도의 진실

이 사건을 특종으로 처음 보도한 이는 「조선일보」 윤두종 기자였다.

"(6월) 8일 오전 11시 반경 울릉도 동방 39해리(독도)에 국적 불명 비행기 수기가 출현하야 폭탄을 투하한 후 기관총 소사까지 행하고 사라졌는데, 그곳에 고기잡이와 미역을 따러 갔던 울릉도와 강원도의 20여 척 어선이 파괴되고 어부 16명이 즉사, 10명이 중상되었다. 이 급보를 받은 울릉도 당국에서는 구조선 2척을 9일 저녁 현장에 급파했다."[10]

사망자 수는 자료마다 달랐다.

위 기사나 월간 『신천지』 1948년 7월호의 보도에는 16명이지만, 「동아일보」 6월 12일자 보도에는 사망·실종 14명, 경찰조사에는 14명, 외무부 정무국 자료에는 30명, 생존자의 증언을 토대로 한 추정은 150~320명까지로 진폭이 매우 컸다.

진실이 무엇이었든 평화 시에 많은 인명을 살상한 이 폭격 사건은 당시 국민들에게 커다란 충격을 안겨주었다. 1년 전 학술조사대의 일원으로 독도를 답사했던 언론인 홍종인은 '동해의 내 국토'라는 제목으로 이 사건에 대한 글을 신문에 실었다.

"내 민족을 사랑한다는 정신은 국토를 사랑한다는 정신을 떠나서 있을 수 없다. 망망한 동해의 검푸른 물 위에 불쑥 솟아 있는 한 점 울릉도에서 동남쪽으로 다시 38마일 해상의 독도. 사람도 살지 못하는 두 덩어리의 산으로 된 보잘것없는 땅이지만 해안 경비대 쾌속선으로 네다섯 시간 만에 이 땅에 발을 올려놓았을 때 '여기 또한 내 국토이

---

10 「조선일보」, 1948년 6월 11일.

던가!' 하는 감격이 가슴에 북받쳐 오르던 작은, 그 여름 그날의 그림 같은 청신한 기억 위에 평화로이 작업하던 수십 명 동포의 어선. 무자비한 외국 비행기의 폭격으로 파괴된 어선과 시체는 낭자하고 동포의 피로 물들었을 광경을 생각할 때 우리는 가슴에 억제하기 어려운 비분을 느끼게 된다."[11]

사건 초기에는 어느 나라 비행기인지 밝혀지지 않아 괴기(怪機)라는 식으로 보도되었으나 미 극동항공대 사령부가 성명을 발표하면서 폭격을 가한 비행기가 미군기였음이 밝혀졌다. 아직 우리 정부가 서지 않았던 시기였으나 사건에 놀란 제헌국회는 6월 15일 이 문제를 긴급 동의로 본회의에서 다루었다.

한독당의 김구(金九) 위원장 또한 폭격 사건과 관련해 6월 16일 특별 담화를 발표하고 "이제까지의 경과로 보아 미군 비행기의 소위 같은데, 과실이라 할지라도 적절한 조치를 취하지 않으면 양 민족 간의 감정을 악화시킬 염려가 있으니 책임 당국은 하루바삐 사건의 진상을 발표하는 동시에 당사자에 대한 엄정한 처단이 있기를 바란다"[12]고 촉구했다.

하지만 미군정 치하였기 때문에 한국인은 정부 차원의 항의를 할 수 없었다. 사건 조사와 수습도 미군이 맡았다. 그 결과 폭격을 한 B-29 편대의 승무원들이 어선들을 보지 못해 저지른 실수라는 식으로 조사는 흐지부지 끝나고 말았다.

---

11 「조선일부」, 1948년 6월 17일.
12 「조선일보」, 1948년 6월 17일.

독도의 진실

당초 독도가 미군의 폭격 연습장으로 지정된 배경에는 독도를 확보하려는 일본 측의 농간이 있었던 것인데, 이 점에 대해서는 나중에 다시 살펴보겠다. 아무튼 사건 후 악화된 여론을 반영하여 미군 당국이 사과도 했고, 충분치는 않지만 희생자들에 대한 배상금도 나왔다.

사건 자체는 비극적이었다. 그러나 이 참상으로 인해 독도는 국민적 관심의 무대 위로 다시 등장할 수 있었다. 그 후 대한민국 정부가 수립되고 나서 조재천 경북지사가 1950년 6월 8일 '독도조난어민위령비'를 세웠고, 홍재현 옹이 제막식에 참석해 울릉도 주민 대표로 조문을 낭독했다.

1951년 독도를 취재했던 「아사히신문」의 기자(寺尾宗多)에 따르면 위령비에 쓰인 문구는 다음과 같았다.

"단기 4281년 6월 8일, 59명의 한국 어민이 18척의 배에 분승·출어하여 이 섬에서 조업하던 중, 섬이 미군 폭격의 과녁이 되어 14명이 폭사하고 행방불명되었다. 우리는 해양 용사들의 영을 위로하기 위해 이 비를 건립한다. 대한민국 경상북도지사 조재천 제(題)/단기 4283년 6월 8일 건(建)."[13]

그러나 제막식을 한 지 17일 뒤 한반도는 6·25전쟁에 휩쓸려 들어갔고, 이웃 나라가 곤경에 처하자 이를 호기로 본 일본은 독도를 빼앗기 위해 발 빠르게 움직였다.

---

13 아사히신문(朝日新聞), 『오사카 사회부 전후 20년사(大阪社會部 前後二十年史)』, 大阪, 1966.

샌프란시스코강화조약과 독도

최남선의 제안

1951년 4월 초, 법무부의 홍진기 법무국장은 부산 임시 수도 정부 청사를 빠져나와 피난민들이 북적이는 광복동 거리 한쪽의 동주여자상업학교 쪽으로 발걸음을 돌렸다. 그 건물에 전시연합대학교가 들어서 있었기 때문이다.

총장 집무실 문을 열고 들어가니 경성제대 11년 선배인 유진오 총장이 반가이 맞았다.

"아니, 홍 국장이 웬일이오?"

"이거 한번 읽어보시지요."

홍진기는 손에 쥐고 있던 일본 신문을 내밀었다. 그리고 신문에 번역문이 실린 샌프란시스코강화조약 초안에서, 특히 귀속 재산 처리에 관한 규정이 우리 측에 불리한 결과를 가져올 것 같아 급히 상의하러 왔노라고 했다.

헌법을 기초했고 초대 법제처장으로 있을 때 대일 배상 청구 조서를 작성하기도 했던 유진오는 신문에 실린 규정들을 검토한 뒤 홍진기의 우려에 공감을 표했다.

그러나 마음에 걸린 대목은 오히려 영토에 관한 규정, 그중에서도 한일 간의 분쟁이 있을 수 있는 '독도'가 초안에 빠져 있다는 점이었다. 초안에 열거된 우리나라의 부속 도서는 제주도·거문도·울릉도의 세 섬뿐이었던 것이다.

"원문은 어디 있소? 우리도 이해 관계국인데 초안이 오지 않았겠소?"

"그 점은 잘 모르겠습니다."

홍진기는 고개를 저었다.

시간을 다투는 문제였다. 그래서 유진오는 다음 날 아침 경남도청에 있는 국무총리실로 찾아가 강화조약 초안이 일본 신문에 실렸는데, 우리도 의견서를 만들어 보낼 필요가 있지 않느냐는 의견을 제시했다. 이에 장면 총리는 전적으로 동의하면서 비서관을 시켜 초안 사본을 찾아보게 했으나 종내 찾지 못했다.

2~3일 뒤 장면이 찾는다는 연락이 왔다. 유진오가 경남도청에 있는 국무총리실로 다시 찾아갔더니 장면은 무슨 서류 하나를 흔들어 보이며 못마땅한 듯이 말했다.

"벌써 2주 전 대통령 앞으로 온 것을 어떤 비서 서랍 속에 처넣어두었다는구먼, 쯧쯧."

"그 서류는 며칠 전부터 찾던 미국 정부가 보내온 대일강화조약 초안이었다. 나는 국사를 이렇게 처리하는 일이 있나 해서 어안이 벙벙했으나……."[1]

아직 나라를 세운 지 3년밖에 안 된 행정의 엉성함과 전쟁의 어수선함이 동시에 느껴지는 삽화다. 거기다 인재도 부족하던 시절이다. 그 때문에 공무원 신분도 아닌 유진오가 장면 총리의 부탁으로 의견서를 작성하게 되었다.

그에 앞서 독도의 내력부터 알아야겠기에 그는 부산 동래에 피난 내려와 있던 사학자 육당(六堂) 최남선부터 만나보았다.

"육당은 과연 기억력이 좋은 분이라 독도의 내력을 당장에 내가 확신을 가질 수 있을 정도로 설명해주었다. 다음으로 나는 대마도에 관해 '이 박사는 대마도도 우리 영토라고 수차 말씀했는데 근거가 확실한가요?' 물었더니 육당은 빙그레 웃으면서 고개를 좌우로 저었다. 그 대신 육당은 나에게 새 지식을 하나 주었다. 우리나라 목포와 일본의 나가사키, 중국의 상해를 연결하는 삼각형의 중심쯤 되는 해중(海中)에 '파랑도'라는 섬이 있는데 표면이 대단히 얕아서 물결 속에 묻혔다 드러났다 하지만 …… 차제에 우리나라 영토로 확실히 해두는 것이 좋을 것이라 하였다."²

이 말을 들은 유진오는 '광희(狂喜)'했다고 한다. 파랑도를 강화조약에 명기하게 되면 우리나라 영토가 제주도 훨씬 서남쪽까지 넓혀지는 것이었기 때문이다. 최남선이 말한 파랑도란 제주도 남단 저 멀리 동중국해로 가는 물길 어딘가에 있다는 전설의 섬 '이어도'였다.

이어― 이어도 하라

---

1 유진오, 『유진오 회상록-구름 위의 만상(漫想)』, 일조각, 1966.
2 유진오, 위의 책.

 독도의 진실

이어하면 내 눈물 난다

초록마눙 듣는 방울

한숨 썩은 눈물방울……

1936년도에 채취한 이 노랫말에 한 시인은 "이것은 한과 원망이 맺힌 섬 살이의 비곡(悲曲)입니다. 이어도가 어디 있는지 모르면서도 남편을 중국 등지로 장사 길을 떠나보낸 섬 아낙네들은 목 맺히게 그들 남편이 무사히 이어도 넘기를 기원합니다. 그것은 아무리 험난한 물길이라도 이어도만 넘어서면 평온해진다는 전설이 있기 때문입니다. 그러나 이어도가 어디 있는지는 아무도 모릅니다"[3]라는 해설을 덧붙였다.

이어도가 존재하지 않았던 것은 아니다.

제주도 남단 마라도에서 남서쪽으로 149km 떨어진 지점에 물밑 바윗덩이가 있는데, 이 암초는 1900년 영국 상선 소코트라호에 의해 발견된 이래 서양에서는 소코트라(Socotra) 암조로, 우리나라에서는 '이어도'로 불렸는데, 바로 이 섬의 다른 이름이 파랑도였던 것이다.

작은 물결(波)과 큰 물결(浪)이 칠 때만 모습을 드러낸다 하여 '파랑'이라는 이름이 붙었다고 한다. 자연적으로 형성되고 물로 둘러싸였다 할지라도 해수면 위로 드러나지 않는 바위는 암초이지 섬은 아니다.

유진오도 좀 미심쩍기는 했다고 한다.

그러나 "해될 것은 없다 해서 독도와 함께 조약에 추가해줄 것을 요

---

3 김능인, 「제 고장서 듣는 민요 정조(情調), 제주도 멜로디」, 『삼천리』, 1936년 8월호.

구하기로 마음먹었다"는 것인데, 이 파랑도가 독도 문제를 망치는 화근이 될 줄은 그도 최남선도 아직 몰랐다.   ·

이렇게 하여 유진오는 법무장관의 도움을 얻어 5개 조항을 요구하는 의견서를 작성했는데, 그중 영토 문제와 관련해서는 대마도 · 파랑도 · 독도를 반영해달라고 요구했다.

유진오가 기초한 이 의견서는 변영태 외무장관의 영어 번역을 거쳐 그해 6월 미국 정부로 보내졌다.

파랑도는 어디 있나요?

의견서를 접수한 미 국무부는 7월 9일 양유찬 한국 대사를 불렀다. 상대는 대일강화조약의 전권을 위임받은 존 F. 덜레스 고문이었다. 양유찬은 이승만 대통령이 줄기차게 반환을 요구해온 대마도 문제를 끄집어내 이 섬이 조약에 명기될 것인가를 물었다. 그러자 덜레스가 잘라 말했다.

"대마도는 오랫동안 일본의 지배하에 있었기 때문에 현재의 지위에 변동이 없을 것입니다."

외교관으로서는 상당히 단정적인 답변이었다. 이렇게 되면 초안에서 제외된 독도 문제도 짚어봤어야 하는데 독도의 크기가 작아서였을까? 양유찬은 한일 간에 갈등이 야기되고 있는 어업 문제와 관련해 맥아더 라인을 언급하면서도 그 라인 안에 있는 독도 문제는 빠뜨리고 말았다.

큰 실수였다. 부산에서 태어난 그는 미국에서 중고교를 다니고 거

독도의 진실

기서 의학박사까지 된 처지라 영어에 능통했지만 외교적 실무 경험이 없었다. 회담을 끝낸 그는 대사관에 돌아와 이 내용을 한국 정부에 타전했다.

대마도에 대한 미국 정부의 강경 입장을 알게 된 한국 정부는 상당히 고심했던 모양이다. 변영태 외무장관의 7월 17일자 발언이 그 점을 알 수 있게 해준다. 이날 그는 대마도 반환에 대한 지금까지의 요구를 취하하는 성명을 발표했다. 그러나 외무부는 조약에서 빠진 독도와 파랑도 문제는 강력히 제기하라는 훈령을 보냈다.

7월 19일 양유찬은 미 국무부를 다시 방문했다. 그가 미 국무장관 앞으로 된 공한(公翰)을 전하자 이를 받아 그 자리에서 읽어본 덜레스 고문이 지적했다.

"제1항에 대마도 문제가 언급되어 있지 않군요?"

"네."

이틀 전 한국 외무장관이 대마도 반환 요구를 철회한 것을 반영한 문서였기 때문에 양유찬은 그 문제가 빠졌음을 시인했다. 덜레스가 물었다.

"독도는 어디 있습니까?"

양유찬이 침묵했다.

"파랑도는 어디 있나요?"

"(그러자) 한 씨는 이 섬들이 일본해에 있는 작은 섬들인데 대체로 울릉도 부근에 있다고 생각한다고 대답했다. 이 섬들이 한일병합 이전에 한국의 것이었느냐는 덜레스의 질문에 대사는 그렇다고 대답했다. 사정이 그렇다면 강화조약 중 일본에 의한 한국 영토의 영유권 포기에 관한 적당한 곳에 이 섬들을 집어넣으면 될 테니 특별히 문제될 게 없다고 덜레스는 말했다."[4]

인용문에 등장하는 '한 씨'는 그 자리에 배석했던 한표욱 일등서기관을 가리킨다. 시라큐즈 대학교를 거쳐 명문 하버드 대학원을 나온 그는 뛰어난 학벌의 소유자였지만 직업 외교관으로서 사전 조사의 치밀함 같은 것은 갖추지 못했다. 저 제주도 남쪽에 있는 파랑도를 울릉도 부근이라고 대답했으니 말이다.

이날의 회담 내용이 보고되자 한국 정부는 파랑도의 실존 여부를 확인하기 위해 조사단을 파견했던 것 같다. 이 점에 대해 유진오는 "그해 여름 한국산악회의 홍종인 씨가 주동이 되어 우리 해군의 협조 아래 일본 해군수로부에서 발행한 해도를 가지고 실지 답사를 하였으나 내내 발견하지 못하고 말았다"[5]고 증언했다.

한편 미 국무부는 그들대로 각종 지도를 구해 독도와 파랑도에 대하여 조사했다. 그러나 종내 찾지 못하자 8월 7일 주한미대사관에 전문을 보내 독도와 파랑도의 위치를 알아내 답전하라고 지시했다.

다음 날 주한미대사관은 서둘러 답전을 보냈다. 독도의 위치는 동경 131도 53분, 북위 37도 15분이라는 것이었다. 그러나 파랑도의 위치에 대한 언급은 없었다. 그 대신 전문에는 한국 외무장관이 파랑도에 대한 종래의 요구를 취하한다는 뜻을 전해왔다는 내용이 실려 있었다.

---

4 『미국의 대외 관계(Foreign Relations of the United States)』1951, Vol. VI., U.S. Government Printing Office, Washington, 1974.
5 유진오, 앞의 책.

  독도의 진실

이 전문을 보고 미국 관리들이 어떤 반응을 보였는지에 대한 자료는 보이지 않는다. 그러나 한국 정부는 결과적으로 웃기는 존재가 되고 말았다. 강화조약에 명기해줄 것을 요구했던 세 곳 가운데 대마도와 파랑도의 두 곳에 대한 요구를 한 달 사이에 잇달아 취하했으니 나머지 한 곳, 곧 독도에 대한 주장마저 미국인들의 눈에는 의심스럽게 비치지 않았을까?

파랑도 피아스코

이 문제를 둘러싼 상황을 복기해보자.

대마도 반환을 자신 있게 외쳤던 '외교의 귀신' 이승만, 대안으로 파랑도를 제시한 당대의 사학자 최남선, 파랑도의 존재를 약간 의심하면서도 "넣어서 해될 것은 없다"며 독도와 함께 강화조약 제2조에 추가할 것을 요구했던 당대의 법학자 유진오, 그가 작성한 의견서를 한 글자 한 글자 영역했다는 당대의 영어 대가 변영대, 미국 박사 출신으로 영어를 미국인처럼 잘했다면서도 정작 덜레스와의 회담에서는 독도 문제를 지적하지 못한 주미대사 양유찬, 독도와 파랑도가 어디 있느냐는 미국 관리의 질문에 둘 다 울릉도 부근에 있다고 대답했다는 하버드 출신의 일등서기관 한표욱.

결론은 실패였다.

'Parangdo fiasco(파랑도 대실패)'라는 표현을 쓴 한 미국 자료는 "대마도와 파랑도에 대한 이승만 정부의 비현실적인 요구와 한국이 독도 영유권 사례 조사에 대한 충분한 증거자료를 준비하지 못한 것이 미국의 결정에 가장 많은 영향을 끼쳐 강화조약에 한국이 주장한 독도를 포함시키지 않게 되었던 것 같다"[6]고 평했다.

뼈아픈 지적이다.

훗날 한표욱도 "외교 공문서에 섬 아닌 섬을 넣은 것은 실수였다"[7]고 회고했다. 여기서 드러난 한국 관리들의 엉성함과 어설픔은 뒤에도 크게 개선되지 않았다고 보는 이가 많다.

이에 비해 독도 문제를 둘러싸고 우리와 맞섰던 일본 외교관들은 어떠했을까?

그들은 치밀함을 보여주었다.

당시 일본 외무성은 '일본해의 작은 섬들'[8]이라는 제목으로 총 일곱 권에 달하는 방대한 논문과 그 증거자료를 제출했는데, 일목요연하게 정리된 이 논문을 접한 미국 관리들은 실로 감탄을 금치 못했다고 한다. 당시 미 국무부 소속의 한 지리학자는 국무부 직원이 독도에 대한 질문서를 보내자 일본 논문의 문장을 축약한 답신을 보냈을 정도다.[9]

결정적인 것은 그해 8월 10일 미 국무장관의 이름으로 러스크 차관보가 보낸 이른바 '러스크 서한'이다. 이 편지의 다음 구절은 일본 외무성이 제출한 『일본해의 작은 섬들』이라는 논문으로부터 그 어순까

---

6 '미국의 독도 개입(The United States' Involvement with Dokdo Island)',
  http: //dokdo-research.com/page9.html.
7 한표욱, 『이승만과 한미 외교』, 중앙일보사, 1996.
8 *Minor Islands in the Sea of Japan*, 전부가 독도에 관한 기록은 아니다.
9 '보그스가 피어리에게 보낸 1951년 7월 16일자의 서한(S. W. Boggs' letter to Robert A. Fearey,
  FE, July 16, 1951)'.

지 거의 그대로 베꼈다는 것이 학계의 평가다.

"독도 또는 다케시마, 리앙쿠르 암석으로 알려져 있는 섬에 관해서인데, 통상 사람이 살지 않는 이 암석은 우리 정보에 의하면 한국의 일부로 취급되었던 적이 없고, 1905년경부터는 일본 시마네현 오키군청 관할하에 있었습니다. 이 섬은 이제까지 한국에 의해 영토로 주장된 일이 있었다고 생각되지 않습니다."[10]

사실상 독도에 대한 한국 정부의 요구를 거절한 편지였다. 인용문 바로 뒤에 러스크는 "강화조약에서 파랑도가 일본이 방기할 섬들에 포함되어야 한다는 한국 정부의 요구는 취하된 것으로 이해하고 있습니다"라는 문장을 덧붙였다. 그렇게 함으로써 한국 정부에 대한 신뢰의 문제를 은연중에 내비쳤던 것이다.

한국은 파랑도도 취하하고 대마도도 취하했다. 그러니 독도 문제도 믿을 수 없다는 뜻이었는데, 미국의 입장에서는 그런 의혹을 가질 만했다.

왜냐하면 일본이 총 일곱 권에 달하는 자료를 제출했던 데 반해 강화조약의 초안 작업이 시작될 때까지 한국 측이 제공한 설명 자료라고는 달랑 청원서 한 통밖에 없었다고 미국 자료가 지적하고 있기 때문이다.

---

[10] '덜레스의 대일강화조약 문서철(Japanese Peace Treaty Files of John Foster Dulles)', NARA, RG59, Lot54 D423Box 8, Korea.

엉뚱한 청원서

정확히 말하면 그것도 한국 정부의 공문서는 아니었다. 대한민국 정부가 수립되기 열흘 전인 1948년 8월 5일 '우국노인회'라는 한 시민단체가 일본 도쿄의 맥아더사령부 앞으로 보낸 한 통의 청원서였다.

A4 용지 여섯 장에 영문 타자기로 작성한 이 청원서에는 한일 간의 분쟁 소지가 있는 독도 · 울릉도 · 대마도 · 파랑도 등 네 섬의 역사적 배경과 현황 및 영토 조정의 요구 사항이 적혀 있었다. 맥아더사령부 정치고문은 이 청원서에 자신의 설명서를 첨부하여 그해 9월 16일 미 국무부로 보냈다.

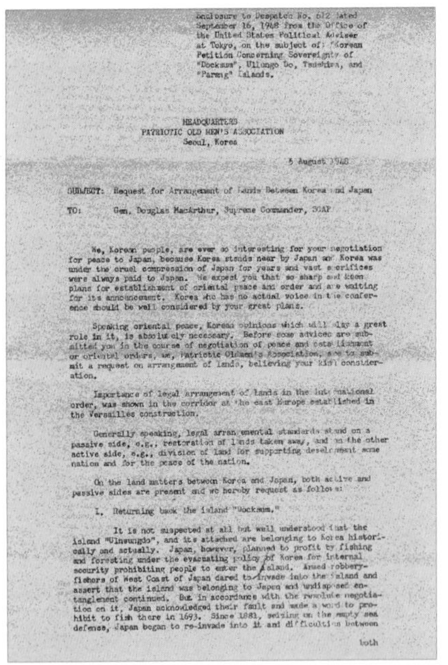

1948년 8월 5일 우국노인회가 맥아더사령부에 보낸 독도 청원서.

청원서의 내용에 있어, 독도가 1905년 일본에 의해 불법적으로 편입되었음을 설명하는 데까지는 무리가 없고 대마도 반환 문제도 그럭저럭 넘어갈 수 있지만 파랑도 문제만은 그렇지가 않았다. 특히 사태를 망친 것은 다음 문장이다.

"사람들은 일본이 항복 후 바다 한계를 벗어나기 위해 이 섬을 점령할 것이라고 공언했다고들 하는데, 역사적으로 지리적으로 그들과 연결되지 않는

독도의 진실

이 섬을 점령한다면 그것은 바보 같은 계획이 될 뿐 아니라 그들의 침략의 징표이기도 하다. 일본이 이런 식으로 독섬과 남중국해의 파라셀군도를 얻고, 파랑도를 점령한다면 그들이 잔인하고도 케케묵은 방식으로 재공격하겠다는 뜻이다. 만일 위에 언급한 일본의 계획이 사실이라면 우리는 이 문제를 좌시할 수 없으며, 이제 파랑도가 어디에 속하는지를 분명히 할 기회가 오는 것이다."[11]

미국 자료가 '허구의(fictitious) 섬'이라는 수식어를 붙인 파랑도다. 이 상상의 섬을 한국 것이라고 강변한 점도 황당하지만 "그 복수심 어린 어조(its vengeful tone)"로 있지도 않은 섬을 일본이 점령하면 좌시하지 않겠다는 헛소리를 늘어놓았으니 독도에 대한 한국의 주장조차 헛소리가 아니냐는 인상을 미국 관리들에게 심어주었던 것 같다고 한 미국 자료가 지적했는데,[12] 이 대목을 읽을 때 "아" 하는 탄식이 나도 모르게 새어 나왔다.

이 파랑도 때문에 1951년 9월 8일 미국을 위시한 48개국이 서명한 샌프란시스코강화조약에서 녹도가 빠지게 되었는데, 해당 부분을 옮겨보면 다음과 같다.

"일본은 한국의 독립을 인정하고 제주도·거문도 및 울릉도를 포함하는 한국에 대한 모든 권리와 권원(權原) 및 청구권을 포기한다."[13]

---

[11] 우국노인회(Patriotic Old Men's Association), '한일 간의 영토 조정 청원서(Request for Arrangement of Lands Between Korea and Japan)', Seoul, Korea(August 5, 1948).

[12] '미국의 독도 개입: 점령기와 한국전쟁기의 시각표(The United States' Involvement with Dokdo Island: A Timeline of the Occupation and Korean War Era)', http: //dokdo-research.com/page9.html.

[13] "Japan, recognizing the independence of Korea, renounces all right, title and claim to Korea, including the islands of Quelpart, Port Hamilton and Dagelet."

그러나 1947년 3월 20일에 작성된 1차 초안에는 제주도 · 거문도 · 울릉도 다음에 독도가 명기되어 있었고, 그 후 2~5차 초안까지도 분명히 독도가 들어 있었다.

변화가 생긴 것은 1949년 12월 9일에 작성된 6차 초안부터였다. 거기에 보면 한국 영토에서 제외된 독도가 다케시마(竹島)라는 이름으로 일본 영토에 들어가 있다. 대체 무엇이 이 같은 변화를 가져왔을까?

시볼드의 권고

앞에서 살펴본 한국의 총체적인 외교 실패, 곧 '파랑도 피아스코' 가 주 원인의 하나였다. 일본 로비설을 주장한 학자도 많은데 하나의 일에는 복수(複數)의 원인이 작용한다는 점에서 이 견해를 무시할 수 없다.

그들이 지목하는 구체적인 로비스트는 윌리엄 J. 시볼드다. 그가 영국인 아버지와 일본인 어머니 사이에서 태어난 일본계 여성과 결혼했다는 점을 들어 음모론을 제기한 이도 있다.

일찍이 해군사관학교를 나와 주일미대사관 무관으로 근무했던 시볼드는 다시 메릴랜드법대를 거쳐 변호사가 된 뒤 도쿄에서 법률사무소를 열고 활동했는데, 일본 문화에 심취했던 그의 일본어 실력은 이미 1934년에 『일본민법』을 영역하여 출간했을 정도로 출중했다.[14]

---

14 『일본 민법(The Civil Code of Japan)』, 시볼드 옮김(translated by William J. Sebald), J.L. Thompson, Kobe, 1934.

제2차 세계대전 중 미 해군 전투정보국 태평양 지부장을 지냈던 그는 종전과 더불어 맥아더사령부 정치고문실에 지원하여 일본에 다시 건너갔고, 1947년 8월에는 맥아더사령부의 외교국장이 되었다. 동시에 대일(對日) 이사회 대표와 미 국무장관 주일 정치고문 등 일본 내에서 가장 중요한 3개의 자리를 겸직하는 신분이 되었다.

이런 그에게 목하 진행 중인 강화조약의 영토 조항에서 1차부터 5차 초안까지 독도를 계속 잃고 있던 일본 정부가 접근했다. 독도는 한일 양국에 걸친 문제다. 친일적인 그는 일본의 이익을 위해 한국을 희생시킬 용의가 있는 인물이었다.

"1930년대부터 나는 한국에 여섯 번이나 건너가 보았지만 한국에 대해 받은 인상은 슬프고 억압받고 불행하며 가난하고 말이 없고 음울한 민족이라는 것이었다."[15]

한국에 대해 부정적인 이미지를 갖고 있던 그는 5차 초안 사본이 전달되자 일본을 위해 움직였다. 그래서 1949년 11월 14일 독도 조항과 관련하여 먼저 타전한 다음,[16] 닷새 뒤 같은 내용의 서면 의견서를 국무장관 앞으로 보냈다.

"한국 방면에서 일본이 과거 소유했던 섬들의 처분에 관하여, 독도는 우리가 제안한 제3조에 있어서 일본에 속하는 것으로 명기해줄 것

---

15 William J. Sebald, 『일본에서 맥아더와 함께-점령기의 개인사(With MacArthur in Japan, a Personal History of the Occupation)』, W. W. Norton & Company, New York, 1965.

16 '시볼드 주일 대리정치고문이 국무장관에게 보낸 전문(Telegram from The Acting Political Adviser in Japan(Sebald) to the Secretary of State)', November 14, 1949. 내용은 "독도에 대한 재고를 권함. 이 섬에 대한 일본의 주장은 오래되었고 타당성이 있는 것으로 보임. 안보적인 고려로 그곳에 기상 및 레이더국의 설치를 상정(想定)해야 할지도 모름"이었다.

을 제안합니다. 이 섬에 대한 일본의 주장은 오래되었고 타당한 것으로 보이며, 또 그 섬을 한국 연안의 섬으로 간주하기는 어렵습니다. 안보적인 고려 때문에 이 섬에 기상 및 레이더국의 설치를 상정(想定)해야 할지도 모릅니다."[17]

그가 독도 문제에서 일본의 로비를 받았음을 스스로 입증한 대목은 "이 섬에 대한 일본의 주장은 오래되었고 타당성이 있는 것으로 보인다"는 구절이다. 더불어 우리는 이 의견서로부터 당시 일본 관리가 시볼드를 설득한 내용을 유추할 수 있다.

"일본에 부속시켜주면 다케시마(독도)를 기상관측소와 레이더국의 기지로 제공하겠소."

1949년의 시점에서 독도에 대한 미국의 군사적 관심이 1905년의 시점에서 망루와 전신선을 설치하려던 일본의 군사적 관심을 그대로 반영했다는 점이 흥미롭다. 두 나라가 시기를 달리하여 독도에 군사 시설을 설치하고 싶어 했다. 1949년에는 소련이 원폭 소유를 발표하고, 중공이 건국하는 등 극동 정세가 긴박해져가고 있었다. 미국은 이에 대응하기 위해 일본의 재무장도 고려하고 있었다. 이런 정세하에서 나온 일본의 안보적 제안은 시볼드를 움직였고, 다시 미 국무부를 움직일 수 있었던 것이다.

그 결과가 바로 1949년 12월 29일에 작성된 6차 초안이다. 거기에 "일본 영토는 혼슈·규슈·시코쿠·홋카이도의 4대섬과 대마도, 다케

---

17 '주일 미국 정치고문이 국무장관에게(United States Political adviser for Japan to the Secretary of State)', "대일강하주약 초안에 대한 논평(Comment on Draft Treaty of Peace with Japan)". 신용하,『독도영유권 자료의 탐구』, 독도연구보전협회, 2001에서 원문 인용. 번역은 서사.

     독도의 진실

시마(독도)…… 를 포함하는 모든 인접 군소 섬들로 이루어질 것"[18]이라고 규정한 것이다. 이처럼 독도가 한국 영토에서 떨어져나가 일본 영토에 붙게 생겼는데도 한국 정부는 이 사실을 전혀 모르고 있었다.

영연방의 항의

미국이 독도를 일본 영토로 부속시키자 강화조약 초안에 참가한 그 밖의 나라들이 이에 반발했다. 이런 기류를 반영하여 미 국무부는 1950년 7월 독도 주석서(commentary)를 만들었다.

"사람이 살지 않는 다케시마(독도)의 두 섬은 일본해에서 일본과 한국 사이에 거의 등거리에 위치해 있어 1905년 일본이 자신의 영토로 편입할 때 한국으로부터 아무런 항의도 받지 않고 시마네현 오키군청 관할하에 두었다. 이 섬은 강치의 서식지로 오랫동안 일본 어부들이 특정 계절에 그곳에 건너가 살았다는 기록들이 있다. 서쪽으로 가까운 거리에 위치한 울릉도와 달리 다케시마(독도)는 한국 이름이 없고 한국 영토로 주장된 적도 없는 것으로 보인다. 이 섬은 점령 중 미군의 폭격 연습장으로 사용되어왔고 기상 또는 레이더국 기지로서의 가치를 가질 수 있다."[19]

다케시마(독도)에는 한국 이름도 없었다는 것이다. 일본이 그런 식으로 미국을 슬쩍 속인 것이다. 구헤이지 수법이다.

---

[18] 제6차 미국 초안. 『독도영유권 자료의 탐구』에서 원문 인용. 번역은 저자.

[19] '주일 미국 정치고문이 국무장관에게(United States Political adviser for Japan to the Secretary of State)', 신용하, 앞의 책.

그러나 뉴질랜드·호주·캐나다·영국 등 영연방 국가들은 이 논리를 수긍하지 않았다. 그들은 제2차 세계대전 중 동남아 지역에서 잔학 행위를 행한 일본에 대해 별로 좋지 않은 인상을 갖고 있었다. 포로로 잡혀 일본군에게 죽을 고생을 한 병사들도 많았던 것이다. 그들이 한 목소리를 냈다.

"왜 미국은 일본만 펀드는가?"

그러자 미국은 7차 초안에서 일본과 한국의 영토 조항을 아예 빼버림으로써 한발 물러서는 모양을 취했다. 그리고 8차 초안에서는 영토 조항을 간략히 취급하되 구체적인 섬들의 이름을 다루지 않았다. 그러자 호주가 미국 정부에 질문서를 보냈다.

"독도를 어느 나라 영토로 보는가?"

이 답변서에서 미국은 일본에 속하는 섬들에 다케시마라는 이름으로 독도를 포함시킴으로써 일본 영토로 해석한다는 입장을 보였다. 뉴질랜드와 영국은 미국의 입장에 동의하는 문서를 보내지 않았다. 이렇게 되자 미국은 9차 초안에서도 구체적인 섬 이름들을 다루지 않았다. 일종의 편법이었다.

이것을 갈파한 영국이 "원래 연합국이 합의했던 대로 하자"면서 원칙론을 들고 나왔다. 그리고 1951년 3월 영국 초안을 제시했다. 이 초안에서 영국은 향후 영토 분쟁을 막아야 한다면서 경도와 위도에 따라 독도와 오키 섬 사이에 선을 그어 독도를 한국 영토에 부속시켰다.

강력한 동맹국인 영국이 원칙론을 들고 나오자 미국 정부도 흔들릴 수밖에 없었다. 이에 일본 정부는 불안감을 느꼈다. 그들은 시볼드를 움직였고, 시볼드는 덜레스 미국 특사와 요시다(吉田茂) 일본 수상의

 독도의 진실

만남을 주선했다.

그해 4월 7일, 영국은 자신들의 최종안을 만들고 거기에 지도까지 붙여 미 국무부로 보냈는데, 이 최종안과 지도에는 독도가 일본 영토 밖에 배치되었다. 영국의 최종안에 위기감을 느낀 일본 수상은 수하 관료들과 함께 4월 23일 시볼드의 집무실에서 덜레스 특사와 특별회담을 가졌다. 수 시간에 걸친 이날 회담에서 일본 관리들은 영국의 최종안을 극력 반대했다.[20] 여기에 시볼드가 합세하여 일본 측은 덜레스 특사의 마음을 돌리는 데 성공했다.

덜레스가 돌아온 뒤 미 국무부는 원칙론을 앞세운 영국과 뉴질랜드를 설득하고 억눌렀다. 그렇게 하여 6월 14일 '미영 합동 개정 초안'을 채택했는데, 거기에 실린 "일본은 한국의 독립을 인정하고 제주도·거문도 및 울릉도를 포함하는 한국에 대한 모든 권리와 권원 및 청구권을 포기한다"는 문안은 뒤에 그대로 강화조약의 문안이 되었다. 독도가 빠진 것이다.

이렇게 독도가 빠진 상태에서 덜레스는 7월 9일 양유찬 대사를 미 국무부로 불러 한국 측의 입장을 수렴하는 듯한 모양새를 취했던 셈인가?

그 뒤 양유찬은 본국의 지령을 받고 7월 19일과 8월 2일 두 차례에 걸쳐 독도 문제에 대한 요구 서한을 미 국무장관 앞으로 보냈다. 이에 러스크 차관보가 국무장관의 이름으로 보낸 8월 10일자 답신서 중 독

---

[20] William J. Sebald, 앞의 책. 이날 덜레스-요시다(일본 총리)의 회담에 배석한 일본 관리들은 이구치 사다오(井口貞夫) 외무성 사무차관, 조약 전문가인 니시무라 구마오(西村熊雄) 외무성 조약국장 등이었다.

도에 관한 내용은 우리가 앞에서 살펴본 다음 문장이다.

"사람이 살지 않는 이 암석들(독도)은 우리의 정보에 의하면 한국의 일부로 취급되었던 적이 없고, 1905년경부터는 일본 시마네현 오키군청 관할하에 있었습니다. 이 섬은 이제까지 한국에 의해 영토로 주장된 일이 있었다고 생각되지 않습니다."

뼈아픈 내용이다.

"다케시마(독도)는 한국의 영토로 주장된 적도 없다."

1900년 독도를 울도군 관할로 반포한 고종의 칙령 제41호를 무시한 것이었다. 일본은 자기들 논리를 받아들이게 하기 위해 그런 것이 없다고 미국을 속여 넘겼다.

그런데 일본의 논리를 그대로 수용한 덜레스는 일본 수상의 로비를 수용했던 인물이다. 독도가 일본 땅이라는 각서를 써 보낸 러스크 차관보는, 단순 논리로 말하자면 해방 당시 금을 그어야 할 땅은 패전국 일본이었는데 엉뚱하게 한국 땅에다 38선을 그어 민족적인 아픔을 주더니 이번에는 독도를 일본 땅이라고 판정한 친일 관리였다. 게다가 그들 밑에서 일하던 케니스 T. 영 동북아과장 또한 친일적인 관료였다.

이렇게 미 국무부의 핵심 파트를 친일적으로 만든 것도 능력이다. 물론 소련과 중공이라는 공동의 적이 등장했기 때문이지만, 제2차 세계대전 중 미국의 적이었던 일본은 패전 6년 만인 1951년 9월 8일 샌프란시스코강화조약을 체결하면서 미국의 최대 우방으로 떠오르는 놀라운 외교력을 발휘했다. 외교관 출신의 요시다 수상이 "전쟁에 지고 외교에 이겼다는 역사도 있다"고 큰소리칠 만했다.

독도 문제에서도 절반의 승리를 거둔 셈이었다. 일본의 요구를 받아들인 미국은 독도를 사실상 '미해결' 지역으로 만들었다. 이후 일본의 독도 공격은 이 조약을 출발점으로 하게 된다. 피해 당사국이면서도 강화조약에서 배제되었던 한국은 독도 문제에서도 일본의 잽 공격을 당하게 되었다.

억울함과 더불어 위기감을 느낀 이승만 정권은 이 문제를 타개하기 위한 특단의 방안을 강구하고 있었다. 일본을 넉다운시킬 강펀치가 필요했다.

이승만 시대의 독도

이승만 라인

모든 것을 다 이승만이 준비했던 것은 아니다. 갈홍기 신임 외무차관에게 임명장을 주면서 "우리가 준비될 때까지는 일본 배가 넘어오지 못하게 선 같은 걸 하나 그어놓아야 해"라고 말했다는 일화가 시사하는 것처럼 그는 원론적인 구상을 했다.

그런데 샌프란시스코강화조약이 체결되기 훨씬 전부터 정부 내에서도 비슷한 구상을 한 실무자가 있었다. 상공부 수산국 어로과장 지철근(池鐵根)이었다. 일찍이 일본 하코다테 고등수산학교를 나와 강원도수산시험장→평북수산시험장→경북수산과장을 거쳐 상공부에 들어간 그는 일본의 남획에 대비하여 수산자원을 보호해야 할 필요성을 느끼고 중앙수산시험장의 남상규 등과 함께 어업관할수역의 획선 작업에 들어갔다.

그 후 어업관할수역안이 완성되자 경무대의 법률 담당 비서관 임철호를 찾아갔고, 임철호는 이 문제를 외무부 정무국장 김동조(金東祚)와 상의했다.[1] 이런 과정이 있었지만 김동조의 회고록에는 자신이 부하들과 함께 이 생각을 구체화했던 것으로 기록되어 있다.

"일본의 마구잡이 남획으로부터 우리 어업과 어족을 보호하는 길은 결국 우리의 능동적 주권 행사를 독자적으로 모색하는 것뿐이었다. 바다에 대한 주권 행사를 어떻게 하느냐 하는 문제를 가지고 나는 당시 정무국의 장윤걸, 김영주 사무관 등과 머리를 맞대고 연구해야 했다."[2]

김동조는 정치적 감각이 있는 관리로 이승만의 생각을 읽고 있었다.

"독도를 집어넣어야지요."

당초 지철근이 마련한 어업관할수역안에는 일본의 반발을 의식해서 독도가 포함되지 않았다고 한다. 이 점을 지적하여 독도를 어업관할수역안에 집어넣은 것이다.

"획선과 관련, 내가 앞으로의 영토 문제를 고려해서 어업보호(관할) 수역 안에 특별히 넣은 것은 독도였다. 당시 자문에 응했던 일부 인사들은 순수한 어업보호수역의 설정을 위해서라면 독도의 포함이 명분에 맞지 않는 일이라고 반대하기도 했지만, 나는 앞으로 한일 간에 야기될지도 모를 독도 분규에 대비해 주권 행사의 선례를 남겨놓는 것이 반드시 필요하다고 생각했기 때문이다."[3]

관련 부처와의 협의를 거쳐 국무회의에 상정된 어업관할수역안은

---

[1] 박진희, 『한일회담』, 선인, 2008.
[2] 김동조, 『회상 30년 한일회담』, 중앙일보사, 1986.
[3] 김동조, 위의 책.

'어업관할수역안'이라는 이름으로 통과되었다. 샌프란시스코강화조약이 체결되기 바로 하루 전날인 1951년 9월 7일의 일이었다. 모두들 강화조약의 내용을 의식하고 있었던 것이다.

그러나 이승만은 이 안을 즉각 재가하지 않았다. 아직은 '맥아더 라인'의 폐지 중단 요구에 대한 미국 측의 답변을 더 기다려볼 필요가 있었던 것이다. 해방 후 한일 간의 어업 경계선 역할을 해왔던 맥아더 라인은 강화조약의 발효와 함께 폐기될 예정이었다.

그는 단순히 어업관할수역 차원이 아니라 해양 주권의 차원에서 이 문제를 보았다. 그래서 어업관할수역안에 대륙붕 이론이 가미되고 국방상의 안보 관점이 추가되었다.[4] 향후 한일 외교에서는 주도권 확보의 전략적 측면도 고려되었다. 그렇기는 하지만 당시 그가 기다리고 있었던 것은 타이밍이었다. 일본의 잽 공격을 받아온 그는 카운터펀치를 준비하고 있었다. 문제는 강도였다. 그는 상대에게 최대의 타격을 가하기 위해 시기를 기다렸다.

마침내 그날이 왔다.

샌프란시스코강화조약이 발효되기 100일 전인 1952년 1월 18일, 이승만은 '해양주권선언'을 발표하면서 한국의 독도와 일본의 오키 섬 사이에 선을 그었다. 그 선을 넘어올 수 없다는 뜻이었다.

"어라? 이건 뭐야?"

이제 얼마 있으면 독도 부근에서 마음대로 고기를 잡을 수 있다고 믿었던 일본은 이승만이 날린 강펀치에 몸을 휘청거렸다.

---

4 박진희, 앞의 책.

   독도의 진실

일본의 반격

저들의 충격과 반발은 대단했다.

당시만 해도 영해 3해리의 시대였는데, 이승만은 해안가에서 50~100해리에 선을 그었던 것이다. 이는 3해리를 벗어난 공해상에서 자유롭게 고기를 잡을 수 있다는 국제 해양 질서에도 배치되는 선언이었다. 이에 일본 극우 세력들은 도쿄의 히비야 공원, 오사카의 나카노시마 공회당에 모여 "이승만 라인 절대 반대!"의 규탄 시위를 연일 벌였고, 일본 정부도 한국 정부의 조치에 반대하는 성명을 내고 독도가 일본 영토임을 주장하는 구술서를 한국 대표부에 제출했다.

그러나 이승만은 눈도 깜짝하지 않았다.

오히려 한일 간의 평화를 위한 것이라며 바다 한가운데의 구획선을 '평화선'이라고 불렀다. 문제는 미국이나 유럽 등 국제 여론이 좋지 않았다는 점이다. 특히 미국의 압박을 견뎌내는 것은 쉬운 일이 아니었다. 다른 때도 아닌 진시 중이었다. 미국의 도움으로 침략군과 싸우고 미국의 도움으로 나라 살림을 꾸려가던 때였다.

사실상 거의 모든 것을 미국에 의존해야 했던 어려운 환경임에도 이승만은 결코 비굴한 모습을 보이지 않았다. 오히려 그의 태도는 의연하고 당당했다. 그런 자세로 엄청난 하중을 이겨냈다.

6 · 25전쟁 중 그와 가까이 지낸 클라크(Mark. W. Clark) 유엔군 사령관은 이승만이 스스로를 한국뿐 아니라 아시아의 리더로 인식하고 있었다고 회고했는데, 거기에는 그런 자부심도 한몫했을 것이다.

그러나 내가 보기에 강대국의 압력을 이겨내는 힘은 그의 두둑한 배짱이었다. 그것도 국력이 극도로 쇄진해진 전시 중에 보인 배짱이었기에 그의 확고한 의지와 리더십은 평가할 만하다.

한편 이승만의 강펀치를 얻어맞은 일본은 어떠했을까? 충격에 휩싸인 그들은 일단 샌프란시스코강화조약이 발효되는 1952년 4월 28일을 기다렸다. 그날이 바로 연합국으로부터 그들이 독립하는 날이었기 때문이다. 그러나 그때까지 그저 사태를 수수방관하고 있었던 것은 아니다.

이승만의 강펀치를 맞은 그들은 내적으로 미국의 힘을 이용하여 반격하려는 전략을 세우고 있었다. 그 점은 시마네현 출신의 한 국회의원(山本利壽)이 중의원 외무위원회에서 질의한 다음 내용을 통해서 확인된다.

"이번 일본 주둔군의 연습지를 설정하는 데 있어 다케시마(독도) 주변이 연습지로 지정되면 이를 일본 영토로 확인받기 쉽다는 발상에서 외무성에서는 연습지 지정을 오히려 바란다는 이야기가 있던데 사실이냐?"고 묻자 이시하라(石原幹市郎) 차관은 "대체로 그런 발상에서 다양하게 추진하고 있다"고 답변했다.[5]

이 무렵 일본 정부는 독도를 미 공군의 폭격 연습지로 빌려주려는 일을 은밀히 추진하고 있었다. 위의 자료는 그런 사실을 일본 정부 당국자가 실토한 기록이다.

왜 독도를 빌려주려고 했는가?

---

5 '야마모토 의원의 질의에 대한 이시하라 외무차관의 답변', 일본 제13회 중의원 외무위원회 회의록(1952年 5月 23日). 이종학, 『일본의 독도·해양정책 자료집』 1, 독도박물관, 2006에서 재인용.

독도의 진실

그렇게 빌려주는 형식을 취하면 그 기록이 독도가 일본 영토임을 보여주는 유력한 법률적 근거가 된다는 판단에서였다. 여기서 우리는 일본 정부가 이 무렵부터 국제사법재판소를 염두에 두고 있었다는 점을 알 수 있지만 그 이야기는 뒤에 다시 하게 될 것이다.

일본 정부는 폭격 연습지를 필요로 하던 주일 미군을 부추겼다. 서로 이해관계가 맞아 떨어진 미일합동위원회는 1952년 7월 26일, 독도를 미 공군의 폭격 훈련 구역으로 지정했다.

그러자 일본 외무성은 쾌재를 부르며 이 사실을 즉시 공시했다. 저들이 미 공군이라는 당구공을 이용해 이승만 정권의 뒤통수를 때린 것이었다.

제2차 폭격

한국 측은 이런 사실을 전혀 몰랐다.

7월 22일, 오랫동안 끌어오던 휴전협정이 체결되자 안도감을 되찾은 한국산악회는 제2차 독도학술조사를 준비했다. 그리하여 1952년 9월 17일, 조사단 일행 36명은 해운국 소속의 등대 순시선인 진남호를 타고 부산 어시장 부두를 출발했다.

제2차 조사단 단장은 제1차 때 참가했던 홍종인이었다. 이튿날 일행과 함께 울릉도에 도착한 그는 사흘 전 미군이 독도를 폭격했다는 이야기를 듣고 사건의 전말을 상세히 취재하여 상공부 장관에게 타전했다.

"지난 9월 15일 오전 11시경, 울릉통조림공장 소속선 광영호가 해녀 14명과 선원 등 합 23명을 태우고 소라·전복 등을 따고 있던 중 한 대의 단발 비행기가 날아와 독도 주변을 돌면서 4개의 폭탄을 던 졌는데, 이 때문에 어민들이 곧 대피에 착수하자 비행기는 일본 방면 으로 날아갔다."[6]

이어 학술조사단은 소식에 접한 직후의 격앙된 분위기가 어느 정도 가라앉자 22일 독도를 향해 출발했다.

"상오 12시경 독도 2km 해상에 접근하였으나 돌연 네 대의 비행기 가 나타나 해상에 폭탄을 투하하는 폭격 연습을 하기 때문에 이날도 독도에 상륙을 못 하고 ○시 45분경 울릉도에 귀환했다고 한다."[7]

독도 폭격 뉴스는 국민들을 격앙시켰다. 1948년 30여 명의 어민들 이 억울하게 죽은 제1차 폭격 사건이 세인들의 기억에 아직도 생생했 기 때문이다. 신문은 이 사건을 연일 대서특필했고, 정부 당국도 진상 을 조사하겠다는 담화를 발표하는 등 사회적 파장이 컸다.

이승만 대통령은 손원일 해군 참모총장을 불러 "평화선을 침범하 는 일본 배는 모조리 나포하라"고 지시했다.(누계이기는 하지만 이로부터 1965년 한일기본조약이 체결되기까지 한국에서 나포한 일본 어선은 모두 328척, 억 류된 일본인은 3,929명, 나포 도중 살상된 일본인은 44명이었다.)

이에 대응하여 일본 해상보안청에서도 자국의 어선을 보호한다는 명목하에 80여 척의 어선·순시선을 동해로 대거 출동시켰다. 이에 적은 수의 한국 경비정이 그들과 날카롭게 대치했다.[8] 이승만 대통령

---

6 「동아일보」, 1952년 9월 21일.
7 「조선일보」, 1952년 9월 ○일.

 독도의 진실

이 일본 어선 나포 명령을 내린
데 대한 대응책이었다지만 남의
혼란을 틈탄 그 시기가 몹시 공
교로웠다.

그런데 마침 클라크 유엔군
사령관이 북한의 해상 침투를
막기 위해 9월 27일, '클라크 라
인'이라는 한국 수역 경비선을

1954년 평화선을 침범한 일본 어부들을 나포하여 조사하는 한국 경찰.

선포했는데, 이 클라크 라인은 "독도 해역이 빠진 것을 제외하고는 대체로 한국 정부가 선언한 해양 주권선(평화선)과 대차 없는 것"이어서 일본과의 해상 대치는 자연스레 해소되었다.

문제는 독도 폭격의 여파였다.

이 사건이 한국 내에서 커다란 사회 이슈로 발전하자 주일미대사관의 존 M. 스티브스 일등서기관은 로버트 머피 주일 대사의 이름으로 '독도의 한국인들'이라는 제목의 긴급 전문을 미 국무부에 보냈다.

이 전문에서 스티브스는 9월 15일 발생한 독도 폭격은 작지만 장차 커져 미국에 영향을 미칠 수도 있다면서, 이 사건의 본질은 한일 간에 논쟁이 벌어지고 있는 독도의 영유권 문제라고 지적했다. 미군이 일본 정부에서 독도를 빌리는 형식을 취한 것은 독도의 영유권이 일본에 있음을 인정한 꼴이지만, 스티브스는 독도가 원래 일본 땅이 아니

---

8 「동아일보」, 1952년 9월 25일.
9 "신(新) 경비선서 독도는 제외", 「동아일보」, 1952년 9월 29일.

AMEMBASSY, TOKYO   659

October 3, 1952.

KOREANS ON LIANCOURT ROCKS.

In the constant clash of interests which continues to exacerbate relations between Japan and Korea, there has recently occurred a minor incident which may achieve larger proportions in the near future, and which may introduce repercussions affecting the United States. The incident concerns the disputed territory known as the Liancourt Rocks, or Dokto Islands, the sovereignty to which is in dispute between Korea and Japan.

The history of these rocks has been reviewed more than once by the Department, and does not need extensive recounting here. The rocks, which are fertile seal breeding grounds, were at one time part of the Kingdom of Korea. They were, of course, annexed together with the remaining territory of Korea when Japan extended its Empire over the former Korean State. However, during the course of this imperial control, the Japanese Government formally incorporated this territory into the metropolitan area of Japan and placed it administratively under the control of one of the Japanese prefectures. Therefore, when Japan agreed in Article II of the peace treaty to renounce "all right, title and claim to Korea, including the islands of Quelpait, Port Hamilton and Dagelet", the drafters of the treaty did not include these islands within the area to be renounced. Japan has, and with reason, assumed that its sovereignty still extends over these islands. For obvious reasons, the Koreans have disputed this assumption.

The rocks, standing as they do in the open waters of the Japan Sea between Korea and Japan, have a certain utility to the United Nations aircraft returning from bombing runs in North Korean territory. They provide a radar point which will permit the dumping of unexpended bomb loads in an identifiable area. Being uninhabited and providing a point of navigational certainty, they are also ideal for a live bombing target. Therefore, in the selection of maneuvering areas by the Joint Committee implementing Japanese-American security arrangements, it was agreed that these rocks would be designated as a facility by the Japanese Government and would serve the purposes mentioned above. They were turned into a bombing target, were declared a danger area, and have been posted as out-of-bounds on a 24-hour, 7-day a week basis.

Information to this effect was disseminated throughout the Far East Command and presumably throughout the subordinate commands of the Far East Air Force and the Naval Forces, Far East. Very recently, the information has been passed on to the Commander-in-Chief of the Pacific

CONFIDENTIAL

1952년 주일미대사관이 미 국무부에 보낸 '스티브스 서한'.

었다고 말했다.

"이 암석들(독도)의 역사는 한 번 이상 국무부가 검토한 것이기에 여기서 장황하게 재론할 필요는 없다. 그 암석들은 강치가 번식하기에 좋은 곳으로, 한때는 조선 왕국의 일부였다. 그것들은 물론 일본이 제국의 판도를 조선 국가로 넓힐 때 나머지 조선 땅과 함께 합병되었다."[10]

두 눈을 비비고 다시 보게 하는 구절이다. 독도가 조선 왕국의 일부였음을 미국 관리가 인정한 문서이기 때문이다.

이 '스티브스 서한'은 앞 장에서 살펴본 8월 10일자의 '러스크 서한', 곧 "독도는 한국 영토로 주장된 적도 없다"는 내용과 정면으로 배치된다. 주일미대사관은 대체 어디서 그런 정보를 얻었고, 그 정보는

---

[10] "The history of these rocks has been reviewed more than once by the Department, and does not need extensive recounting here. The rocks, which are fertile seal breeding grounds, were at one time part of the Kingdom of Korea. They were, of course, annexed together with the remaining territory of Korea when Japan extended its Empire over the former Korean State." '주일미대사관의 외교 특전(特電): 독도의 한국인(Foreign Service Despatch from US Embassy, Japan: Korean on Liancourt Rocks)', 1952년 10월 3일(NARA 694.9513/10-352).

독도의 진실

왜 '러스크 서한'의 내용과 달라지게 되었던 것일까?[11]

상충되는 두 견해

한 번 이상, 그러니까 결국 여러 번 독도의 역사를 검토해보았다는 스티브스 일등서기관의 진술로 미루어 미 국무부는 양유찬 대사의 수정 요청을 거절한 뒤 사료를 여러 번 검토해보았고, 그 결과 독도가 한때 조선 왕조의 일부였다는 결론을 얻었던 것 같다. 따라서 스티브스를 비롯한 미국 관리들은 독도의 진실은 한국 주장을 인정하지 않는 미국의 정책과 상당히 다르다는 점을 이해했다고 보아야 한다.

이 같은 영유권 문제에 대해 미 국무부는 일단 침묵했다.

그러자 이번에는 E. 앨런 라이트너 주한미대리대사가 머피 주일미대사에게 서한을 보냈고, 그 사본이 미 국무부에 동시 타전되었다. 이 서한에서 라이트너는 독도 폭격에 대한 결정이 도쿄에서 이루어졌다는 점을 지적하고 이는 "정치석으로 잠재적 폭발력"을 지닌 문제이므로 중단해주기를 바란다고 말했다.[12]

'스티브스 서한'이나 '라이트너 서한'은 폭격 사건으로 인해 난처한

---

[11] 이 부분은 '미국의 독도 개입: 점령기와 한국전쟁기의 시각표(The United States' Involvement with Dokdo Island (Liancourt Rocks): A Timeline of the Occupation and Korean War Era)' 참조.

[12] '라이트너 주한미대리대사가 머피 주일미대사에게 보낸 1952년 10월 16일자 "분쟁 영토(독도)의 폭격 연습지 활용("Use of Disputed Territory(Tokto Island) as Live Bombing Area" by the Charge d'Affaires ad interim E. Allan Lightner, Jr., US Embassy, Korea, to the US Ambassador to Japan, Robert Murphy on Oct. 16, 1952)'.

입장에 빠진 주일미대사관이나 주한미대사관이 둘 다 독도 문제에서 발을 빼고 싶어 했다는 점을 알려준다.

마침내 미 국무부의 케니스 영 동북아과장이 라이트너 주한미대리대사에게 답장을 보냈다.

이 답장에서 영 과장은 샌프란시스코강화조약 협상 시 조약 제2조 (a)에 독도를 포함시켜달라는 한국의 요청에 미국이 응하지 않았던 것은 적어도 "국무장관의 정보에 따르면" 독도는 한국의 영토가 아니라 일본 시마네현의 관할 지역이었기 때문이었다면서 "독도를 일본 정부의 시설로 지정하는 데 있어 미일합동위원회가 취한 행동은 따라서 정당하다"고 말했다.

또 연합국최고사령부지령 (SCAPIN) 677호에 기초하여 일본의 독도 영유권 행사가 영구 배제되었다는 한국 측 주장을 일축하면서 그는 이렇게 덧붙였다.

"뒤에 나온 1947년 9월 16일자의 SCAPIN 1778호는 독도를 극동 공군의 폭격 연습지로 지정했고, 나아가 그 장소의 사용은 일본 민간 당국을 통해 오키 섬과 혼슈 서북부 특정 항구의 주민들에게 통고한 뒤에만 가능하도록 규정했다."[13]

피해는 독도에서 어로 작업을 하는 한국인들이 보게 되어 있었는데, 미군의 폭격 통고는 독도에서 멀리 떨어진 오키 섬과 혼슈 서북부 주민들에게만 전달되도록 되어 있었다는 것이다. 이 점을 보면 당시

---

13 '케니스 영 동북아 과장이 라이트너 주한미대리대사에게 보낸 1952년 11월 5일자 서한(Letter from Office of Northeast Asian Affairs to E. Allan Lightner American Embassy, Pusan Korea by Kenneth T. Young, Jr. on Nov. 5, 1952)'.

독도의 진실

미 국무부의 정책은 '스티브스 서한'이 아닌 '러스크 서한'에 기초하고 있었음을 알 수 있다.

'스티브스 서한'의 주장은 독도가 한국 영토였다는 것이고, '러스크 서한'의 주장은 독도가 일본 영토였다는 것이다. 영 과장은 미 국무부에서 여러 번 사료를 검토한 끝에 독도가 한때 조선 왕국의 일부였다는 결론을 얻었다는 스티브스의 주장을 따로 반박하지는 않았다. 이로 보면 독도가 한국 영토였다는 견해가 미 국무부 내에 존재했던 점이 분명해진다. 그렇다면 왜 이처럼 상충되는 두 가지 견해가 미 국무부에 병존하게 되었던 것일까?

가능한 답의 하나는 사료 검토를 통해 독도에 대한 한국의 역사적 배경을 알게는 되었지만, 그럼에도 불구하고 미 국무부는 1905년 일제가 독도를 '공식 편입'했던 점에 더 점수를 주면서 저들의 주장을 더 호의적으로 받아들였다는 것이다.

아니면 강화조약의 준비 기간 중 일본 외무성이 일곱 권 분량의 자료를 제공하면서 치밀한 노력을 보인 것과 대조적으로 한국 외무부는 파랑도가 어디에 위치하는지도 제대로 답변하지 못하는 엉성한 외교 능력을 보인 결과였다고 볼 수도 있다.

그러나 보다 본질적인 이유는 소련과 중공이라는 공동의 적을 대처하는 데 있어 한국보다는 일본의 존재가 더 무게감 있게 받아들여졌기 때문일 것이다. 확실히 이 시기의 미 국무부는 일본을 편들고 있었다.

미국의 계산

한편 한국 외무부는 11월 10일 부산 주재 미 대사관에 구술서를 보내 "대한민국 영토의 일부인 독도"의 폭격 사건에 대한 상세한 정보를 요구하면서 동시에 이 같은 사건이 재발하지 않도록 필요한 조치를 취해달라고 요청했다. 이 서한 내용은 즉시 미 대사관에서 미 국무부로 타전되었다.

"대한민국 영토의 일부인 독도."

한국 외무장관의 전문 내용을 받아 본 미 국무부는 골치가 아팠다. 폭격 연습이야 중단시키면 그뿐이지만 독도 문제의 본질은 한일 간의 영유권 싸움이었기 때문이다. 미국이 누구 편을 드느냐에 따라 한미 관계, 미일 관계, 한일 관계는 요동을 치게 되어 있었다.

지침을 주어야 했다.

이에 미 국무부는 11월 26일 주한미대사관에 전문을 보내 "독도의 영유권에 대한 미 정부의 해석은 딘 러스크 차관보가 양유찬 대사에게 보냈던 1951년 8월 10일자의 각서에 언급되어 있다"면서 그런 기조하에 한국 외무부의 구술서에 답하라는 지령을 내렸다.

8월 10일자의 각서란 독도가 일본 땅임을 주장한 '러스크 서한'을 가리킨다. 미 국무부는 독도 문제에서 일본을 편들고 싶었으나 한국의 반발도 우려되었다. 그래서 분쟁에 끼어들지 말고 '러스크 서한'의 주장만 되풀이하라는 지령을 하달한 것이다.

"그 같은 진술은 예전 견해를 되풀이하는 것일 뿐이어서 미국이 분쟁에서 발을 뺄 수 있고, 그렇지 않아도 어려운 한일 협상에서 한국이 쓸데없는 문제에 끼어드는 것을 억제하게 만드는 바람직한 결과를 가져올 것"[14]이라고 국무부는 그 까닭을 설명했다.

이 지령문을 통해 당시 미국은 독도 문제에서 일본에 호의적이었으나 그렇다고 노골적으로 편들어줄 생각까지는 하지 않았다는 점을 확인할 수 있다. 그 이유는 목하 진행 중인 한일 국교정상화 때문이었다. 만일 미국이 일본을 노골적으로 편들면 한국이 한일 협상 자체를 파투 놓을 가능성이 있었다. 그래서 일본을 노골적으로 편들지 않으면서 '러스크 서한'의 지렛대를 이용해 한국으로 하여금 스스로 요구를 자제하게 하라는 방침을 시달한 것이다.

이 지령을 받은 라이트너 대리대사는 미 국무부에 "우리가 오랫동안 잘못된 가정하에 움직여왔다는 정보를 얻게 되어 매우 기쁘다"[15]고 타전했다. 독도 문제에서 더 이상 한국을 편들어 행동하지 않겠다는 뜻이었다. 실상 미국으로서는 독도가 누구의 땅이 되든 상관없었다.

당시 미국의 관심사는 한일 국교 정상화였다. 공산 세력을 막기 위해서는 한미일 3국의 협조가 전략적으로 필요했기 때문이다. 국교 정상화에 독도 문제가 걸림돌이 되어서는 안 되었다. 그래서 미 국무부와 주한미대사관, 주일미대사관, 유엔군사령부 사이에서는 신속하게 이 문제에 대한 의견 조정이 이루어졌다.

이 조정에 따라 클라크 유엔군 사령관은 11월 27일, 독도 폭격 중지

---

[14] '미 국무장관이 주한미대사관에 보낸 1952년 11월 26일자 전문(Telegram by The Office of the Secretary of State to the American Embassy in Korea on Nov. 26, 1952)'.

[15] '라이트너 주한미대리대사가 국무부 동북아과에 보낸 1952년 12월 4일자 서한(Letter from E. Allan Lightner American Embassy, Pusan Korea To Office of Northeast Asian Affairs, the Department of the State on Dec. 4, 1952)'. NARA/Doc. No.: N/A.

를 위한 준비 작업을 하고 있다고 주한미대사관에 통고했고, 다음 해 1월 5일에는 주일미대사관이 극동사령부의 독도 폭격 중지 결정을 주한미대사관에 알렸다.

미 대사관은 이 사실을 즉각 한국 정부에 전달했다. 이렇게 독도 문제가 정리되자 이승만과 가까운 클라크 유엔군 사령관이 나서서 사실상의 한일 정상회담을 주선했다.

"한국은 해군 및 경찰 경비정을 동원하여 일본 어선을 계속 나포했으며, 때로 한국 측의 나포는 그 수역, 곧 평화선 밖까지 미쳤다. 이는 나와 일본 정부 사이에 심각한 문제를 빚게 했다. 나는 이 대통령과 요시다 일본 수상 간의 비공식 직접 면담이 한일 두 나라뿐 아니라 미국을 위해서도 도움이 될지 모른다고 생각했다."[16]

이렇게 해서 이승만은 클라크 사령관의 초청으로 1953년 1월 5일, 백선엽 육군참모총장과 손원일 해군참모총장 등 10여 명을 대동하고 하네다 공항에 도착했다. 비공식 방문이라 공항 영접은 간단했지만, 하네다 공항에서 클라크 사령관의 숙소인 고탄다에 이르는 도로에는 혹한임에도 연도에 마중 나온 재일 교포들의 태극기 물결이 넘실거렸다.

호랑이 문답

이승만은 클라크 사령관과 머피 주일미대사의 주선으로 일본 수상

---

[16] Mark Wayne Clark, 『다뉴브 강에서 압록강까지(From the Danube To the Yalu)』, Charles E. Tuttle, Rutland, 1954.

독도의 진실

관저에서 요시다와 만났다. 이때의 일화가 조선총독부 고위 관리를 역임한 야기 노부오(八木信雄)의 저서에 이렇게 실려 있다.

"1953년 1월, 클라크는 한국과 일본의 사이를 중재할 요량으로 이승만을 방일시켜 요시다 시게루 수상과 만나도록 주선했는데, 초대면의 인사를 끝낸 요시다가 이승만에게 '한국에 아직도 호랑이가 있습니까?' 하고 물었다. 그러자 이승만은 발끈하며 '한국의 호랑이는 가등청정(加藤淸正)[17]이 다 잡아버렸지만 아직 여기 한 마리가 남아 있소' 하고 손가락으로 자기 코를 가리켰다."[18]

협상은 결렬되었다.

요시다는 그 원인이 격의 없는 분위기를 만들기 위해 자신이 꺼낸 '호랑이 문답(虎問答)' 때문이었다고 후회했다고 한다.

"회담은 요시다의 이 한마디로 망치고 말았는데 내가 그 뒤 야스오카(安岡正篤)[19] 선생에게 들은 이야기에 의하면 요시다는 선생에게 '내 방식이 서툴러 국교 정상화가 늦어지게 되었으니 정말 유감스러운 일을 했다고 생각한다'고 술회했다더군요."[20]

그러나 협상 결렬의 원인이 단순히 외교적 테크닉에만 있었던 것은 아니다. 이승만이 "일본은 40년에 걸친 조선 통치에 대해 한국에 사죄해야만 하오"라고 요구하자, 요시다는 "그건 일본 군벌이 한 일이었으니까요"라고 그 책임을 사라진 군벌에게 슬쩍 돌렸다.

---

[17] 일본 발음은 가토 기요마사. 임진왜란 때 제2군 장수로서 함경도까지 진격했던 무장. 점령지인 함경도에서 호랑이 사냥을 자주 하여 그곳 사람들이 그를 '호랑이 가토'라고 불렀다.

[18] 야기 노부오(八木信雄), 『일본과 한국(日本と韓國)』, 日韓文化協會, 東京, 1978.

[19] 일본의 사상가. 제2차 세계대전 말 천황의 종전조서(終戰詔書)를 완성한 인물로 유명하다.

[20] 야기 노부오(八木信雄), 위의 책.

여기서 이승만의 비위가 상했다.

샌프란시스코강화조약 협상 시 일본으로부터 독도 문제의 뒤통수를 맞은 데 대한 분도 풀리지 않고 남아 있었다. 그는 누구에게 지고는 못 사는 성격이었다. 그래서 요시다가 한국에 아직 호랑이가 있느냐고 묻자 아직 여기 한 마리가 남아 있다며 손가락으로 자기 코를 가리켰던 것이다.

이승만은 서울에 일본 대표부를 설치하고 싶다는 요시다의 요청을 시기상조라며 잘라버렸다. 그래도 주선한 미국도 있고 하니까 회담 재개에 대한 요시다의 요청만은 원론적으로 수용하는 척하면서 실제로는 회담 일정을 잡지 않았다.

그런데 이승만이 귀국한 뒤 한국 해군이 제주도 해역을 침범한 일본 어선(第一大邦丸)을 나포하는 과정에서 일본인 어부 1명이 피살되는 사건이 발생했다. 이를 계기로 오카자키(岡崎勝男) 일본 외상은 주일한국대표부의 김용식 공사에게 문제 해결을 위해 제2차 한일회담을 재개하자고 제의했다.

그러나 같은 시기 참의원에 출석한 외무성 조약국장 시모다(下田武三)는 미일 행정협정에 따라 독도가 폭격 연습지에서 곧 해제될지에 대한 질문을 받자 폭격 연습지로 지정하고 해제하는 조치 자체가 "다케시마가 일본이 영유하는 섬임을 명확히 법률적으로 뒷받침해주는 것이라고 생각한다"[21]고 답변했다. 이는 독도 폭격이 사실상 일본의

---

[21] '제15회 참의원 외무·법무위원회 연합심사회 회의록(第15回 參議院 外務法務委員會連合審査會 會議錄)', 昭和 28年(1953) 3月 5日.

독도의 진실

각본에 의한 것이었음을 일본 외무성이 시인하고, 아울러 독도 문제를 장차 국제사법재판소로 가져갈 복안임을 시사한 발언이었다.

한편으로는 대화를 시도하면서도 다른 한편으로는 칼을 가는 양동 작전을 벌인 일본은 그해 4월 15일, 도쿄에서 열린 제2차 한일회담에 임하고 있으면서도 그 기간에 수산시험선(島根丸)을 평화선 너머로 보내 독도를 침범케 했다. 독도를 둘러싼 작은 전쟁이 시작되었다.

일본의 침범

수산시험장 시험선에 의한 1차 침범은 1953년 5월 28일에 감행되었다.

2차 침범은 6월 25일 미국 국기를 게양한 100톤급 수조선 1척이 내침, 일본인 9명이 상륙하더니 그곳에 머물던 "한국인 6명에 대하여 체류하고 있는 이유를 문(問)하고 성명을 청취·기록하고는 소주 2되, 담배 6갑, 석유 1되, 헌 로프 길이 약 20미돌(米突)을 증여하고 한국인 및 독도 조난어민위령비를 촬영한 후 동일 오후 7시에 퇴거한 사실이 있다"[22]고 한국 외무부가 정리한 책자에 기록되어 있다.

3차 침범은 6월 27일에 일어났고, 4차 침범은 6월 28일에 일어났는데, 이때 미국 성조기를 게양한 일본함 2척이 일본인 약 30명을 태우고 독도에 상륙, 사전 제작하여 가져온 푯말 및 게시판을 시멘트 콘크리트 위에 세웠다. 위령비 부근에 세워진 푯말에는 '시마네현 오키군

---

22 외무부정무국, 『독도 문제 개론』, 외무부, 1955.

고카촌 다케시마(島根縣隱岐郡五箇村竹島)'라 쓰여 있었다.

이들은 한국인의 어로 상황, 체류, 기거, 식사 상황 등을 촬영한 뒤 어딘가로 무전으로 타전했다. 그 뒤 한국에서 18년간 살았다는 일본인을 통해 한국어로 "이 섬은 일본 영토이니 차후 이 섬에 침범해 작업하면 일본 경찰에 넘겨진다"고 협박적인 언사를 쓰고 퇴거했다.[23]

이 사건이 일본 신문에 크게 보도되자 한일 간에는 서로를 공격하는 각서가 여러 통 오갔다. 일본 배가 연속적으로 침범해 오자 한국산악회와 어민회에서는 "일본의 불법 행위"를 규탄하는 성명을 발표했고, 이어 내무장관(陣憲植)도 일본의 불법 행위를 통렬히 비판했다.

한편 국회에서도 결의안을 채택했는데, 이 자리에서 외무위원회는 해군을 동원하여 독도를 보호하자고 제안했으나 그렇게 하면 재무장을 노리는 일본의 흉계에 말려드는 것이라는 의견도 있어 실력 행사니 해군 동원이니 하는 문구는 빼기로 했다.[24] 그러나 현장 분위기는 계속 격앙되어갔고, 일본 또한 침범 행위를 중단할 기색이 없었다.

7월 12일, 5차 침범에는 450톤급의 해상보안부 순시선(혜쿠라호)이 동원되었다. 배가 독도로 접근해 오자 한국 어선들과 자동화기로 무장한 한국 경찰이 이를 막았다.

그 뒤 한국인 3명과 경찰 책임자가 순시선에 올라 "독도는 한국 영토이니 일본 선박은 울릉도로 가서 당국에 신고하라"고 지시했다. 한국인들이 하선하자 순시선은 그들의 모항인 마이즈루[25]로 돌아가기

---

23 외무부정무국, 앞의 책.
24 「동아일보」, 1953년 7월 8일.
25 마이즈루(舞鶴): 교토 북쪽에 있는 항구. 이곳에 해상보안청 본부가 있었다.

   독도의 진실

전 그 지역을 빠져나가 섬을 한 바퀴 돌았다. 그러자 해안가로부터 갑자기 카빈총과 경기관총 40여 발이 날아왔는데, 그중 2발이 순시선에 명중했다.[26]

이 사건이 발생하자 「지지신보(時事新報)」[27]는 자위대를 동원하자고 선동했고, 「요미우리신문」은 소식통을 인용하는 형식을 빌려 이 문제를 헤이그의 국제사법재판소로 가져가자고 선동했다. 주일미대사관은 이 상황을 미 국무부에 긴급 타전했고, 워싱턴 쪽에서도 이를 우려하는 소리가 들렸다.

미국과 일본의 부산스러운 움직임 속에서도 이승만은 조금도 위축되지 않았다. 오히려 손원일 해군참모총장을 불러 이렇게 지시했다.

"군함을 파견토록 하시오."

이에 손원일은 군함을 독도 수역에 급파했다. 명분은 독도 수역 조사였지만 실제로는 순시선에 대한 발포 이후 일본 군함이 나타날지 모르는 데 대한 대비책이었다. 우리 군함은 며칠 동안 초계 업무를 마치고 7월 18일 부산항에 귀환했다.

그로부터 9일 뒤인 7월 27일에 휴전협정이 체결되었으니, 독도에 대한 이승만의 강경 대처는 모두 전시 중에 이루어졌던 것이다.

이제 다시 평화가 찾아왔다. 독도에 대한 지배권을 강화하기 위해 학술적인 조사가 더 필요했다. 이에 한국산악회가 다시 움직였다.

---

26 '앨리슨 주일미대사가 국무부에 보낸 1953년 7월 14일자 전문(Telegram from the American Ambassador to Japan, John M. Allison to the State Department on July 14, 1953)'.

27 1882년 후쿠자와 유기치(福澤諭吉)가 창간한 신문. 1955년 현재의 「산케이신문(産經新聞)」에 통합되었다.

푯말 전쟁

1년 전 폭격으로 2차 답사를 중단해야 했던 한국산악회는 제3차 학술조사단을 구성해 10월 11일, 부산항을 출발했다. 일행 36명은 해군에서 제공한 905경비정을 타고 울릉도에 도착해 2차 답사 때 울릉도 경찰서에 맡겨놓았던 영토 표석을 배에 실었다. 그리고 10월 14일 새벽 1시에 울릉도를 떠났다.

단장 홍종인은 당시를 이렇게 기록했다.

"독도에 도착한 것은 오전 5시 반경. 아직 해 뜨기 전 바다는 비교적 고요하다. …… 우리가 본부 기지로 한 동도의 서편 기슭에서 약 300m 되는 서도 한 모퉁이의 소위 '가제 바위'에는 가제가 수십 마리 올라앉아 우리들 불의의 손님을 향하여 고개를 돌리고 있는 것이 자세히 보였다. 측지반이 접근하자 "응아, 응아" 하며 누런 놈, 검은 놈, 큰 것은 송아지만 하고 작은 놈은 중개만 한 놈들이 물로 덤벙덤벙 뛰어들었다."[28]

1953년의 시점에는 독도에 아직 가제(강치)들이 서식하고 있었던 모양이다.

경비정에서 2척의 전마선을 내려 동도에 상륙한 일행은 먼저 일본 관리들이 자갈 마당에 박아놓은 나무 말뚝, 곧 '시마네현 오키군 고카촌 다케시마'라고 쓰인 푯말을 뽑아내 배에 실었다. 그리고 울릉도 경찰서에서 받아 간 표석을 세웠다.

---

28 홍종인, "독도에 다녀와서", 「조선일보」, 1953년 10월 23일.

독도의 진실

이들이 갔을 때만 해도 조재천 경북지사가 설치한 위령비는 그대로 남아 있었다. 일본 관리들은 자기들의 영토 표식인 나무 말뚝을 박으면서 1947년 조선산악회가 설치한 영토 말뚝은 철거했지만 위령비는 손대지 않았던 것이다.

학술조사단이 독도에 갔다는 소식이 전해졌던지 사흘 뒤에는 일본 국회의원 쓰지(辻政信)를 단장으로 한 조사단이 순시선(나가라호)을 타고 독도에 상륙해 일본의 영토 푯말이 사라진 것을 확인하고 돌아가 이를 언론에 알렸다. '세 번째 세운 일본 영토 푯말이 사라졌다'는 요지의 기사가 일본 주요 일간지에 실렸다.[29]

이렇게 되자 발끈한 일본 해상보안청은 2척의 순시선을 독도로 보내 산꼭대기와 산기슭 및 그 밖의 암초 등에 다수 설치되어 있던 한국의 영토 표식들을 전부 철거하고 대신 자기들의 영토 푯말을 설치한 뒤 돌아갔다.[30]

❶ 1953년 한국산악회가 뽑아 결박한 일본의 다케시마 푯말과 태극기.
❷ 1953년 한국산악회가 독도에 설치한 영토 표석.

---

29 「아사히신문(朝日新聞)」, 1953年 10月 18日.
30 「동아일보」, 1953년 10월 27일.

폿말 전쟁이었다.

이 무렵 한일 양국은 서로 폿말을 세운 데 대한 항의 구술서와 독도에 대한 자국의 견해서를 뻔질나게 주고받았는데, 미국의 주선으로 도쿄에서 다시 열린 제3차 한일회담에서도 양국 대표들 사이에 가시 돋친 말들이 오갔다. 이런 가운데 일본 측 수석대표 구보다(久保田寬一郎)가 "일본의 조선 통치는 조선인에게 은혜를 베푼 면도 있다"는 발언을 함으로써 일대 파문을 불러일으켰다.[31]

이른바 '구보다 망언'이었다.

"한국 대표단은 회담을 중단할 수밖에 없다는 결론에 이르렀고, 이 대통령에게 보고해 재가를 구했다. 다음 날 이 대통령에게서 온 지시는 '그렇게 무례한 말을 하는 무리하고는 대화할 필요가 없다. 대표부의 결론을 승인한다'라는 것이었다."[32]

제3차 회담은 결렬되었고, 이후 5년간 한일회담은 교착상태에 들어간다. 이렇게 되자 일본 정부는 미국의 개입을 요청했다.

"일본 외상 오카자키 씨는 (11월) 13일 '한국이 일본 영토인 다케시마를 침범한 것은 침략으로 간주한다'는 일본 정부 측의 견해를 발표하는 동시에 미일방위조약에 의하여 미국 측에 구원을 요청하였다고 천명하였다."[33]

이때까지 일본은 자신감에 차 있었다. 샌프란시스코강화조약 이후

---

31 다카사키 소지(高崎宗司), 『망언의 원형-일본인의 조선관(妄言の原形-日本人の朝鮮観)』, 木犀社, 東京, 1996.
32 노 다니엘, 『독도밀약』, 김철훈 옮김, 한울, 2011.
33 「동아일보」, 1953년 11월 15일.

미국이 자기들 편이라고 확신하고 있었기 때문이다. 미국은 과연 그들의 기대에 부응했을까?

고유 영토설

사태가 심상치 않게 돌아가자 덜레스 미 국무장관은 독도 문제에 대한 지침을 주한미대사관과 주일미대사관에 동시 타전했다.

이 전문에서 그는 "독도의 영유권을 둘러싼 한국과의 분쟁에서 일본은 미국이 자기들 편을 들어주리라고 기대하고 있다는 것을 알지만"[34] 그렇지 않아도 어려운 한일 국교 정상화 협상에 악영향을 줄 수 있기 때문에 미국은 독도 문제에 절대로 끼어들면 안 된다면서, 이 문제는 국제사법재판소로 가져가는 것이 바람직하다고 말했다.

국제사법재판소에 회부한다는 생각은 이미 일본 정부도 하고 있었다. '조약의 귀재'라는 평을 듣던 시모다 외무성 조약국장이 중의원에 출석해 "국제사법재판소에 이 문제를 제소해 판결을 청하는 방법이 있습니다. 이때에도 우리 생각에는 한국 측이 자기 주장을 제대로 뒷받침할 수 없을 것이라 보며, 우리 쪽 설명을 갖고 한다면 국제 법정에서 완전히 우리 쪽이 이길 자신이 있습니다"[35]라고 말한 적이 있기 때문이다.

---

34 '덜레스 국무장관이 한국과 일본 주재 미국 대사에게 보낸 1953년 12월 8일자의 송출 전보 (Outgoing Telegram to US Embassies in Korea and Japan by John F. Dulles, Secretary of State on Dec. 8, 1953)', NARA/694.95B/11-2353.

35 '제16회 중의원 외무위원회 제28호(第16回 衆議院 外務委員會 第28号)', 昭和 28年(1953) 9月 4日.

이런 자신감이 있었던 데다가 미국의 분위기를 읽은 일본 정부는 독도 문제를 국제사법재판소에 회부하는 쪽으로 가닥을 잡았다. 그러나 법정에서 이기자면 좀 더 논리를 가다듬을 필요가 있다고 생각했다.

그들은 샌프란시스코강화조약을 체결하기 전까지 한국에는 독도의 이름조차 없었다는 식의 '무주지 선점론'으로 재미를 보았으나 국제재판을 염두에 둔 시점부터는 그 논리가 통하지 않을지도 모른다는 우려를 하게 되었다.

즉, 그들은 샌프란시스코강화조약의 기초가 되는 카이로선언에 "일본은 폭력과 탐욕에 의해 탈취했던 다른 모든 영토로부터도 구축될 것"[36]이라는 구절에 유념했다. 1905년의 독도 편입은 "폭력과 탐욕에 의한" 탈취로 해석될 우려가 있었던 것이다. 여기서 그들은 '무주지 선점론' 대신에 독도는 예로부터 일본 땅이었다는 '고유 영토설'을 택하게 되었다.

이 같은 저들의 입장은 1954년 2월 10일 주일한국대표부에 보내온 구술서에 처음 표출되었는데, 거기에 보면 "다케시마는 예로부터 일본인에게 알려져왔고, 일본 고유 영토의 일부로 간주되어 그들에 의해 적절히 활용되어왔으나 한국 측에는 이에 필적하는 사실이 없으며, 또 한국은 일본의 다케시마 소유에 대해 결코 문제를 삼은 적이 없다"[37]는 내용이 적혀 있다.

---

[36] "Japan will also be expelled from all other territories which she has taken by violence and greed."

예로부터 고유 영토였다면 이를 자기 땅으로 편입할 필요도 없는 것인데 이를 편입했다면 결국 고유 영토가 아니었다는 이야기다.

그러나 한 독도 전문가의 말처럼 "일본은 빈틈없는 논리와 치밀한 연구에 의해 뒷받침되는 '진실 같은 거짓말'을 만들어 국제사회로 하여금 거짓말을 진실로 오인케 하는 데 탁월한 능력을 가지고 있다."[38] 구헤이지 수법인 것이다.

한국에는 독도의 이름조차 없었다는 논리로 독도를 한국 땅에서 분리시키는 데 성공했던 그들은 이번에는 '고유 영토설'을 앞세워 독도를 완전히 자기 것으로 만들 생각이었다.

긴장의 파고

문제를 법정으로 가져가려면 분쟁부터 만들어야 한다.

이에 일본은 민간인에게 독도의 인광 채굴권을 허가해주고 평화선 너머로 잇달아 배를 보내 한국 영해와 독도를 침범케 했다. 당연히 한국 측이 나포했고, 이 과정에서 마찰이 생기자 법제국 장관 사토(佐藤 達夫)는 3월 15일 일본은 자위권을 보유하고 있다고 언명했다.[39] 이는 독도에 무장선을 파견할 수도 있다는 뜻이었다.

---

37 '1953년 9월 9일자 다케시마의 영유권에 관한 주일한국대표부의 구술서를 통해 취한 한국 정부의 반박 입장에 대한 일본 정부의 1954년 2월 10일자 견해(Views of the Japanese Government in refutation of the position taken by the Korean Government in the note verbale of the Korean Mission in Japan, September 9, 1953, concerning territoriality over Takeshima, February 10, 1954)'.

38 이종학, 앞의 책.

39 "독도 방위에 자위권-일본 법제국 장관이 언명", 「동아일보」, 1954년 3월 17일.

이승만은 심기가 상했다. 일본 선박의 잦은 침범에 분통이 터진 울릉도 도민들이 4월 하순 궐기대회를 통해 '독도 자위대'를 조직하기로 결의하고 이를 관계 요로에 건의하자 이승만은 건의를 받아들였다. 이에 백두진 국무총리는 5월 6일 '독도 자위대' 조직을 적극 추진하라고 백한성 내무장관에게 지시했다.[40]

신문에 보도된 이 '독도 자위대'가 바로 홍순칠의 '독도의용수비대'가 아니었나 싶은데, 정작 독도의용수비대가 창설된 날짜는 홍순칠에 의하면 1953년 4월 20일이고, 다른 자료에는 1954년 4월 20일로 되어 있어 날짜가 일치하지 않는다. 미국 자료에는 이승만 정권이 홍순칠의 독도의용수비대를 여러 가지 자동화기와 박격포 등의 무기로 무장시켰다고 쓰여 있다.

독도 수호에 대한 이승만의 의지는 그만큼 강력했다. 그의 지시가 있었기 때문으로 추정되는데, 해안경찰대는 부산에서 석공 3명을 데려가 5월 20일까지 독도에 머물며 암석 위에 태극기와 "대한민국 경상북도 울릉군 남면 독도"라는 표식을 조각토록 했다.

일본은 한국이 바위에 영토 표식을 새겼다는 소식에 놀랐다. 겨우 나무 말뚝이나 박고 돌아갔던 그들로서는 돌에 태극기까지 영구적으로 새겨놓았다니 놀랄 만도 했다. 확인 작업이 필요하다고 생각했던지 5월 23일에는 일장기를 게양한 1,000톤급의 함정을 독도 앞바다로 보내 정황을 살폈다.

그러더니 다음 날 국적 불명의 비행기 한 대가 홋카이도 쪽에서 독

 독도의 진실

도 상공으로 날아와 석공들이 조각한 태극기와 글자 표식을 목표로 약 300발을 기총 소사한 뒤 시모노세키 방면으로 사라졌다. 이 광경을 독도 부근에서 조업하던 한국 어부 약 200명이 육안으로 목격했다. 경찰은 이들 목격자를 상대로 기총 사격을 가한 비행기가 어느 나라 비행기였는지 심도 있게 조사한 결과 목격자 중 최소 1명에게서 비행기에 그려진 일장기를 보았다는 증언을 얻었다.[41]

5월 28일 일장기를 게양한 어선 1척이 독도에 다시 나타나더니 그중 일본인 1명이 독도에 상륙, 여기저기 돌아다니며 우리나라 영토 표시가 되어 있는 곳들을 카메라로 촬영했다. 닷새 전 비행기로 기총을 소사한 바위의 영토 표식과 태극기가 어떻게 되었는지 확인해보기 위한 것이었다. 그 일본인은 사진을 다 찍고 내려오다 고기를 잡으러 그곳에 와 있던 하재천이라는 한국 어부를 만나자 당황했던지 갖고 있던 일제 담배 '히카리' 2갑과 간장 병 하나를 선물로 주고 돌아갔다.[42]

내무장관의 보고를 받은 이승만 대통령은 화가 머리끝까지 났다. 그래서 그곳에 경찰을 주둔시키는 방안을 강구해보라는 명을 내렸던 것 같다. 백한성 내무장관은 외신 기자와의 회견에서 독도에 해양경찰이 주둔하게 될 것이며, 그들이 기거할 영구 시설물이 독도에 설치될 것이라고 말했다. 이미 부산 해안경찰대에서는 진상 조사차 경비정을 독도에 급파한 상황이었다.

이를 UP통신이 보도하자 일본 정부는 한국이 독도를 영구 점령하

---

⁴¹ '브리그스 주한미대사가 국무부에 보낸 1954년 6월 5일자 전문(Telegram from the American Ambassador in Korea, Ellis O. Briggs to the State Department on June 5, 1954)'.
⁴² "일련의 독도 사건, 내무부서 경위 발표", 「동아일보」, 1954년 6월 11일.

게 되면 상황이 달라진다면서 사실 여부를 주일미대사관에 긴급 문의했고, 주일미대사관은 UP통신의 보도 내용이 사실인지를 다시 주한미대사관에 문의했다. 이에 엘리스 O. 브리그스 주한미대사는 부산 주재 해군 무관에게 UP통신 기사의 사실 여부를 확인할 수 있는 정보를 신중히 입수해 알려달라고 요청했다. 결과적으로 통신 기사는 사실인 것으로 보고되었다.

그러자 갑자기 일본의 참의원 의원단이 독도 시찰을 하겠다고 나섰다. 눈으로 사실 여부를 확인해보겠다는 뜻이었다. 이승만은 강력히 대처하라고 지시했다. 이에 법무 · 외무 · 내무 3부에서는 7월 23일 긴급 합동 연석회의를 갖는 등 부산하게 움직였고, 치안국장은 독도 경비를 강화하라는 명령을 해경에 내린 뒤 "만일 일본 참의원 의원단이 독도에 상륙할 때는 의법 처단하겠다"고 언명했다.[43]

긴장의 파고는 점점 높아져 갔다.

---

43 "독도 경비 강화를 명령", 「동아일보」, 1954년 7월 25일.

 독도의 진실

독도와 국제사법재판소

밴 플리트 보고서

1954년 8월 10일, 300여 명의 해병을 투입하여 건설한 독도 등대의 점등식이 거행되었다. 이어 한국 정부는 8월 20일 해도에 표시하라며 독도의 등대 완공 사실을 주한미대사관에 통고했다.

미국 측은 등대를 점등한 날짜에 주목했다. 즉 1951년 8월 10일자 '러스크 서한'의 수령 3주년이 되는 날짜를 택해 등대를 점등한 것은 한국 정부가 미국에 메시지를 전하고자 함이 아니었나 의심을 가진 것이다. 그럴 만한 배경이 있었다. 그에 앞서 제임스 밴 플리트 미국 특사가 이승만 대통령을 방문해 "미국은 이 섬을 일본 영토라 생각하지만 논쟁에 끼어드는 것은 피해왔습니다. 우리 입장은 이 문제를 국제사법재판소에 회부하는 것이 마땅하다는 것입니다"[1]라고 독도 문제에 대한 미국의 입장을 전달했기 때문이다.

이승만은 뒤통수를 한 대 얻어맞는 기분이었을 것이다. 왜냐하면

이 말을 전한 밴 플리트 특사는 한국전쟁 기간 중 그와 가까이 지낸 주한미사령관이었기 때문이다. 독도 문제를 둘러싸고 한일 간의 긴장이 높아지자 아이젠하워 대통령은 웨스트포인트 사관학교 동기인 밴 플리트를 극동 지역 특사로 파견했었다.

독도 문제에 대해 밴 플리트가 전한 말은 결국 미 국무부의 종래의 견해였고, 이 견해는 1951년 8월 10일 양유찬 주미대사가 받았던 '러스크 서한'의 내용과 같은 것이었다.

그러나 이승만은 이에 움츠러들지 않았다. 그는 미국의 입장에 대한 유감의 뜻을 8월 10일 독도 등대 점등식을 통해 간접으로 표시한 셈이었다.

독도의 등대 설치를 알게 된 일본 정부는 이를 심각한 사태로 받아들이고 사실 확인을 위해 8월 23일 해상보안청 소속의 초계정(隱岐丸)을 독도 앞바다로 급파했다. 자료에는 이때 독도 앞바다에 출현한 초계정을 향해 홍순칠의 독도의용수비대가 발포했다고 기록되어 있다. 이에 일본 외무성은 한국 정부에 강력 항의했다.

미 국무부도 주한미대사관에 전문을 보내 한국 정부의 무력 사용은 지지하지 않으며 이를 유감으로 생각한다는 뜻을 전하라는 지령을 보냈다. 그에 따라 브리그 대사는 미 국무부의 뜻을 경무대[2]에 전했다.

그러나 이승만은 조금도 개의치 않았다. 외교 문제가 되었는데도 "이승만 대통령은 콧방귀를 뀌며 오히려 '애국 청년들이 정말 장한 일

---

[1] 제임스 밴 플리트, '1954년 4월 26일-8월 7일 밴 플리트 극동 사절단의 보고서(Report of Van Fleet mission to the Far East, 26 April-7 August, 1954 by James Van Fleet)'.
[2] 경무대(景武臺): 청와대를 지칭하는 1공 시대의 이름.

 독도의 진실

을 했다'고 치하하고 훈장까지 줬다"[3]고 한 회상기는 전한다. 침범했으니 총질을 당할 만하다는 것이었다.

이에 일본 방위성 고위 관계자는 자위대를 독도에 상륙시킬 수도 있다고 발언했다. 그러자 김장흥(金長興) 치안국장은 9월 11일 "한국 경찰은 여하한 사태에도 대비할 준비를 갖추었으며 만일의 경우에는 국방부와 협의하여 침략 근성을 버리지 못한 일본의 불법 처사에 대처할 것이라고 독도 경비에 대한 확고한 태도를 천명했다. 그런데 독도에는 이미 경비 초소가 설치되어 ○○명의 무장 경찰대가 배치되어 있다"라고 말했다.[4]

이 기사에서 독도에 이미 배치되어 있다고 한 "○○명의 무장 경찰대"란 해양경찰 5명과 홍순칠의 독도의용수비대 33명을 가리킨 것으로 보인다. 사태는 점점 확대되어가고 있었다. 이만하면 눈에 띄는 분쟁이 되었다고 판단했던지 일본 정부는 마침내 준비해둔 카드를 꺼냈다.

한국의 거부

그 카드는 바로 주일한국대표부에 보낸 1954년 9월 25일자 구술서였다. 요지는 한국이 일본의 고유 영토인 독도를 불법점거하고 일본 순찰선에 총격을 가하는 등 국제법에 저촉되는 영토 분쟁을 야기했으

---

3 김시열, "고(故) 홍순칠 독도수비대장을 그리며", 「매일신문」, 2005년 4월 12일.
4 "독도 경비에 만전", 「동아일보」, 1954년 9월 11일.

므로 이 문제를 국제사법재판소에서 가려보자는 것이었다.

주일 대표부는 이 구술서를 변영태 외무장관에게 보고했고, 변영태는 이를 다시 이승만에게 보고했다.

"고유 영토라고?"

이승만은 콧방귀를 뀌었다.

자기 땅이라면서 그 땅을 자기 영토로 편입했다는 것은 자기 땅이 아니었다는 자기모순적인 이야기이지만, 그런 자잘한 논리 전개 이전에 이미 프린스턴 대학교에서 「미국의 영향을 받은 중립」이라는 논문으로 학위를 받았을 만큼 국제법에 정통한 그의 눈으로 보자면 국제사회란 법의 지배와 거리가 먼 단순한 국가들의 집적(集積)에 지나지 않았다. 따라서 국제사회의 재판이라는 것도 정의의 개념이라기보다는 힘의 논리에 입각해 있다는 것을 그는 너무나 잘 알고 있었다. 게다가 워싱턴 정가에서 오랫동안 국제 정치의 감각까지 익힌 그의 입에서는 대번에 그 결론이 나왔다.

"응하지 않으면 그뿐이야."

변영태 외무장관은 이 지침에 따라 답변서를 작성하도록 관계 부서에 지시했다.

한편 일본 외무성은 세계 여론에 호소하기 위해 도쿄에 있는 모든 외국 공관에 국제 재판 제안서를 보냈다. 그리고 주일한국대표부에 구술서를 전달한 지 이틀 뒤인 9월 27일 외무성 고위 관리를 미국 대사관에 보내 일본의 제안에 대해 어떤 반응을 보이는지 알아보게 했다. 또 한국이 그 제안을 받아들이도록 미국이 설득할 수는 없는지도 물어보게 했다. 결국 중재를 바란다는 이야기였다.

미국 국무부는 골치가 아팠다.

그렇지 않아도 7월 말 이승만이 워싱턴을 방문했을 때 독도 문제를 설득해보려 했지만 오히려 미 국무부는 이승만으로부터 "당신네는 일본 편만 들고 한국은 어째서 차별하는 거요?"라는 핀잔만 들어야 했다. 그는 강경했다. 미국 국무부의 입장에서도 상대하기가 버거운 존재였다.

지난날 반공포로 석방 때도 그랬고, 한미상호방위조약을 위한 협상을 벌일 때도 그랬다. 하도 애를 먹어 아이젠하워 대통령까지 그를 너무도 "마음에 들지 않는 동맹자(an unsatisfactory ally)"라고 일기에 적었을 정도다.

이 때문에 미 국무부는 이승만과 가까운 대만의 장제스 총통에게 중재를 부탁하려고 대만 주재 미 대사관에 전문을 보냈다.

"미국이 일본을 편들고 한국을 차별한다는 이승만의 감정적인 확신과 미일 협력에 대해 전반적으로 우호적이지 않은 한국의 태도에 비추어볼 때, 미국이 한국에 대해 영향력을 행사하려고 하면 오히려 역효과만 날 것이라고 미 국무부는 생각한다. 미 국무부는 (자유)중국의 중재가 가장 효과적일 것으로 간주하고 있다."[5]

과거 일본에 피해를 입은 공감대를 갖고 있기는 하지만 장제스나 대만 정부가 이승만을 설득하는 데 성공했던 것 같지는 않다.

왜냐하면 한국 정부는 10월 28일 일본 정부에 보낸 구술서에서 "분

---

[5] '주한미대사관의 독도 기록("Liancourt Rocks" from the Seoul Embassy Records)', File 322, Record Group 84, NARA.

쟁을 국제사법재판소에 회부하려는 일본 정부의 제안은 사법적인 위장으로 거짓 주장을 하려는 또 하나의 기도에 지나지 않는다"며 일본의 제안을 단호히 거절했기 때문이다.

그러자 일본 정부는 다음 수순을 밟았다.

시볼드의 충고

그것이 독도 문제의 유엔안보리 회부였다. 이를 위해서는 안보리 상임이사국인 미국의 협조가 절대적으로 필요했다. 이에 일본 외무성은 주미일본대사관의 다나카 일등서기관과 마스오카 삼등서기관을 미 국무부로 보냈다.

다나카 일등서기관은 11월 16일 저녁, 미 국무부 관계자들과 회동한 자리에서 한국 정부가 국제사법재판소에 맡기자는 일본 측 제안을 거부했다면서 이 문제를 유엔안보리에 회부하고 싶은데 미국이 도와줄 수 있는지 물었다. 안보리가 결정하면 이 문제를 국제사법재판소로 가져갈 수 있으리라는 판단 때문이었다.

미 국무부 동북아과의 윌리엄 제임스는 비록 공식 견해는 내놓을 수 없지만 자신이 생각하기에 일본의 제안은 심적으로는 만족감을 얻을 수 있을지 모르나 실익은 별로 없고 나아가 한일 관계만 크게 악화시킬 뿐이라고 말했다. 실무자의 견해는 그리 긍정적이지 않았다.

---

6 '1954년 10월 28일자 아측(我側) 구술서', 「왕복 외교 문서」, 『독도 관계 자료집』 1, 외무부, 1977.

  독도의 진실

다음 날 시마(島重信) 특명전권공사가 미 국무부 극동 담당 차관보 월리엄 시볼드와 미 국무부 일본과장 R. B. 핀을 만났다. 이 가운데 시볼드는 1949년 독도를 한국 영토에서 떼어내는 데 결정적인 역할을 하여 일본 정부가 가장 신뢰하는 미국 관리 중의 한 사람이었다.

시마 공사는 미국의 의견을 비공식적으로 알아보기 위해 그 자리를 만들었다면서, 만일 미국이 반대한다면 일본은 독도 문제를 안보리에 회부하지 않을 것이라고 말했다. 그렇지만 미일합동위원회에서 독도를 폭격 연습지로 지정하고 해제한 것은 미국이 독도에 대한 일본의 주장을 인정해주었던 것이 아니냐고 물었다. 그러자 시볼드는 이렇게 답변했다.

"최근 한미 관계가 개선되어 한미상호방위조약이 11월 17일 발효됩니다. 따라서 시간은 좀 걸리겠지만 앞으로 한일 관계도 개선되겠지요."

시볼드는 화제를 슬쩍 돌려 한미상호방위조약의 중요성을 언급했다.

"한일 관계가 개선된다니 어떻게 말입니까? 미국이 중재에 나서주겠다는 말씀인가요?"

"개인적으로는 두 나라가 스스로 어려움을 타개하는 것을 보고 싶습니다. 미국도 두 나라의 협상이 원활하게 진행될 수 있도록 도울 겁니다."

시볼드의 발언 내용은 과거와 달라져 있었다. 이 무렵 미국은 일본 지지를 철회하고 독도에 어떤 식으로든 개입하는 것을 중단한다는 입장이었기 때문이다. 이 같은 방침은 그해 7월 말 이승만이 워싱턴을 방문했을 때 "미국은 왜 일본만 편들고 한국은 차별하는가?" 하고 '감정적인 반응'을 보임에 따라 재정립되었던 것으로 보인다.

고집불통의 한국 지도자를 더 화나게 만들었다가는 한일 관계는 고사하고 한미 관계마저 틀어질 수 있고, 이렇게 한미일 3국 관계가 흐트러지면 동북아의 대공 전략이 제대로 작동되지 않는다는 군사적 판단이 미국의 일본 지지를 철회하게 만들었던 것이다.

이날 시볼드는 일본이 기대한 답을 주지 않았다. 주고 싶어도 줄 수가 없었던 것이다. 오히려 그는 일본이 원하는 안보리 회부는 바람직하지 않다고 지적했다.

그 이유는 안보리는 양국의 노력이 소진된 뒤라야 독도 문제를 다루고 싶어 할 것이고, 설령 안보리가 어떤 결정을 내리게 되더라도 한국 정부가 국제사법재판소로 가는 데 합의할 공산은 크지 않기 때문이라고 말했다.

따라서 사태를 그냥 방치함으로써 일본이 권리를 손해 보지 않도록 하는 일이 중요하다면서 그렇게 하기 위해서는 한국 정부에 정기적으로 각서를 보내고 공식 성명을 발표하도록 해야 한다고 충고했다.[7]

국제 변호사이기도 한 시볼드의 이 충고는 시마 공사를 통해 일본 외무성에 전달되었고, 이후 독도 문제에 대한 저들의 대처 매뉴얼이 되었다. 일본 정부가 해마다 때마다 독도 문제에 대해 항의 구술서를 마치 정기 우편물처럼 한국 정부에 보내온 것은 이 같은 시볼드의 충고에 따라 작성된 매뉴얼을 충실히 따른 결과였다. 언젠가 국제사법

---

[7] '대화 비망록-독도(Memorandum of Conversation: Liancourt Rocks)', Nov. 17, 1954, USDOS 1954c. NARA/694.95B/11-1754CSBM.

 독도의 진실

재판소에 갈 경우를 대비하여 자료라도 착실히 챙겨두자는 것이었다.

일본이 더 이상 도발하지 않음에 따라 독도 문제는 소강상태로 들어갔다. 독도 문제가 다시 쟁점으로 부각된 것은 정권에 변동이 있고 나서였다. 4·19혁명이 일어났고 다시 5·16쿠데타가 일어났다.

장면 시대의 독도

일본 외상의 방한

일본의 한 고위 관리는 이승만이 취했던 대일정책은 '모일정책(侮日
政策)'이었다고 회고했다.[1] '일본을 업신여기는 정책'이었다는 뜻이다.

미국에서 교육받아 일본에 대한 우월감 같은 것을 가졌던 이승만은
일본인의 약점이 영어라는 것을 잘 알고 있었다. 그래서 한일회담의
수석대표는 시카고 대학교 출신의 갈홍기, 그리고 어릴 때 미국에 건
너가 영어가 모국어 같았던 보스턴 의과대학교 출신의 양유찬을 투입
시켜 회의장을 영어로 확 휘어잡도록 했고, 주일 대표부의 역대 공사
들도 미국 출신의 정한경을 시작으로 케임브리지 대학교 출신의 정환
범, 남가주 대학교 출신의 신흥우, 런던 항해대학교 출신의 신성모 등
을 투입함으로써 영어가 능통하지 못한 일본 관리들을 주눅 들게 만

---

1 고사카 젠타로(小坂善太郎), 『의원 외교 40년(議員外交40年)』, 日本經濟新聞社, 東京, 1994.

드는 전략을 구사했다.

이 가운데 김용주와 김용식은 영미 출신이 아니지만 영어를 잘했던 것으로 알려져 있고, 김용식의 후임으로 임명한 김유택에 대해서는 "자네가 일본어를 잘하는 줄 알지만 결코 일본어를 쓰지 말고 영어를 사용하도록 해"라고 따로 당부할 정도였다. 그래서 일본에 부임해서는 아예 일본말을 모르는 사람처럼 행세했는데, 하루는 요리집에 갔다가 술이 취하는 바람에 깜빡 잊고 옆에 앉은 마담에게 일본말을 했고, 이것이 일본 신문에 가십 기사로 보도되는 바람에 김유택은 질책을 듣게 될까 봐 전전긍긍했었다는 일화가 있다.[2]

이승만 시대에 한일회담은 모두 네 차례 열렸지만 성과는 없었다. "일본인은 간교하다"는 말을 자주 하던 그는 일본을 신뢰하지 않았다. 이승만의 이 유명한 반일주의는 일본 중심의 동아시아정책을 펴온 미국의 골칫거리이기도 했다.

이에 반해 4·19혁명에 의해 탄생한 2공은 일본에 대해 우호적이었다. 이미 허정 과도정부에서부터 "친선사절단을 이끌고 방한해줄 것"을 이케다(池田勇人) 일본 수상에게 요청한 일이 있었을 정도로 우호적인 태도를 보였던 것이다.[3]

이런 점을 느꼈던지 고사카(小坂善太郎) 일본 외상은 1960년 8월 13일 윤보선이 대통령에 취임하자 바로 그날 신 정부 수립 경축사절단을 한국에 파견하겠다고 발표했다.[4] 그에 대해 내각을 담당할 예정이었던 민

---

2 김유택, 『회상 65년』, 합동통신사, 1977.
3 정일형, 「왜 박 정권의 한일회담을 반대했나」, 『신동아』, 1984년 10월호.
4 「아사히신문(朝日新聞)」, 1960年 8月 14日.

주당 신파의 반응은 당초 "너무 이르다"는 것이었다.[5]

장면 내각은 8월 23일에 성립했는데, 일본이 사실상 사죄사절단을 파견한다는 말을 간접으로 전해들은 2공 외무장관 정일형은 바로 취임 다음 날 해결의 실마리를 찾기 위해 "먼저 수상 또는 외무장관끼리의 회담을 여는 쪽이 좋다고 생각한다"[6]며 일본 측 제안을 받아들였다.

그러자 전 언론과 일부 국민들은 "반일감정을 삭이지 못한 채 경축사절단의 입국조차 반대했고, 이 제의를 받아들인 장면 내각을 '친일내각'이라고 혹독하게 비판했다."[7]

그러나 방한 문제는 정부 차원에서 급진전되어 그해 9월 6일 고사카 외상이 일본 고위 관리로서는 해방 후 처음으로 한국을 방문하게 되었다.

원점으로 돌아간 합의 사항

김포공항에서부터 입국 반대 데모대가 보이더니 숙소인 반도호텔 앞에 도착했을 때는 "36년간의 죄과를 사과하라"는 등의 플래카드를 든 데모대가 일대 소란을 피웠다.[8]

이를 목격한 일본 기자단은 사태를 비관적으로 보았다.

---

5 「아사히신문(朝日新聞)」, 1960年 8月 15日.
6 「아사히신문(朝日新聞)」, 1960年 8月 25日.
7 정헌주, 「민주당 정부는 과연 무능했는가」, 『신동아』, 1985년 5월호.
8 「동아일보」, 1960년 9월 7일.

　독도의 진실

그래서 "도쿄에서부터 동행한 기자 한 사람이 '비가 부슬부슬 내리는 애처로운 방한이었다'는 예정 기사를 써놓고 왔다고 했는데, 청명한 가을 날씨에 대환영을 받았다. 장면 총리는 회담에서 '잘 오셨습니다. 우리나라는 지금 가난해서 귀국의 호의에 보답할 수단이 없지만 이승만 라인을 넘어와 나포된 어선과 어민을 전원 석방시켜드리지요'라고 하더니 그날로 실행해주었다."[9]

이처럼 2공이 일본에 호의적인 태도를 보인 배경에 대해 제5차 한일회담 수석대표였던 유진오는 "경제 건설을 위해서도 일본의 자본이나 기술을 도입할 필요가 있다고 느끼고 있었기 때문"이라고 회고했다.

경제 제일주의를 표방한 장면 정권에서는 향후 입안되는 '경제개발 5개년 계획'을 실행하는 데 필요한 재원 조달의 방법으로 두 가지를 생각하고 있었는데, 하나는 10만 감군안이었고, 다른 하나는 한일 국교 정상화를 통한 대일 청구권 자금의 확보였다. 당시 장면은 대일 청구권 금액으로 10억 달러를 제시했고, 고사카 측에서는 6억 달러를 제시하여 그 절충점인 8억 달러 선이 성립되려 했었다고 한다.[10]

고사카 외상을 비롯하여 그를 수행하고 온 가쓰마다 외무차관, 이세키 아시아국장, 마에다 동북아과장 등 한국 담당 관리들은 한국 측 카운터파트와 충분한 대화를 나눈 뒤 귀국했다. 이를 두고 크리스천 A. 허터 미 국무장관은 "고사카 일본 외상의 한국 방문은 우리의 강력

---

9 고사카 젠타로, 앞의 책.
10 김경래, 「대일 청구권의 문제점」, 『국회보』, 1964.

한 맹방인 한일 양국 간의 다년간의 의견 대립을 해소하기 위해 극히 중요한 제1단계였다"[11]고 높이 평가했다.

이어 9월 12일에 열린 미일 외상회담에서 가장 중요한 안건은 한일 간의 화해 문제였다면서 이 자리에는 현안 문제를 조언하기 위해 매카나기 주한미대사도 참석했다고 AP통신이 보도했다. 이날 회담을 마치고 나온 고사카 일본 외상은 한일 관계가 "해빙기에 들어갔다"고 말했는데,[12] 이는 한일 국교 정상화에 대한 한미일 3국의 의견 조율이 끝났다는 뜻이었다.

이후 한일 교섭이 순조롭게 진행되어 그해 12월 25일에는 한일 국교 정상화를 위한 제5차 예비회담이 개최되었다. 유진오를 수석대표로 하는 한국 대표단은 재산 청구권 · 평화선 · 어업 등 4개 분과위를 구성하여 협상에 임했다. 약간의 우여곡절이 있었지만 회담은 순조롭게 진행되었다.

1961년 5월 8일에는 자민당 의원 8명이 방한하여 장면 총리를 만났다. 한일 정상회담의 일정을 잡기 위해서였다. 이에 장면 총리는 7월 중순 도미했다가 귀국하는 길에 도쿄에 들러 이케다 수상과 만나는 것으로 합의를 보았다.

이와 함께 한국 측은 재산 청구권 · 평화선 · 경제 협조 등 현안 문제를 일본 의원단과 타결했다고 당시 언론들이 보도했는데, 눈여겨 볼 대목은 "일본은 대공 방위상 평화선을 인정하고, 한국은 잠정적인

---

11 「동아일보」, 1960년 9월 10일.
12 「동아일보」, 1960년 9월 13일.

 독도의 진실

어로협정 체결에 동의했다"[13]는 구절이다.

8억 달러의 청구권 자금을 받는 대가로 어로협정은 체결해주되 평화선은 그대로 유지한다는 것인데, 보다 중요한 대목은 일본 측이 독도 문제를 따로 제기하여 애를 먹이지 않았다는 점이다. 이와 같은 조건에서 한일 국교 정상화는 그해 10월경 체결될 예정이었다.

그러나 4일 뒤 군사쿠데타가 일어남으로써 모든 것이 물거품이 되고 말았다.

---

13 「동아일보」, 1961년 5월 12일.

박정희 시대의 독도

군사쿠데타

한국의 쿠데타 소식에 가장 놀란 것은 고사카 외상이었다. 한일 국교 정상화에 진력해오던 그로서는 향후 대책을 위해서라도 바다 건너 정변을 수수방관하고 있을 수만은 없었다. 그에 앞서 한국의 상황이 궁금해서 죽을 지경이었다. 그래서 백방으로 정보를 수집했다.

"주일미대사관을 비롯한 동경의 외교가를 다 동원하다시피 했지만 5·16의 정치적 성격과 그 주역들의 사상적 배경이 무엇인지를 잘 알 수가 없었다. 그러는 동안 뜬소문을 들었다. 5·16의 주역은 처음엔 매우 반공적인 장도영 중장인 줄 알았는데 그는 표면에 내세운 허수아비에 불과하고 그 배후에는 한때 공산주의자였던 박정희(朴正熙) 소장이 있다는 그런 소문이었다."[1]

---

[1] 이도형, 『흑막 한일 교섭 비화』, 조선일보사, 1987.

고사카는 외무성의 지휘·감독하에 있는 방위청 장관(江崎眞澄)을 불러 박정희에 대해 급히 알아보도록 지시했다. 방위청 장관이 이틀이나 걸려 찾아낸 인물은 박정희의 일본 육사 동창인 오이(押井和久) 3등육좌[2]였다. 그에게 박정희에 대한 정보를 수집·보고하도록 지시했다.

이렇게 해서 오이 육좌가 접촉한 인물은 한국인 최서면(崔書勉)이었고, 그를 통해 제한적인 정보를 입수한 그는 5월 19일 고사카 외상을 찾아갔다. 그는 오이 육좌를 보자 대뜸 "박정희는 공산주의자냐 아니냐?"부터 물었다고 한다.[3]

오이 육좌가 제공하는 제한적인 정보에 만족해야 했던 고사카는 그로부터 사흘 뒤 한국의 김홍일 외무장관이 "일본과의 국교 정상화를 위한 노력에는 변함이 없으며 우리가 성의를 표시하고 일본도 성의를 표시하면 잘될 것"[4]이라고 말했다는 외신 보도를 보고 조금 놀랐다.

2공 때는 자기 쪽에서 적극적이었는데, 이번에는 5·16 세력 쪽에서 적극적인 모습을 보였기 때문이다. 오이 육좌의 보고로 박정희가 공산주의자는 아닌 듯하다는 이야기를 듣고 어느 정도 안심하고 있던 그는 다음 날 자기는 한국의 혁명 정부를 '합법' 정부로 생각한다고 발언하여 쿠데타 세력에 대한 호감을 간접으로 표시해두었다.[5]

그러자 박정희가 전면에 나섰다. 즉, 그는 6월 1일 열린 외국 기자

---

[2] 3등육좌(三等陸佐): 일본 자위대의 계급으로 한국의 육군 소령에 해당한다.
[3] 이도형, 앞의 책.
[4] 「경향신문」, 1961년 5월 23일.
[5] 「동아일보」, 1961년 5월 25일.

초대 파티 석상에 나타나 "옛날 일은 없었던 일로 흘려버리고 국교를 정상화하는 것이 현명하다고 생각한다"[6]고 일본 측에 노골적인 프러포즈를 던졌던 것이다.

그리고 7월 4일에는 최덕신을 단장으로 하는 친선사절단을 일본에 파견하여 이케다 수상에게 자신의 친서를 전달케 했다. 이 친서에서 박정희는 한일회담의 재개를 요청했다.[7]

그러자 일본 쪽에서 마에다(前田利一) 북동아시아과장을 특사로 한국에 파견했다. 인천에서 태어나 경성중학과 경성제대를 졸업한 마에다는 약 2주간 서울에 머물며 여러 사람들을 만나고 돌아가 고사카 외상과 일본 정계의 원로인 요시다 전 수상에게 "회담을 재개하기에는 지금이 호기인 듯싶습니다. 이승만 시절과 달리 주체 세력은 반일적이지 않습니다"라고 보고했다.

이런 과정을 거쳐 그해 10월 20일, 제6차 한일회담이 도쿄에서 다시 열리게 되었다. 일본 측 수석대표는 실업가 출신의 스기(杉道助)였고, 한국 측 수석대표는 전 한국은행 총재 배의환(裵義煥)이었다.

당시 한국 측의 최대 관심사는 청구권 자금의 확보였고, 일본 측의 최대 관심사는 어업권의 확대였다. 협상은 청구권 자금 문제부터 걸렸다. 일본 측은 1억 달러 미만을 생각하고 있었고, 한국 측은 장면 정권 때의 잠정 타결선이었던 8억 달러를 생각하고 있었다.

실무자 선에서 이 문제를 해결하자면 부지하세월일 터였다. 작전

---

6 「아사히신문(朝日新聞)」, 1961年 6月 2日.
7 「아사히신문(朝日新聞)」, 1961年 7月 6日.

　　　　　　　　　　　　　　　　독도의 진실

개념에 익숙한 군 출신의 박정희는 공식 창구 외에 비공식 채널을 강구했다.

만찬회장의 박수

그것이 바로 중앙정보부장 김종필(金鍾泌)의 일본 극비 방문이었다. 김종필 특사는 당년 36세의 젊은이였지만 박정희의 신임을 받던 제2인자였다.

10월 24일 일본에 도착한 그는 일본의 정계 원로들을 두루 만났다. 그 가운데 이케다 수상을 만나서는 "박 의장을 초대하여 정치 회담을 열면 어떨까요?"라는 제안을 내놓았다.

그렇지 않아도 바다 건너에서 군사쿠데타를 일으킨 박정희란 인물에 대해 궁금증을 갖고 있던 이케다는 즉석에서 이 제안을 받아들이고 "기왕이면 박 의장이 미국에 가는 길에 들르시도록 합시다. 국빈으로 대접하겠소"라고 역으로 제안했다.

11월 2일 이케다의 명을 받은 스기 수석대표가 한국으로 날아왔다. 그리고 다음 날 박정희 의장을 방문하여 국빈으로 초청하고 싶다는 이케다 수상의 친서를 전달했다.

이에 화답하여 박정희는 11월 5일 평화선을 침범해 억류되어 있던 일본인 선원 전원을 석방시킴으로써[8] 자신의 방일에 앞서 양국의 우호 분위기를 조성하는 치밀함을 보였다.

---

[8] 외무성(外務省), 『우리 외교의 근황(わが外交の近況)』 第六号, 東京, 1962年 6月.

마침내 박정희는 11월 11일 KNA[9] 4발 전세기를 타고 김포공항을 떠나 일본으로 향했다. 3시간 55분 만에 하네다 공항에 도착하자 "이케다 수상과 그 밖의 각료들이 출영하였고 5,000여 명의 교포들이 만세를 부르며 공항 출영대에서 태극기를 흔들며 환영하였다."[10]

당시 '라이방'이라 불리던 검은 색안경을 쓴 작은 키의 박정희는 이날 저녁 키가 훤칠한 이케다 수상 주최의 환영 만찬회에 참석해 "지금까지 없었던 밝은 분위기 속에서 한일회담이 열리고 있습니다. 한일 관계의 새로운 출발을 맞아 과거의 일을 이러쿵저러쿵하기보다는 장래의 친선을 도모하기 위해 전력을 다하고 싶습니다"[11]라는 요지의 말을 했다.

만찬회에 모인 일본인들은 박정희가 과거의 일을 이러쿵저러쿵 원망하지 않겠다고 말한 대목에 감명을 받았다고 한다.

이날 만찬회에는 나구모(南雲親一郎) 예비역 중장이 참석해 있었는데, 박정희는 자기가 졸업한 만주국 육군군관학교의 교장이기도 했던 그를 보자 깍듯이 인사하며 반겼다.

그러자 나구모가 일어서서 박정희에게 고개를 숙여 보인 뒤 "내 제자 가운데서 일국의 최고 지도자가 나온 것에 대해 눈물이 날 정도의 영광을 느낍니다. …… 나는 해준 기억도 별로 없는데 교장이었다는 것만으로 박 장군은 그동안 내게 때때로 인삼을 보내주어 보시다시피

---

[9] KNA: 대한국민항공(Korean National Airlines). 신용욱이 1948년에 세워 1962년에 문을 닫은 한국 최초의 민영 항공사.

[10] 「경향신문」, 1961년 11월 12일.

[11] 「아사히신문(朝日新聞)」, 1961年 11月 12日.

　　　　　　　　　　　　　　　　　　　독도의 진실

이렇게 건강합니다" 하고 말했다.

그러자 박정희가 "교장 선생의 지도와 추천 덕택에 육군사관학교를 나와 여기까지 왔습니다" 하고 술을 따랐다.

이에 이케다가 "나라는 다르지만 스승의 은혜를 안다는 것은 우리 동양의 미덕 아니겠습니까? 박정희 의장에게 경의를 표하는 바입니다"라고 말하며 손뼉을 치자 만찬회의 참석자 전원이 따라서 박수를 쳤다.

이날 나구모 예비역 중장이 만찬회장에 이례적으로 참석한 것은 일본 측이 박정희에게 위압을 주기 위해 마련한 계교였다고 해석한 책도 있고,[12] 오히려 박정희 쪽에서 사제지간의 아름다운 재회 장면을 연출해 정에 약한 일본인의 경계심을 풀게 하기 위한 포석이었다고 해석한 책도 있다.[13]

어느 것이 진실이든 참석자들은 '라이방'을 쓴 차가운 이미지의 박정희에 대해 친근감을 느끼게 되었다. 술이 들어가자 처음에는 자제하던 박정희의 입에서 일본말도 한두 마디씩 새어 나오기 시작했다고 한다.

박정희-이케다 회담

그날 밤 시로가네(白金)영빈관에서 하룻밤을 보낸 박정희는 다음 날

---

12 이도형, 앞의 책.
13 노 다니엘, 『독도밀약』, 김철훈 옮김, 한울, 2011.

아침 수상 관저를 방문했다. 거기서 화기애애한 분위기 속에 이케다와 정상회담을 가졌다. 이날 두 사람은 청구권 문제의 처리 방식에 관해 다음과 같이 합의했다.

① 대일 청구권은 배상적인 것이 아닐 것.
② 청구권 문제는 사무적으로 자료에 의해 계산할 것.
③ 청구권을 엄밀히 적용하는 대신 한국의 경제개발 5개년 계획에 따른 경제 협력을 한국 측에 극히 유리한 조건으로 제공할 것.

이승만 시대에는 '청구권 자금'이 아닌 '배상금'이라는 용어를 사용해 일본 측은 전승국도 아닌 한국이 그 용어를 사용한다며 거세게 반발했었다. 이 점에서 일본은 일단 명분을 얻은 셈이었고, 한국은 실리를 챙긴 듯했지만 "사무적으로 자료에 의해 계산한다"는 단서 때문에 실질 액수는 제한될 우려가 있었다.

회담을 끝낸 뒤 박정희는 기자들의 질문에 "대단히 만족스럽게 생각하고 있다. 어떤 점이 그러냐 하면 1시간 20분의 회담을 통해 이케다 총리가 한일 문제의 해결에 성의를 갖고 임했다는 것, 그리고 열심히 노력하려고 마음먹고 있다는 것을 알았기 때문이다"[14]라고 말했고, 이케다 수상도 측근 관리들에게 "박 의장은 무서운 사람같이 보였으나 정작 회담을 해보니 좋은 사람임을 발견했다"[15]며 회담이 만족스러

---

14 「박 의장 기자회견 요지(朴議長記者會見要旨)」, 1961年 11月 12日, 『한일 교섭 관련 외교 자료(日韓交涉關連外交資料)』. 김두승(金斗昇), 『이케다 하야토 정권의 대외정책과 한일 교섭(池田勇人政權の對外政策と日韓交涉)』, 明石書店, 東京, 2008에서 재인용.

독도의 진실

윘다는 뜻을 표했다.

이날 오찬에는 기시(岸信介) 전 수상이 박정희를 아카사카의 요정 가즈오(賀壽老)로 초대했다. 이 자리에는 당대 일본의 거물 정치인들이 거의 다 참석했다.

"박정희는 이들과 대면한 자리에서 식사가 시작되기 전 먼저 이들에게 일본식으로 큰절을 했다. 두 무릎을 꿇고 두 손바닥을 다다미에 댄 채 …… 입을 열었다. '잘 부탁합니다. 저에게는 젊다는 것 외에 별다른 자산이 없습니다. 아무것도 모르는 저를 잘 지도편달해주시기 바랍니다.' 유창한 일본말로 깍듯이 인사하는 박정희였다."[16]

그는 통치 철학을 묻는 좌중의 질문에 다시 자세를 바로잡고 대답했다.

"저는 정치인으로서의 경험도 없고 경제에 대해서는 더더욱 아는 바가 없습니다. 그러나 황폐한 조국을 재건하려는 의욕만은 왕성합니다. 마치 일본의 명치유신을 성공시킨 젊은 지사들 같은 그런 의욕과 사명감을 갖고 우리는 가난한 나라를 부강한 나라로 만들어가려는 것입니다. 여러분의 협조가 긴요합니다. 이 자리를 빌려 여러분의 도움을 청합니다."[17]

마음 문을 열기 위한 박정희의 솔직하고도 겸손한 태도는 좌중의 일본 정치인들을 감복시켰다. 기시도 "대단히 겸허한 점이 있는 것이 인상적이었다"고 회고록에 적었을 정도다.[18] 그러나 일국의 최고 지도

---

15 「경향신문」, 1961년 11월 13일.
16 이도형, 앞의 책.
17 이도형, 앞의 책.

자 신분으로서는 너무 저자세가 아니었느냐는 비판도 있었다.

오찬이 끝난 뒤 기자들의 물음에 기시는 "한일회담이 금년 내에 끝나기는 어려울지 모르나 내년 3월 또는 4월까지는 끝날 것으로 생각된다"고 정상회담이 매우 순조로웠음을 간접으로 표현했다.

그러나 "박 의장이 이승만 라인(평화선) 문제에는 큰 관심을 갖고 있지 않다는 인상을 받았다"[19]고 덧붙임으로써 정상회담에서는 평화선 문제나 독도 문제는 다루어지지 않았음을 시사했다.

회담 직후 가진 기자회견에서 박정희 자신도 "일본 정부가 청구권 문제에 대해 한국민이 납득할 수 있을 정도의 성의를 보이면 한국 정부로서도 이승만 라인 문제를 상당히 신축성을 가지고 해결할 용의가 있다"[20]고 대답했다.

다루어지지 않은 것은 비단 독도 문제만이 아니었다. 당시 박정희를 밀착 취재했던 한 특파원은 이번 수뇌회담의 불안한 면은 청구권 자금의 '액수'가 언급되지 않은 점이라고 보도했는데,[21] 이는 박정희가 답례로 만찬회를 베푼 뒤 그날 밤 10시 노스웨스트 항공기를 타고 워싱턴으로 떠난 뒤에도 해결되지 않은 숙제로 남게 되었다.

---

18 기시 노부스케(岸信介), 『기시 노부스케 회고록: 보수 합동과 안보 개정(岸信介回顧錄: 保守合同と安保改定)』, 廣濟堂出版, 東京, 1983.
19 「경향신문」, 1961년 11월 13일.
20 "박 의장 기자회견 요지(朴議長記者會見要旨)", 1961年 11月 12日, 『한일 교섭 관련 외교 자료(日韓交涉關連外交資料)』.
21 「경향신문」, 1961년 11월 13일.

일본 실무진의 협상 카드

당시 일본 외무성이 생각하던 청구권 액수는 7,000만 달러 미만이었고, 한국 측이 생각하던 청구권 액수는 2공 이래의 8억 달러 선이었다.

일본 측의 협상 방식은 상부에서 큰 원칙을 합의해주어도 그 원칙을 적용하는 실무선에서는 "이건 어떻습니까?" 하고 깐깐히 물고 늘어진다는 것이었다. 이를 위해 그들은 한국을 압박하는 데 사용할 여러 가지 전략을 마련해놓고 있었다. 이것은 메이지유신 이래 수많은 국제조약을 맺으며 쌓아온 그들 나름의 노하우이기도 했다.

첫 번째 카드는 "청구권 문제는 자료에 의해 계산한다"는 정상회담의 합의 조항이었다. 일본 실무진은 보상의 기준이 되는 자료를 요청했고, 자료가 빈곤한 한국 측에서는 그 요구에 쩔쩔매는 형국이었다.

두 번째 카드는 해방되면서 일본인이 한국에 남겨두고 온 재산을 고려할 때 청구권 금액을 한국 측이 더 낮추어야 하고 용어도 청구권 대신 '독립 축하금'이나 '경제 협력금'을 사용하자는 것이었다.

세 번째 카드는 청구권 문제는 북위 38도선 이남만의 문제로서 북한의 청구권은 제외한다는 카드로, 한국 측이 요구하는 청구권 액수를 대폭 낮춘다는 복안이었다.

그리고 마지막 카드가 독도 문제였다. 일본 외무성은 주일 대표부에 구술서를 보내 "다케시마(독도)는 역사적 사실과 국제법에 비추어 의심할 여지없이 일본 영토의 일부"이므로 한국 정부가 그 섬에 설치한 "등대, 건물, 국기 게양대, 무선 시설 및 기타 물체들을 제거해야 한

다"고 주장했다.[22]

이에 한국 정부는 "독도는 역사적 사실과 국제법에 비추어 한국의 고유 영토"이므로 시설물을 제거하라는 요구는 "내정간섭"이라고 받아쳤다.[23]

이 시점까지만 해도 한국 측은 한일회담과 독도 문제는 별개의 문제라고 생각하고 있었다. 다만 청구권에 대한 양측의 견해 차이가 너무 크므로 한일 수석대표는 "실무적 절충은 한계에 달했으므로 정치적 절충을 조속히 진행시킨다"는 데 합의했지만 진전은 이루어지지 않았다.

1961년 말 배의환 수석대표는 상황을 보고하기 위해 귀국했고, 박정희는 그에게 "5억 달러 선을 지키라"는 새로운 가이드라인을 주었다. 종래의 8억 달러에서 3억 달러가 내려간 금액이었다.

배의환은 1962년 1월 13일 새 방침을 가지고 다시 도일했다. 한일회담은 16일부터 속개하기로 되어 있었다. 그런데 그달 말 중의원에 출석한 이케다 수상이 갑자기 독도의 일본 영유권을 주장하고 나섰다.

이 발언이 보도되자 외무부 당국자는 "일본 의회의 질의 답변 가운데 나온 말이므로 크게 주목할 가치가 없다"고 일소에 붙였으나, 이번에는 고사카 외상이 중의원 예산위원회에 출석하여 "일본은 제3국의 판단에 의거하거나 국제사법재판소에 제소하여 독도 문제를 해결하

---

22 '1961년 12월 25일자 일측구술서'(No.375/ASN), 『독도 관계 자료집-왕복 외교 문서』 1, 외무부, 1977.
23 '1961년 12월 27일자 아측구술서'(No.PKM-80), 『독도 관계 자료집-왕복 외교 문서』 1, 외무부, 1977.

　　　　　　　독도의 진실

기를 원하고 있다"고 말했다.[24]

잇단 독도 발언에 외무부는 당황했다.

최덕신 외무장관은 "크게 유감스러운 일"이라면서 일본은 그 같은 망상적 주장을 버림으로써 "한일 간의 우의와 신의 및 더 나아가서 동북아 평화와 안전에 공헌하기를 바란다"고 덧붙였다.[25] 외무부는 이 정도에서 문제가 가라앉기를 바랐다. 그러나 일본 측은 여기서 그치지 않았다. 그들은 독도 문제가 한국의 아킬레스건임을 잘 알고 있었다.

"고사카 외상은 20일 한일 국교 정상화를 확립하기 위한 조건으로 독도 문제를 국제사법재판소에서 해결할 것을 일본이 원하고 있다고 시사했다. 일본 정부가 독도 문제에 대해 한국에 강력한 태도를 취한 것은 이번이 처음이다."[26]

이번에는 일본이 독도 문제를 한일회담에 연계시켰다. 영토 문제는 본능 같은 것이다. 한국 측은 발끈했고, 회담은 교착상태에 빠졌다.

독도의 폭파

이 문제를 해결하기 위해 다시 나선 것이 김종필이었다.

그 무렵 동남아를 순방 중이던 김종필은 도쿄에 도착, 배의환 수석 대표를 만나 상황을 들었다. 그 후 2월 21일 이케다 수상을 만나 "난제를 풀기 위해 서울에서 고위 정치 회담을 갖도록 하면 어떻겠습니

---

24 「동아일보」, 1962년 1월 30일.
25 "최 외무, 일(日)의 독도 영유권 반발", 「동아일보」, 1962년 1월 31일(석간).
26 "독도 문제, 국제재판에 제소", 「동아일보」, 1962년 2월 22일.

까?"라고 제안했다.

이케다는 이 제안을 받아들였다. 그 시기와 방법은 한일회담 수석 대표들에게 일임하기로 했다. 김종필은 다음 날 고사카 외상을 만나 서울 초청을 제안했다.

"정통한 일본 정계 소식통들은 22일 …… 서울에서의 정치 회담이 독도 문제도 반드시 취급해야 한다는 의견이 일본 지도자들과 당국에서 일어나고 있다고 말했다. 그런데 일본 외무성은 한국으로 하여금 독도 문제를 국제재판소에 제기하는 데 동의하게 해야 한다고 주장하고 있는 것으로 알려진 바 있다."[27]

한일 수석대표들이 정한 일정에 따라 양국 외무장관 회담이 3월 12일 도쿄에서 열렸다. 다행히 독도 문제는 정식 의제로 채택되지 않았다.

회담을 마치고 나온 최덕신 외무장관은 기자들에게 "회담은 매우 우호적인 분위기 속에서 진행되었다"고 말했다.

그러나 회담을 밀착 취재한 한 특파원은 "고사카 외상이 '대일 재산권의 법적 근거를 재검토하자'고 주장해 한국 측의 격분을 샀다고 하는데, 특히 재산권이 38선 이남 분(分)에 한한다고 고사카 외상이 말했을 때 최 외무는 이를 맹렬히 논박, 여기서 양 대표 사이에 큰 언쟁이 벌어졌다고 한다"[28]고 보도했다.

초장부터 삐걱대던 고위 정치 회담은 결국 실패로 끝났다. 게다가 일본 측은 참의원 선거와 자민당 총재 선거 등 경황이 없다는 핑계로

---

27 "김 정보부장, 고사카 일 외상과 회담", 「경향신문」, 1962년 2월 23일.
28 "최-고사카, 일대언쟁(一大言爭)", 「경향신문」, 1962년 3월 13일.

한일회담마저 중단시켰다.

외무장관 회담에서 의제로 채택되지는 않았으나 독도 카드는 사라진 것이 아니었다. 요코다(橫田喜三郎) 최고재판소 장관[29]이 "독도의 영유권 문제를 둘러싼 한국과의 분쟁이 국제재판소에 넘어가면 일본이 승리할 것은 9할 9분까지 확실하다고 평가했다"[30]는 보도는 독도 문제가 여전히 저들의 카드로 간주되고 있었음을 말해준다.

중단되었던 한일 예비회담은 8월 21일 재개되었다. 청구권 금액을 둘러싼 양측의 주장이 팽팽히 맞선 가운데 이번에는 이케다 수상이 청구권 명목이 아닌 '무상 원조' 및 '장기 저리 차관'으로 문제를 해결하는 것이 일본의 기본 방침이라고 천명하는 바람에 회담은 다시 교착상태에 빠졌다.

그런 가운데 9월 3일 열린 제4차 예비회담에서 일본 외무성의 이세키(伊關佑二郎) 아시아국장은 "청구권 문제가 해결 가능한 단계로 접어들면 여러 가지 문제가 논의될 것입니다. 독도에 관한 문제도 그때 논의하게 됩니다"라고 느닷없이 독도 문제를 꺼냈다.

그러자 최영택 참사관이 "독도 문제를 왜 또 꺼내는 겁니까? 고노 이치로[31] 씨는 독도는 '국교가 정상화되면 서로 가지라고 해도 갖지 않을 정도의 섬'이라고 재미있는 표현을 하셨습니다. 왜 또 그 문제를 언급하는 겁니까?"라고 반문했다.

---

29 최고재판소(最高裁判所) 장관(長官): 한국의 대법원장에 해당한다.
30 「아사히신문(朝日新聞)」, 1962年 5月 14日.
31 고노 이치로(河野一郎): 자민당의 실력자로 당시 건설장관이었다.

이세키: 실제로 다케시마는 생각보다 가치가 없는 섬입니다. 히비야 공원 정도의 크기로 폭파시켜 없애버리면 문제가 해결되겠지요.

최영택: 회담에서 이 문제를 제기할 생각입니까?

이세키: 그렇습니다. 국제사법재판소에 제소해 문제를 해결하지 않으면 안 된다는 입장입니다.[32]

한일회담과 별개의 안건으로 간주하던 독도 문제를 다시 의제에 포함시키겠다는 의도였다. 의제도 일정도 모두 저들의 페이스대로 끌고 나갔다. 한국 측은 왜 수세에 몰렸던 것일까?

김종필-오히라 회담

가장 큰 원인은 군사정권의 조급함이었다. 1공이나 2공 때는 일본이 타결을 서둘렀다. 그러나 5·16 이후로는 한국 측에서 타결을 서두르는 모습을 보였는데, 이것이 실책이었다.

약점을 간파한 일본은 시간을 끄는 방식으로 애를 먹였다. 그럴 때마다 한국 측은 더 초조감을 드러냈다. 게다가 회담장의 언어마저 일본어로 바뀌었다.

일본의 한 유력지는 "시종 일본어로 진행되고 있는 것은 과거의 회담에 비추어보면 획기적인 일"[33]이라고 평가했지만, 회담을 영어로 진행하던 이승만 시대와 비교해보면 군사정권의 한일회담은 확실히 정

---

32 이도성, 『실록 박정희와 한일회담』, 한송, 1995.

독도의 진실

신적인 면에서도 일본에게 주도권을 빼앗긴 측면이 있었다.

타결이 보다 절실한 쪽은 한국이었기 때문이다. 경제개발 5개년 계획을 추진할 재원을 마련하기 위해서는 몸을 굽혀도 어쩔 수 없다는 판단이었을 것이다.

이에 다시 해결사로 나선 김종필은 10월 20일 오히라(大平正芳) 신임 외상과 단독 회담을 가졌다.

"김종필 부장은 입을 열자마자 '우리나라의 방위는 일본의 방패가 되어 있습니다'라고 말했다고 한다. 평화 헌법에 의해 일본이 한정적인 방위력밖에 갖고 있지 않은 점을 은근히 지적하고 한국이 그 역할을 떠맡고 있기 때문에 그만큼 대일 청구액의 증액을 인정해도 좋지 않은가 주장하기 위한 포석이었다."[34]

이날 김종필과 오히라의 회담은 이렇게 진행되었다.

김: 확정된 금액을 말씀해주시지요.

오: 대체로 3억 달러 정도입니다.

김: 지불 기간은 어느 정도로 생각하시나요?

오: 연간 2,500만 달러씩 12년간입니다.

김: 그 기준은 어떻게 산출한 건가요?

오: 일본은 태평양전쟁 때 피해를 준 필리핀·인도네시아·베트남·태국·버마 등의 배상금을 매년 지불해왔지요. 그 가운데 가장

---

33 「아사히신문(朝日新聞)」, 1962年 9月 5日.

34 오히라 마사요시 회상록간행회(大平正芳回想錄刊行會), 『오히라 마사요시 회상록(大平正芳回想錄)』, 鹿島出版會, 東京, 1983.

많은 금액을 지불하는 나라는 필리핀인데, 그 금액이 2,500만 달러입니다.

김: 먼저 3억 달러 선은 한국으로서는 도저히 응할 수 있는 금액이 아닙니다. 또 필리핀의 지불 방식을 따를 필요는 없습니다. 필리핀과 한국의 경우는 근본적으로 성질이 다르지요. 다음에 12년이라는 기간도 너무 깁니다. 그 반절 이하의 기간을 희망합니다. 마지막으로 우리의 요구액은 6억 달러입니다.[35]

양측의 주장이 평행선을 달리자 오히라는 평화선 카드를 꺼내 "이승만 라인 자체가 일본 영해에 그어져 있으니 이것부터 철폐해야 한다"면서 압박을 가해왔다.

그러자 김종필은 "현재 한국은 휴전 상태에 있습니다. 그런 만큼 평화선 자체는 국방선(國防線)으로 그대로 두고 어로에 관해서만 공정한 협정을 맺어 타결하는 것이 옳지 않을까요?" 하고 부드럽게 돌려쳤다.[36]

이는 "일본은 대공 방위상 평화선을 인정하고, 한국은 잠정적인 어로 협정 체결에 동의한다"는 2공 때의 협상 결과를 순발력 있게 응용한 대응이었다.

오히라는 마지막 카드를 꺼냈다.

"독도 문제는 사회당이 정부에 대한 공격 재료로 계속 들고 나오는 어려운 문제이기 때문에 국제사법재판소에 제소하는 것에 응해주기

---

35 '김종필 부장·오히라 외상 회담 내용 보고'(1962. 10. 21), 대한민국 정부, 『김종필 특사 일본 방문 1962. 10~11』. 金斗昇(김두승), 앞의 책에서 재인용.
36 "김 부장, 오늘 이케다 수상과 회담", 「동아일보」, 1962년 10월 22일.

 독도의 진실

를 바랍니다."

이에 김종필은 응소할 생각이 없다면서 "국교 정상화 후 독도의 귀속 문제를 토의할 때 시간을 가지고 신중히 검토해볼 생각"이라고 응수했다.[37]

그로서는 청구권 금액도 타결되지 않은 마당에 독도 문제까지 나오니 골치가 아팠을 것이다. 이틀 뒤 김종필은 이케다 수상과 회담을 가졌는데, 이 자리에서도 독도 이야기가 나왔다. 이케다 수상은 "평화선과 독도 문제는 현안 문제와 일괄 해결하고 싶다"[38]는 뜻을 피력했다.

방미 일정에 쫓겨 그날 밤 9시 노스웨스트 항공기를 타고 미국으로 떠나는 김종필의 마음은 무겁기만 했다.

김-오히라 메모

미국 방문을 마치고 귀로에 다시 도쿄에 들른 김종필은 "청구권 금액 총 6억 달러, 지불 기간 6년 이내"라는 박정희의 긴급 훈령을 숙지한 뒤 11월 12일 오히라 외상과 2차 회담에 임했다.

일련의 대화가 오가자 오히라는 "이쯤해서 눈 딱 감고 모든 과거를 버리고 미래의 전망에 서지 않겠소? 만일 그 같은 기분이 되어 있다면 …… 상당액의 유상·무상 경제 협력을 해서 귀국의 미래 전진을 도와드리도록 하겠소"[39]라고 말했다.

---

37 「도쿄신문(東京新聞)」, 1962年 10月 22日.
38 「경향신문」, 1962년 10월 23일.

이 제안에 김종필이 어떻게 대꾸했는지는 기록되지 않았다. 다만 오히라는 "이러한 나의 제안에 대해 김종필 씨는 산 같은 용단을 가지고 원칙적으로 응낙했습니다. 나는 김종필이라는 분은 위대한 정치가라고 생각했습니다"[40]라고 기록했다.

한편 김종필은 당시를 이렇게 회고했다.

"'무상 공여 3억 달러, 유상 원조 3억 달러, 자금 협력 1억 플러스알파'를 제안하자 오히라는 40분 정도 생각한 끝에 '좋겠지요' 하더니 장관용 메모지를 두 장 꺼내 거기다 합의 사항을 써넣었다. 이것이 훗날 '김-오히라 메모'라고 불리는 것이 되었다."[41]

이 메모 내용은 수석대표였던 배의환의 회고록에 의해 1991년 처음으로 세상에 공개되었고, 「동아일보」에 의해 1992년 그 메모의 사진과 관련 기사가 보도되었다.

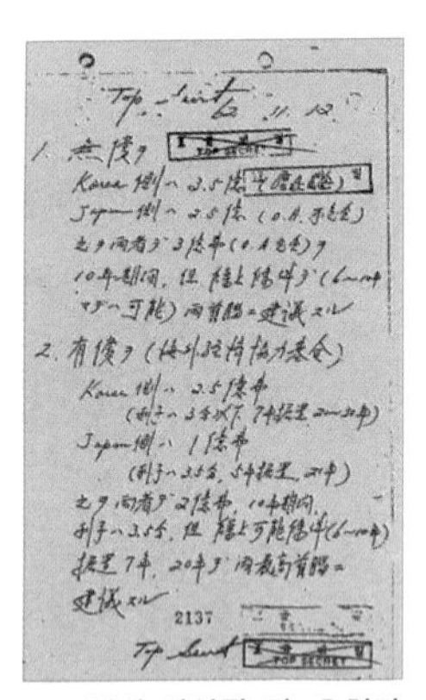

1962년에 작성된 김-오히라 메모.

"메모에는 청구권이라 쓰이지 않은 것이 특징이다. 김동조에 의하면 첫 번째 메모에는 '한국이 주장하는 청구권에 대하여 합의하고'라는 구절이 들어 있었다. 그러나 오히라가 '일본 국회와 국민이 그렇게 하면 이해하지 못할 것이다. 경제 협력으로 하면 어떤가?'라고 말하자 김종필이 '우리에게는 우리 나름의 입장이 있으니 청구권으로 하겠다. 그 대신 귀국은 경제 협력이라는 표현을 사용

---

39 오히라 마사요시(大平正芳), 『춘풍추우(春風秋雨)』, 鹿島研究所出版會, 1966.
40 오히라 마사요시, 위의 책.
41 「아사히신문(朝日新聞)」, 1988年 8月 18日.

　　　　　　　　　　　　　　　　　　　　　독도의 진실

하고 싶으면 그렇게 하시라'고 응했다고 한다."[42]

비록 동상이몽이기는 했지만 김종필은 두 나라의 평행선을 하나로 모으는 데는 일단 성공했다. "문제는 평행선을 어느 쪽에서 구부렸느냐에 있다. 호양의 정신으로 서로 조금씩 구부린 끝에 맞닿게 한 것은 아니었다. 그것은 아무리 공정하게 따져봐도 한국 측이 원칙을 굽히고 노선을 구부려 일본 측에 맞춘 것이었다."[43]

독도 문제도 그랬다. 이날 오히라가 독도 문제를 끄집어낼 때 김종필은 회담 전에 숙지한 박정희의 훈령부터 떠올렸다.

"일본 측에서 독도 문제를 다시 제기하는 경우에는 동 문제가 한일 문제의 현안 문제가 아님을 지적하는 동시, 일 측이 이 문제를 제기하는 것은 한국민에게 일본의 대한 침략에 대한 경과를 상기시킴으로써 회담의 분위기를 경화시킬 우려가 있음을 지적할 것."[44]

그 훈령을 상기하며 김종필이 말했다.

"독도 문제는 한일회담의 현안 문제가 아니고 한국민의 감정을 경화시킬 뿐입니다."

오히라가 물었다.

"이 문제의 해결이 중요한데, 다른 해결책은 없겠소?"

"제3국의 조정에 맡겨보면 어떻겠습니까?"

그러자 오히라가 아연 반색했다.

---

42 다카사키 소지(高崎宗司), 『검증 한일 교섭(檢證日朝交涉)』, 平凡社, 東京, 2004.
43 이도형, 앞의 책.
44 비밀 해제 '외무부 공문 관리 번호 1503, 1962, 11.8자' (수신: 중앙정보부장). 나홍주, 『역대 정부의 독도정책 고찰』에서 재인용.

"고려해볼 가치가 있는 방안이오. 미국을 염두에 두고 연구해보 겠소."[45]

제3국 조정안은 국제사법재판소에 회부되는 것을 일단 피하면서 독도 문제를 미해결 상태로 유지하기 위한 하나의 방편이었다고 한 다. 그러나 이 '순발력 있는 기지'는 한국 땅인 독도를 제3국이 조정해 야 할 남의 땅 내지는 분쟁 지역으로 만들고, 협상의 현안 문제가 아 니어야 함에도 양국이 처리해야 할 향후 가장 주요한 현안으로 만들 어버리는 우를 범했다.

오히라로서는 꽃놀이패였다. 그래서 이틀 뒤에는 중의원 외교위 원회에 출석하여 김종필의 제3국 조정안을 세상에 널리 알렸던 것이 다.[46] 그러나 미국을 조정자로 하는 제3국 조정안은 법적 구속력이 없 기 때문에 당사국의 불만이 있으면 조정이 되지 않는다는 판단 아래, 이 아이디어를 기초로 양 당사국과 제3국이 참가하는 '국제중재위원 회'의 설치를 구상하고 있다고 기자들에게 흘렸다.[47]

성공 여부는 아무래도 좋았다. 일단 독도 문제를 시끄럽게 만들어 독도를 분쟁 지역화하는 것이 저들의 일차 목표였던 것이다. 이 점에 서 김종필이 둔 돌은 패착이었다.

다음 날 아침 귀국 길에 오르기 위해 하네다 공항에 나온 김종필은 한국 기자들의 질문에 답하다가 "독도에서 금이 나오는 것도 아니고

---

45 『한국 정부 공개 문서』(분류번호 724.41.JA); 노 다니엘, 앞의 책. 가독성을 위해 원문을 대화식 으로 처리함.
46 "제3국 통해 조정, 독도 문제에 일 외상 언급", 「동아일보」, 1962년 11월 15일.
47 *Japan Times*, 1962년 11월 26일.

     독도의 진실

갈매기 똥도 없으니 폭파해버리자고 말한 일이 있다"고 농을 했다. 일본 외무성의 이세키 아시아국장이 처음 꺼낸 독도 폭파설을 전해 듣고 한 말이었는데, 이 농담으로 인해 김종필은 한동안 망언의 진원지로 오해를 받게 되었다.

그러나 독도는 그렇게 간단히 폭파할 수 있는 섬도 아니었다. 바다 밑에는 해저에서 용암이 솟구쳐 나와 생성된 엄청난 규모의 화산성 해산(海山)이 세상을 구경하고 싶어 수면 위로 고개를 내밀었는데, 바로 그 '빙산의 일각' 같은 해산의 코끝이 독도였기 때문이다.

선반 위에 올려놓은 독도

제2의 이완용

1963년은 선거의 해였다.

1월 1일자 신문에는 "정치 활동 재개"라는 헤드라인이 1면 톱을 장식했다. "총재 박정희, 간사장 김종필, 사무총장 김동환"이 그 부제였다.

오히라와의 밀약으로 일본의 돈줄을 확약받은 김종필은 "그 돈줄을 밑천으로 하여 민주공화당이라는 정당을 사전 조직하고 있었다. 그리하여 세간에서는 공화당이 공산당 비슷한 정당이라는 소문이 파다하게 나돌았고, 보수적인 재야세력과 일부 혁명 주체 세력은 김종필을 불순시하기까지 했다. 그러한 범국민적 압력은 결국 공화당 창당 준비위원장이던 김종필을 국외로 몰아내게 하는 거센 바람으로 화했다."[1]

---

1 이도형, 『흑막 한일 교섭 비화』, 조선일보사, 1987.

그 이유의 하나는 정치 자금을 마련하기 위해 4대 의혹 사건[2]의 몸통이라 지목되던 김종필 혼자 정국을 쥐고 흔드는 바람에 혁명 주체 세력들 간에 균열 현상이 나타났기 때문이고, 다른 하나는 김종필 한 사람의 손에서 놀아난 한일 관계에 대한 국민적 불만이 컸기 때문이다.

1963년 2월 20일 당직을 사퇴한 김종필은 닷새 후 저 유명한 '자의 반 타의 반' 외유를 떠났는데, 민주공화당은 그가 떠난 바로 다음 날 창당식을 가졌다. 형식상 정구영이 총재가 되었지만 공화당은 박정희를 대통령으로 만들기 위해 창당된 정당이었다.

이후 정국은 대선 체제로 들어갔고, 김-오히라 메모의 당사자인 김종필이 외유를 떠난 상태라 한일회담은 진전을 기대할 수 없는 상황이 되었다.

그해 10월 15일 치러진 대선에서 공화당의 박정희 후보가 야당의 윤보선 후보를 누르고 제5대 대통령에 당선되었다. 그러자 8개월 동안 미국 등지에 머물고 있던 김종필이 귀국해 6대 총선에 출마하여 당선되었고, 이어 박정희에 의해 12월 2일 공화당 의장에 지명되었다. 정계로 복귀한 김종필은 한일 문제에 다시 개입하기 시작했다.

"김종필 공화당 의장은 경축사절로 내한한 오오노(大野伴睦) 일본 자민당 부총재와 19일 밤 시내 모처에서 만나고 한일 국교 정상화를 위한 한일회담을 성공적으로 이끌 수 있는 방안에 관하여 장시간 협의했다."[3]

---

2 워커힐·새나라자동차·증권파동·빠찡꼬 사건.
3 "어제 김종필-오오노 회담서 합의", 「동아일보」, 1963년 12월 20일.

이때 방한한 오오노는 박정희와의 회담에서 1964년 초 한일 정치 회담을 갖자는 데 합의했고, 이어 "독도 문제를 국제사법재판소에 제소하는 데 한국이 응해줄 것을 한국 지도자들에게 희망하였다고 하며, 이에 대해 박정희 대통령은 독도 문제는 뒤로 미루자고 강력히 오오노 씨의 제의를 물리쳤다고 한다."[4]

다시 한일 문제가 박정희-김종필 두 사람의 손에서만 움직이는 것이 불만이었던 야당들은 국회가 개원되자 맹공을 퍼붓기 시작했다.

우선 삼민회[5]의 대변인 김대중(金大中)은 이완용이 되더라도 한일회담을 성공시키겠다고 말한 "김종필 씨는 제2의 이완용이 되어선 안 된다"[6]고 질타했고, 민정당 대변인 김영삼(金泳三)은 "오오노 자민당 부총재가 박 대통령과의 사이를 부자지간 같다고 말한 것은 정부의 저자세 외교의 결과에서 나온 것이 아니냐?"[7]고 따졌다.

그러나 이제 선거의 계절은 끝났다. 제3공화국의 수장이 된 박정희와 그의 오른팔 김종필의 각오는 새로웠다.

6·3사태

1964년 1월 29일 러스크 미 국무장관이 방한, 박정희 대통령을 비롯한 정부 고위 당국자들을 만나 한일회담의 조속 타결을 촉구하고

---

4 「동아일보」, 1963년 12월 20일, 앞의 기사.
5 삼민회(三民會): 야당이었던 민주당, 자유민주당, 국민의당이 1963년 12월 8일 원내 교섭단체를 만들기 위해 구성한 일종의 우산 정당(Umbrella Party).
6 「동아일보」, 1963년 12월 21일.
7 「동아일보」, 1963년 12월 26일.

돌아갔다.

이에 힘을 얻은 정부는 조기 타결의 방침을 세웠다. 그러자 모든 야당이 반발하여 '대일저자세외교반대 범국민투쟁위원회'를 결성하고 장외투쟁과 전국 순회 유세에 돌입했다.

이런 상태에서 일본에 가 있던 김종필이 3월 23일 오히라 외상과 '4월 초 외상 회담-4월 하순 협정 초안-5월 초 조인'의 일정을 합의 보았다는 뉴스가 보도되자, 다음 날 서울대 · 고대 · 연대생 5,000여 명이 거리로 뛰쳐나왔고, 25일에는 부산 · 대구 · 전주로, 26일에는 광주 · 이리 · 대전으로 반대 시위가 확대되어갔다.

이에 박정희 대통령은 특별담화를 발표하고 "대학생들의 우국충정은 이해하나" 한일회담은 기정 방침대로 밀고 나가겠다고 천명했다. 그러자 27일에는 반대 시위가 전국 13개 도시로 번져나갔고, 여기에 일부 중고생들까지 합세하기 시작했다.

사태가 급박하게 돌아가자 박정희는 김종필의 급거 귀국을 지시했다. 그러자 이번에는 500여 명의 고교생이 김포공항에 몰려나가 "굴욕 외교 반대"를 외치며 김종필을 만나겠다고 시위를 벌였다.

정권이 붕괴할 가능성이 있다는 미 대사관의 평가가 나올 정도로 학생 시위가 격렬해지자 박정희도 위기감을 느꼈다. 4·19를 목격한 그였다. 사태를 진정시키기 위해 그는 3월 30일 서울 시내 11개 종합 대학의 학생 대표들을 청와대로 초청해 2시간 반 동안 면담하고 학생들의 규탄 질문에 일일이 답변했다.

"박 대통령과 면담을 마친 학생 대표들 중 구자신(고대) 군은 '박 대통령은 국민들의 의혹을 사고 있는 김-오히라 메모를 31일이라도 외무부에 오면 학생 대표들에게 공개하겠다'고 약속했다고 전했다.”[8]

이 약속에 따라 다음 날 시내 38개 대학 학생 대표 57명이 중앙청 제2회의실로 몰려갔다. 정부는 이날 김종필-오히라의 청구권에 관한 합의 메모 내용을 비공식으로 밝혔다.

그러자 일본 외무성은 “사전에 아무 연락도 없이” 이른바 ‘김-오히라 메모’를 공개했다는 보도에 대해 “이해할 수 없는 일”이라고 불만의 뜻을 표했다.

한편 당사자의 한 사람인 오히라 외상은 중의원 외무위에 출석해 박 대통령이 한국 대학생 대표들에게 공개했다는 김-오히라 메모의 내용이 무엇인지는 모르겠으나 “아마 그동안의 교섭 경과를 설명한 것이 아닌가 생각한다”고 말했다. 그러면서 “한일 두 정부 간에 구속력을 갖는 문서를 교환한 것은 아직 없다”고 잘라 말했다.[9]

일본 쪽에서 불만이 쏟아져 나오자 외무부 대변인은 “일부 언론에서 김-오히라 메모 자체가 공개된 것같이 보도한 것은 사실과 다르다”며 “외무부는 그 자리에서 내용만 알려주었을 뿐”이라고 해명했다.

메모의 내용은 공개되었지만 모든 내용이 공개되지 않음으로 해서 의혹은 더 커졌고 학생들의 움직임도 더 커졌다. 그러나 박정희도 물러서지 않았다. 그는 김종필의 측면 외교에 브레이크가 걸리자 5월 11일 한일회담 타결을 위한 정일권의 세칭 ‘돌격 내각’을 출범시켰다.

이 무렵부터 학생 시위는 점차 반정부 성격을 띠기 시작했다. 마침

---

8 「동아일보」, 1964년 3월 31일.
9 「동아일보」, 1964년 4월 1일.

     독도의 진실

내 5월 20일 서울대학교 문리대 교정에서는 군사정권이 표방한 "민족적 민주주의"의 장례식을 거행하고 "5월 군부쿠데타는 4월의 민족 · 민주 이념에 대한 정면 도전이었으며 노골적인 대중 탄압의 시작이었다"고 성토했다.

이어 "시체여! 너는 오래전에 이미 죽었다. 죽어서 썩어가고 있다. 넋 없는 시체여! 반민족적 비민주적 민족적 민주주의여!"로 시작되는 장엄한 조사를 낭독한 뒤 학생들은 검은 관을 메고 거리로 나섰다.

이것이 신호탄이었다.

고교생들까지 거리로 나왔다. 그 가운데서도 경기고등학교 재학생들이 들고 나온 "이것이 민족적 민주주의이더냐?"라는 플래카드는 세인에게 큰 충격을 주었다. 이렇게 불붙기 시작한 학생 시위는 6월 3일 그 절정에 이르렀다. 거리를 가득 메운 1만여 명의 시위대는 "박 정권 물러나라"라는 구호를 외치며 광화문까지 진출, 파출소에 불을 지르는 등 격렬한 시위를 벌였다.

그날 밤 8시를 기해 서울시 일원에 비상계엄령이 선포되었다.

2개의 채널

시위를 주동한 민주인사 및 학생 384명이 구속된 이 6·3사태 이후 거리는 바짝 얼어붙었다. 계엄 사령부는 각급 학교 무기휴교, 언론 사전 검열, 집회시위 금지 조치, 통행금지시간 연장 등을 실시했다.

학생 시위의 빌미가 된 김종필은 사태에 대한 책임을 지고 당 의장직을 사퇴한 뒤 다시 외유 길에 올랐다. 이를 보고 이케다 일본 수상은 앞으로 한일회담은 막후교섭보다는 공식 채널을 활용하겠다고 참의원에서 말했다.

그 약속을 지키기 위함이었는지 그는 7월 18일 제3차 개조 내각을 출범시키면서 김종필의 카운터파트였던 오히라를 경질하고 시이나 에쓰사부로(椎名悅三郎)를 신임 외상에 기용했다. 시이나는 관방장관과 통상장관 등을 거친 당년 67세의 노련한 정치가였다.

한국 정부로서도 그에 맞먹는 경륜을 갖춘 인물이 필요했다. 당시 외무장관은 김용식이었다. 그러나 중앙정보부장 김형욱은 한일회담 대표를 역임한 직업 외교관 김용식이 "눈치만 살피고 책임 있는 일을 떠맡으려 하지 않는다"며 국무총리인 정일권에게 외무장관을 겸임하게 하도록 박 대통령에게 건의했다. 하지만 외무장관을 겸임하게 된 정일권도 꾀만 부리고 적극성을 보이지 않는다는 평가를 받았다.

그래서 제1차 한일회담 수석대표였던 양유찬을 기용해보려 했으나 본인이 사양했다. 당시 한일회담을 타결하자면 '제2의 이완용' 소리를 들을 각오가 되어 있어야 했기 때문이다.[10]

여기서 박정희는 역발상을 했다. 상대가 노정객이니 그에 대한 대항마는 차라리 젊고 배짱이 두둑한 젊은이로 하면 어떨까? 그의 머릿속에는 국가재건최고회의 의장 비서실장을 하다가 태국 대사로 나가 있는 39세의 이동원(李東元)이 떠올랐다. 옥스퍼드 대학교 정치학 박사 출신의 이동원이 방콕에서 즉시 소환되었다.

"박정희는 그를 보자마자 '한일회담을 이 이상 계속하면 정권의 존

---

[10] 이도형, 앞의 책.

립 자체가 위태롭다'면서 '하지만 지금 국교 정상화를 못 하면 조국 근대화가 어려워진다'고 말했다. 그리고 이동원에게 '어떻게 했으면 좋겠느냐'고 의견을 물었다."

"이동원은 서슴없이 '하셔야 합니다. 국민의 반발이 있어도 국가 발전을 위해서는 좌고우면하지 말고 밀고 나가야 합니다. 국민은 호랑이 같은 겁니다. 대통령은 호랑이 등에 탄 기수 같은 입장입니다. 망설이시면 호랑이한테 희생당하십니다. 하십시오'라며 격려하듯 대답했다. 박정희는 그래도 못 미더웠는지 한참 침묵한 끝에 '알았소. 그대가 외무장관을 맡아 한일회담을 한번 성사시켜보라'고 했다."[11]

박정희는 7월 25일 이동원을 외무장관에 임명하고, 다시 10월 6일에는 김동조를 주일대사에 임명했다. 이들 공식 채널에게 박정희가 제시한 협상 전략은 "선 국교, 후 현안"이었다. 그 후 한일 협상은 급속히 진전되기 시작했다.

문제는 독도였다.

국교 정상화의 발목을 잡고 있는 독도 문제를 해결하기 위해서는 별도의 채널이 필요했다. 그래서 박정희는 김종필의 친형인 김종락(金鍾珞)을 밀사로 기용했다.[12] 일본 대학 경제학과 출신으로 당시 한일은행 상무로 있던 김종락의 막후교섭 상대는 일본 자민당의 실력자 고노(河野一郎)였다. 건설장관 재임 중 도쿄올림픽을 성공적으로 치러냄으로써 차기 총리설이 나돌기도 했던 그는 김종락을 처음 만난 1964년 11월

---

11 이상 2개 인용문은 이도형, 앞의 책.
12 노 다니엘, 「한일협정 5개월 전 '독도 밀약' 있었다」, 『월간중앙』, 2007년 4월호.

하순경에는 사토(佐藤榮作) 내각의 무임소 장관 신분이었다.

김종락은 고노 장관에게 정일권 국무총리의 친서를 전달했다.

독도 밀약

그 친서에는 김종락이 박정희 대통령의 밀사라는 점이 소개되어 있었다. 게다가 얼마 전까지만 해도 일본 정계의 노정치가들을 상대로 대담한 협상을 벌이던 "문학 청년풍의 청년 달변가" 김종필이 그의 친동생이라는 점, 그리고 김종락의 부인 나카도가와(中戶川早苗)가 고노와 동향인 가나가와현[13] 출신이라는 점 등이 신뢰의 끈이 되었다.

고노도 국교 정상화를 위한 한일 교섭이 막바지에 와 있다는 것과 그 걸림돌이 독도 문제임을 잘 알았다. 때문에 한국 대통령의 밀사로 온 김종락과 자신의 비서 우노(宇野宗佑)와 함께 머리를 맞대고 독도 문제를 해결하기 위한 방안을 짜내기 시작했다.[14]

하지만 독도 문제에 대한 박정희의 지침은 이미 1962년 김종필-오히라 회담 때 "독도 문제는 한일 문제의 현안 문제가 아니다"라는 훈령에 반영되어 있었고, 이동원-김동조의 공식 라인에 훈령한 "선 국교, 후 현안"의 협상 전략에도 나타나 있었듯이, 국교 정상화를 할 때까지 독도 문제는 선반 위에 올려놓자(棚上げ: 보류)는 것이었다.

이 지침을 발전시켜 독도 문제는 "해결하지 않는 것으로써 해결했

---

13 가나가와현(神奈川縣): 도쿄와 요코하마의 서남쪽 부근에 위치한 현.
14 노 다니엘, 『독도 밀약』, 김철훈 옮김, 한울, 2011.

                                                    독도의 진실

다고 간주한다. 따라서 조약에서는 언급하지 않는다"[15]는 '미해결의 해결' 아이디어를 처음 내놓은 것이 김종락이었다고 한다.

"한일 국교 정상화가 대단원에 다가가던 1965년 1월 초. 고노 이치로는 자신의 비서인 우노 소스케 자민당 의원을 서울로 보냈다. 우노의 가방에는 고노가 자필로 쓴 메모가 들어 있었다. 바로 '독도 밀약'의 초안이었다. 메모의 수신인은 당시 '돌격 내각'의 수반 정일권 총리."

우노는 성북동에 있던 범양상선 회장 박건성의 자택에서 정일권을 만났다.

"우노가 가방에서 꺼낸 몇 장의 A4용지에는 한일협정의 주요 현안에 대한 일본 측 최종 제안이 들어 있었다. 이 중에서도 가장 중요한 것은 독도에 관한 메모였다. 독도 밀약의 본체는 '앞으로 해결해야 한다는 것으로써 일단 해결한 것으로 간주한다'는 명제였다."[16]

이 기본 문안과 함께 별도의 종이에 4개의 부속 조항이 적혀 있었다.

① 독도는 앞으로 한일 양국 모두 자국의 영토라고 주장하는 것을 인정하고, 동시에 이에 반론하는 것에 이의를 제기하지 않는다.

② 장래에 어업 구역을 설정하는 경우 양국이 독도를 자국 영토로 하는 선을 획정하고, 두 선이 중복되는 부분은 공동수역으로 한다.

③ 현재 한국이 점거한 현상을 유지한다. 그러나 경비원을 증강하거나 새로운 시설의 건축이나 증축은 하지 않는다.

---

[15] "解決せざるをもって解決したとみなす. 從って 條約では觸れない." 노 다니엘, 앞의 책.
[16] 이상 2개 인용문은 노 다니엘, 앞의 기사.

④ 양국은 이 합의를 계속 지켜나간다.[17]

정일권은 고노가 자필로 정리한 메모에 서명하고, 그길로 청와대에 들어가 이를 보고했다. 1월 12일, 박정희 대통령의 재가가 났다.

"다음 날인 13일, 우노는 환희에 차서 용산 미군기지로 달려간다. 우노는 그때까지의 모든 협상 과정을 극비로 유지하기 위해 미군 전용선을 통해 오야지[18] 고노에게 전화로 보고해왔던 것이다. '오야지, 해냈습니다.' 독도 밀약이 탄생하는 순간이었다."[19]

비공식 라인에서 이 같은 성과를 거두고 있을 때 이동원-김동조의 공식 라인에서는 어떻게 일이 진행되고 있었을까?

시이나 외상의 방한

"'나는 일본에 나가지 않는다. 그 대신 일본 외상을 서울로 부른다.' 이제까지의 상식을 깨는 내 발언에 놀란 것은 박 대통령 한 사람만이 아니었다."[20]

회고록에 실린 윗글처럼 시이나 외상을 '사죄 사절'의 형식으로 방한케 하여 국민의 격앙된 마음부터 풀어주고 보자는 전략을 세운 것은 외무장관 이동원이었다.

---

17 노 다니엘, 앞의 기사.
18 오야지(親父): 아버지라는 말로, 보스라는 뜻도 있다.
19 노 다니엘, 앞의 기사.
20 이동원(李東元), 『한일조약 체결 비화(韓日條約締結秘話)』, PHP研究所, 東京, 1997.

이후 일이 성사되도록 주선한 것은 김동조 주일대사였다. 다행히 시이나가 이 제안을 받아들여 1965년 2월 17일 방한하게 되었다. 그의 방한을 두고 한일 양쪽에서 반대 시위가 일었다. 그가 출국하는 하네다 공항에서는 일본 전학련 소속 대학생 500여 명이 몰려나와 돌을 던지고 1,500명의 경찰과 대치하면서 200여 명이 부상당하는 일대 소동을 벌였다.

한편 시이나가 입국한 한국에서는 굴욕외교반대투쟁위가 결성되어 세종로 국회의사당 앞에서 집회를 갖고 "박 정권은 제2의 이등박문을 맞아 나라를 팔아먹으려 하고 있다"고 성토했다. 그 뒤 야당 의원들은 애국가와 3·1절 노래를 부르며 윤보선·박순천·서민호·정일형·장준하·함석헌 등의 연사들과 함께 시청 앞으로 행진했고, 이를 저지하려는 경찰과 충돌했다.

시이나의 방한은 이처럼 양국의 반대 속에 감행되었다. 상대역인 이동원은 야당의 투쟁이 "이유 없는 반항"이라고 비판했다.

그러나 "이동원의 청을 받아들여 시이니가 '사죄 사절'이라는 소리까지 들어가며 찾아온 데는 그만한 이유가 있었다. 표면적으로는 '친선 우호' 방문이라 해놓고 외무대신 시이나는 '일거리'를 갖고 온 것이다. 그는 기본조약 중에서도 가장 중요한 2개의 포인트를 한국 측과 마무리 지어야 했던 것이다. 결국 그는 일본의 외무 관료들이 만든 기본조약 초안을 그대로 한국 측에 강요한 셈이다. 즉 한일 기본조약은 일본 측이 만든 초안을 중심으로 논의를 전개했고, 결론을 내린 것이다."[21]

---

21 이도형, 앞의 책.

모두 네 차례의 회담이 진행되었다.

이 과정에서 시이나가 "이 장관은 다케시마 문제를 어떻게 할 생각이시오?" 하고 물었더니 이동원이 "국민들이 하도 아우성치기에 그 섬에 가봤더니 그저 새들이 지나가다 쉬는 섬에 지나지 않더군요"[22]라고 대답했던 것으로 한 미국 자료는 전하고 있다.

외교의 수장이 가졌던 독도에 대한 인식이 이 정도에 지나지 않았나 하는 점을 새삼 느끼게 해주는 대목이다.

어쨌든 시이나의 방한으로 두 나라의 문제점들이 조율되었고, 2월 20일 두 나라 사이에는 기본 관계를 수립하는 한일기본관계조약의 조인식이 거행되었다.

"한일 양국은 20일 야당의 굴욕 외교 반대의 화살이 집중되는 가운데 이 외무 · 시이나 외상의 4차에 걸친 서울회담을 마치고 전문(前文)과 전문(全文) 7개조로 된 한일기본조약에 가조인하고 공동성명을 발표했다."[23]

청구권 자금 문제와 더불어 당시 박정희가 중시했던 것은 전문(全文) 가운데서도 "대한민국 정부가 …… 한반도에 있어서의 유일한 합법 정부임을 확인한다"고 명기한 제3조였다. 이제 청구권 자금은 김-오히라 메모에 적힌 내용대로 진행될 것이었고, 독도 문제는 김종락-고노 라인을 통해 마련된 안대로 일단 선반 위에 올려놓는 것으로 진

---

22 '1965년 한일 국교 정상화 조약 협상에서의 독도 논쟁(The Dokdo dispute in the 1965 R.O.K.-Japan Normalization Treaty negotiations)'.
　(http://dokdo-research.com/temp15.html).
23 「동아일보」, 1965년 2월 20일.

행될 예정이었다.

이 밖에도 두 가지가 더 남아 있었다. 하나는 박 정권이 관심을 두지 않았던 일제 청산 문제였고, 다른 하나는 평화선 문제였다.

갑옷을 벗은 독도

이 무렵 이승만이 선포한 평화선은 사실상 유명무실한 상태가 되어 있었다.

한창 때인 1954년에는 일본 선박 35척, 선원 461명, 1955년에는 일본 선박 29척, 선원 490명을 나포·억류했는데, 박정희 정권이 들어선 1961년 이후의 통계를 보면 일본 선박 연 10여 척, 선원 100여 명이 고작이었다.[24]

그렇게 된 것은 경비정과 감시선의 부족에 일차 원인이 있었지만, 그에 앞서 정부의 의지가 없었기 때문이다. 그러나 평화선은 비단 영해 문제나 어업권 보호민의 문세가 아니었다. 그것은 독도의 문제이기도 했던 것이다.

박정희는 김종락을 시켜 고노와 독도 문제를 선반 위에 얹어놓기로 했지만 "독도 밀약에 관해 당시 그 전말을 소상히 알았던 사람은 박정희·정일권·김종락·김종필 그리고 외무차관 문덕주 다섯 사람이다. 그 외의 사람에게는 철저히 비밀로 했다는 것이 김종락의 직접 증언이다."[25]

---

[24] 「동아일보」, 1964년 3월 2일.

결국 한일회담의 공식 라인인 이동원-김동조는 끝까지 이 사실을 모른 채 협상에 임했다는 것인데, 이것이 사실이라면 박정희는 정말 대단한 사람이었다는 생각이 든다. 군사전략에서 적을 속이려면 아군부터 속여야 한다는 것을 그대로 실천한 사람이었기 때문이다.

당시 박 정권이 두려워한 것은 "돈 몇 푼 받고 평화선을 팔아먹었다"는 국민적 규탄이었다. 평화선 문제를 풀지 못하면 일단 보류하기로 한 독도 문제가 다시 불거지고, 그렇게 되면 한일회담 자체가 다시 원점으로 돌아갈 염려가 있었다.

이승만의 의중을 읽고 평화선을 입안했던 1951년도의 외무부 정무국장은 바로 1964년도의 주일대사 김동조였다. 그는 이번에는 박정희의 의중을 읽고 평화선을 없애는 일에 앞장섰다. 조건은 문제도 풀면서 박 정권이 국민으로부터 욕을 먹지 않아야 한다는 것이었다.

"그는 곰곰 생각한 끝에 '한일 간에 전관수역과 공동규제수역이 확정되면 그 전관수역 밖에서 평화선 간의 해역을 공동어업자원조사수역으로 만들자'는 방안을 강구해냈다. 이것이 일본 측에서 받아들여지기만 하면 정부는 국민으로부터 '평화선을 팔아먹었다'는 욕만은 먹지 않게 될 것이라고 그는 생각했다. 이 아이디어는 박정희가 쌍수로 환영했고 그대로 동경에서 회담에 임하고 있는 농림장관 차균희에게 훈령이 내려졌다."[26]

자신이 독도를 지킨다는 의미를 부여하며 입안했던 정책을 자기 손

---

[25] 노 다니엘, 앞의 기사.
[26] 이도형, 앞의 책.

　　　　　　　　　　　　　　　　　　　　　　　독도의 진실

으로 다시 없앤 직업관리의 가치관은 대체 어떤 것이었을까? 대통령의 의중을 읽어 정책을 입안하고 대통령의 의중을 읽어 그 정책을 없앤 것에서 답을 얻어야 할 듯하다.

뒤에 "얻은 것은 돈이요, 잃은 것은 평화선"이라는 말을 들었던 이 일에 대해 그의 윗선이었던 이동원은 이렇게 회고했다.

"얄궂게도 1951년 평화선의 입안자 김동조가 아이디어를 낸 이 '공동어업자원조사수역'은 사실 두 나라에 최선의 묘수였다. 어업 교섭이 타결되면 이 수역은 자동적으로 발효되지만, 그것은 두 나라가 각자 유리하게 해석할 수 있는 여지를 남겼다. 결국 우리는 '조사 수역'을 들어 이름을 바꾸었을 뿐 평화선은 존재한다고 국민에게 설득할 수 있고, 일본은 일본에서 평화선의 이름이 사라졌기 때문에 그런 것은 없다고 핑계를 댈 수 있다. 어느 쪽으로도 해석할 수 있는 편리한 묘책이었다."[27]

독도가 무엇이냐고 물으니 갈매기가 쉬어 가는 곳이라고 대답했던 정무직 관리 출신의 그도 '묘수'는 말하고 있지만 '영혼'은 언급하고 있지 않다.

그 후 평화선 협상에서 김동조가 내놓은 안은 약간의 수정을 거쳐 채택되었다. 이렇게 하여 전시에도 의지 하나로 굳게 쳐놓았던 이승만의 평화선은 사라지게 되었고, 이에 따라 독도 또한 평화선의 갑옷을 벗은 알몸 상태가 되고 말았다.

---

[27] 이동원, 앞의 책.

한일협정 조인

이 무렵 여야는 한일 문제로 격렬히 대립해 있었고, 학생들의 시위도 산발적으로 계속되었다.

그러나 걸림돌이 모두 제거되었다는 보고를 들은 박정희는 1965년 4월 13일 "한일회담의 정식 조인을 5월 중에 끝내겠다"면서 "비준 동의를 얻기 위해 야당과 협상할 생각은 없으며, 국민투표에 부칠 성질의 것도 아니다"라고 말했다.

한 기자가 "5월로 예정된 방미 도중 일본에서 독도 문제를 정치적으로 해결할 것이라는 말이 있는데 사실인가?" 하고 묻자 박정희는 "영토를 어떻게 정치적으로 협상할 수 있단 말인가? 터무니없는 말들이다"라고 대답했다.[28]

그가 거짓말을 한 것은 아니었다. 독도에 대한 정치적 협상은 이미 김종락-고노를 통해 그해 1월 13일 '독도 밀약'의 형태로 선반 위에 올려놓기로 했기 때문이다.

그러나 선반에 올려놓은 독도 문제를 나중에 어떻게 처리하겠다는 것인지에 대한 명확한 입장은 없었다. 이 점, 경제개발에 올인하고 있던 그에게 "청구권 자금이 잿밥이었다면 독도 문제는 염불이었다."[29]

5월 17일 박정희는 존슨 대통령과 한미 정상회담을 갖고, 다음 날 러스크 국무장관을 만나 한일 국교 정상화에 따른 한미 양국의 공동

---

28 「동아일보」, 1965년 4월 14일.
29 노 다니엘, 앞의 기사.

독도의 진실

관심사에 대해 의견을 나눴다.

이 자리에서 러스크는 한일 공동으로 운영하는 등대를 세워 독도를 공동 관리하면 긴장 관계가 차츰 완화되지 않겠느냐고 제안했다. 그러자 박정희는 그 같은 계획은 작동되지 않을 것이라면서 이렇게 말했다.

"독도 문제는 외교 협상에서 보면 작은 것일지 모르지만 국민을 분노하게 만드는 문제요. …… 그 문제를 풀기 위해서라면 독도를 폭파시켜 없애고 싶은 심정이오."[30]

당초 일본 외무성의 이세키 아시아국장이 처음 언급한 '독도 폭파론'이 김종필의 하네다 공항 농담으로 번지더니 이번에는 박정희의 '폭파론'으로 이어진 것이다. 그러나 심경을 말한 것일 뿐 독도 문제는 이미 김종락-고노 협상을 통해 선반 위에 올려놓기로 되어 있었다.

독도 문제가 마지막으로 다루어진 것은 한일협정 조인식을 갖기 위해 도일한 이동원이 시이나와 가진 1965년 6월 22일 오전의 제2차 회담에서였다. "이날 오전 회담에서 두 나라 외상은 독도 문제를 협정 문안에 직접 언급을 피하고 '외교 루트를 통하는 해결 방식

1965년 한일협정 조인식.

---

[30] '1965년 한일 국교 정상화 조약 협상에서의 독도 논쟁(The Dokdo dispute in the 1965 R.O.K.-Japan Normalization Treaty negotiations)'.
(http://dokdo-research.com/temp15.html).

또는 제3국의 조정을 의뢰키로 하는' 미결 문제 및 일반적으로 분규 해결 문제로 포함시키기로 했다."[31]

그 구체적인 문서가 바로 '한일분쟁해결 교환공문'인데 관계문을 옮겨보면 다음과 같다.

"별도의 합의가 있는 경우를 제하면 양국의 분쟁은 먼저 외교상의 경로를 통해 해결하는 것으로 하고, 이에 의해 해결할 수 없게 되었을 경우에는 양국 정부가 합의하는 절차에 따라 조정에 의해 해결하는 것으로 한다."

독도에 관한 조항인데 독도라는 말이 한 군데도 없다. 이에 대해 일본의 한 고위 외교관은 이렇게 해석했다.

"이 교환공문은 다케시마 문제 해결을 위해 양국이 취한 고육지책으로 일본 측은 이 교환공문에 있는 '분쟁'에는 당연히 다케시마 문제가 포함된다는 해석을 취하고, 한국 측은 독도는 원래 한국 땅이니까 이 교환공문에서 말하는 '분쟁'의 대상이 될 수 없다는 입장을 취하는 것으로써 결말을 보았다."[32]

양국은 이런 식으로 독도 문제를 선반 위에 올려놓았던 것이다.

---

31 "독도 문제는 협정서 제외-양국 외상 합의", 「동아일보」, 1965년 6월 22일.
32 시모다 다케소(下田武三), 『전후 일본 외교의 증언(前後日本外交の証言)』(下), 行政問題研究所, 東京, 1985.

  독도의 진실

5 · 6공 시대의 독도

경협 자금과 독도

한일 국교 정상화 이후 한동안 원만했던 한일 관계는 김대중 납치 사건, 문세광 사건이 잇달아 터지면서 단절되다시피 하다가 10·26사건으로 등장한 신군부 세력이 12·12쿠데타를 통해 실권을 장악하자 새로운 전기를 맞게 되었다.

먼저 문을 두드린 것은 세지마 류조(瀨島龍三)라는 일본인이었다. 전전 대본영[1] 작전참모를 지내고 전후 이토추(伊藤忠) 종합상사의 회장이 된 그는 '일본주식회사'의 개념을 도입한 장본인으로, 한국에서도 베스트셀러가 된 대하소설 『불모지대』의 주인공이기도 했다.

하나회 멤버들인 신군부 세력은 야마사키 도요코[2]의 이 대하소설을

---

[1] 대본영(大本營): 일본제국의 육해군 최고 통수 기관.

[2] 야마사키 도요코(山崎豊子): 「마이니치신문(每日新聞)」의 기자로 있다가 소설가로 전업, 『하얀 거탑』, 『화려한 일족』, 『불모지대』 등을 발표해 일본의 발자크라는 평을 들었다.

애독하고 그 주인공의 실제 모델인 세지마를 다들 존경하고 있었다고 한다. 세지마는 신군부 세력이 추종하던 박정희의 일본 육사 선배로, 군인 정신의 귀감으로 비쳤던 까닭이다.

세지마는 박정희와도 관계가 깊었지만 이토추상사를 이끌면서 이병철·정주영·김우중·최종현·김용완·유창순 등 한국의 경제계 사람들과도 돈독한 관계를 맺고 있었다.

"1980년 3월경 이병철 회장으로부터 연락이 있어 '한번 은밀히 한국을 방문해 군(軍)의 선배로서 전두환, 노태우 장군을 격려하고 어드바이스를 해달라고 하고 싶다, 경제 관계의 문제도 있을 테니 도큐(東急)그룹 회장 고토(五島昇) 씨와 동행하면 어떨까' 하는 요청을 해왔다. 나는 이 회장과는 만날 때마다 한국의 일, 한일 양국 관계의 일, 동아시아의 안정에 관한 일 등을 서로 이야기 나누던 사이였다. 고토 씨도 이 요청을 받아들여 이해 6월 두 사람은 한국을 방문했다."³

이렇게 하여 두 사람은 1980년 6월 전두환을 1차로 만났고, 다시 그해 8월 전두환의 요청으로 같이 서울을 방문해 전두환을 재차 만났다.

이날 전두환이 저녁식사를 같이 하면서 광주 진압으로 잃은 민심 회복의 방법을 물어 세지마는 올림픽을 개최해보라고 제안했다는 것인데, 회고록에는 그와 동행한 고토가 제안했던 것으로 기록되어 있다.

"고토 씨는 일본의 과거 경험에 비춰보면 올림픽 유치나 세계박람

---

3 세지마 류조(瀨島龍三), 『못 산하-세지마 류조 회상록(幾山河-瀨島龍三回想錄)』, 山經新聞ニュースサービス, 東京, 1995.

회 유치가 좋을 것이라는 의견을 제시했다. 전 장군은 '알았다'는 표정이었다."[4]

그렇게 관계를 트고 있던 세지마를 수상 관저로 부른 것은 나카소네(中曾根康弘) 신임 수상이었다. 그는 세지마와 저녁식사를 같이 하면서 "지금 긴급 해결을 요하는 외교 문제의 하나는 한국과의 관계 정상화이고, 다른 하나는 미국과의 관계 개선입니다. 이미 새해 1월 중순의 방미는 내정되어 있으나 그에 앞서 가능하다면 한국과의 관계 정상화를 달성하고 싶다고 생각하고 있으니 꼭 협력을 부탁드립니다"라고 말했다.

이에 세지마는 민정당 사무총장 권익현에게 연락을 취하고 1982년 12월 29일 수상의 특사로서 한국에 건너왔다. 그리고 다음 날 청와대에서 전두환을 만나 나카소네의 친서를 전달했다. 이에 앞서 세지마는 나카소네의 방한을 성사시키는 조건으로 경협 자금 40억 달러 제공을 거론하면서 안보부담금조로 요구하는 형식을 취해 명분을 잡으라는 계책을 한국 측에 제공했던 장본인으로 알려져 있다.

1983년 1월 11일 서울에서 한일 정상회담을 가진 나카소네는 협력의 새 시대를 열기 위해 한국에 40억 달러의 경협 차관을 제공하기로 했다고 발표했다. 이 경협 자금은 당시 산업 자금 부족으로 곤란을 겪고 있던 한국 경제가 제2의 도약을 하는 데 좋은 밑거름이 되지만, 그 대가로 독도를 일본에 팔아먹었다는 뜬소문이 세간에 나돌았다.

뜬소문은 문화재청이 1982년 11월 16일 독도를 천연기념물 제336호

---

4 세지마 류조, 앞의 책.

로 지정한 것과 관련이 있었다. 이를 계기로 "일반인들의 입도를 금지해 일본 측에 영유권 주장의 빌미를 제공했다"고 뒤에 어떤 독도 관련 인사가 주장한 말이 기사로 실린 적도 있다.[5]

그러나 근거로 제시된 사건의 세부 사항이나 날짜가 모두 틀려 신빙성 있는 이야기가 아니었음을 알 수 있지만, 아무튼 그와 유사한 소문이 당시에 떠돌았던 것만은 사실이다.

"전두환이 독도를 팔아먹었다"는 뜬소문의 또 다른 근거로 인구에 회자된 것은 「독도는 우리 땅」이라는 노래의 방송 금지 사건이었다.

방송 금지곡

그 내막은 이랬다.

「독도는 우리 땅」이라는 노래를 부른 정광태는 본래 임하룡 · 장두석 · 김정식 등과 함께 포졸 옷을 입고 KBS의 「유머 1번지」에서 활동하던 개그맨이었다. 그러다가 어느 날 박인호 PD가 직접 가사를 쓰고 곡을 붙인 「독도는 우리 땅」을 부르게 되었는데, 이것이 뜻밖에 인기를 끌자 대성음반 사장 서희덕이 레코드판을 취입하자고 제의해왔다.

그래서 개그 프로에 함께 출연하던 임하룡 등 4명이 약속 장소로 나가 기다렸으나 서희덕이 너무 늦는 바람에 다들 집으로 돌아가고 정광태만 혼자 남아서 기다리다가 단독 취입을 하게 되었다. 그런데 운이라는 것이 묘하다. 그렇게 취입한 레코드판이 나오면서 상승세를

---

5 「연합뉴스」, 2005년 3월 30일.

  독도의 진실

타자 각 방송국에서는 앞다투어 「독도는 우리 땅」이라는 노래를 내보냈고, 가수에 대한 방송 출연 섭외도 감당 못 할 정도로 밀려들었다. 정광태는 시쳇말로 "떴다."

그러던 어느 날 그는 녹화에 앞서 담당 PD를 만나려고 KBS의 사무실로 들어가다가 입구 게시판에 자신의 노래가 금지곡 명단에 적혀 있는 것을 발견하고 깜짝 놀랐다.

"도무지 이유를 알 수 없었어요. 독도가 우리 땅이라는 가사에 무슨 잘못이 있는지 이해할 수 없더군요. 누구나 부담 없이 입에 올리던 노래를 갑자기 부를 수 없게 될 때 정작 그 노래를 불렀던 가수가 느끼는 좌절감이란……."[6]

정광태가 상황을 알게 된 것은 해금(解禁)이 되고 나서 한참 지난 뒤였다. 당초 그 노래가 크게 히트한 배경은 반일 감정이었다. 노래가 처음 나오던 해에 한국과 일본열도를 발칵 뒤집은 일본 중고교 역사교과서 파동이 터지면서 일본에 대한 반감 때문에 「독도는 우리 땅」이라는 노래가 뜨기 시작했던 것이다.

그해 9월 잠실야구장에서 세계야구선수권대회가 열렸는데, "경기 중 한국과 일본의 맞대결이 있었다. 우리 젊은이들은 「독도는 우리 땅」을 부르면서 한국을 응원했는데, 이때부터 한·일전이 열릴 때마다 공식 응원가가 되었다"[7]고 당시 그 노래의 음반을 만든 서희덕은 회고했다. 해를 넘기면서 국민가요가 된 그 노래 덕에 정광태는 KBS

<hr>

6 "금지문화 금지인생 이제야 말한다", 「서울신문」, 1998년 8월 1일.
7 「노래 '독도는 우리 땅'이 애물이 되었던 사연 아시나요」, 『시사저널』, 2009년 8월 26일.

의 「젊음의 행진」 프로에서 독무대까지 맡게 되었다.

그런데 1983년 초 나카소네 수상이 서울을 방문하여 한일 정상회담을 가진 뒤에 문제가 불거졌다. 협력의 새 시대를 열기 위해 한국에 40억 달러의 경제협력차관을 제공하는 등 한일 간의 우호 관계가 성립되자, 문화공보부는 일본을 자극할 만한 기사는 자제해달라는 공문을 각 언론사에 보냈다. 방송국도 예외가 아니었다.

"당시 박 아무개 KBS 국장은 「독도는 우리 땅」을 라디오에서 방송한 PD에게 공개적으로 면박을 주었다. 현장에 있던 PD들은 알아서 이 노래를 방송하지 않았다. 금지곡 아닌 금지곡이 된 것이다. 「동아일보」에도 '「독도는 우리 땅」, 금지곡 아닌 금지곡'이라는 제목으로 보도가 나갔지만 큰 반향을 일으키지는 못했다. 해결책은 전혀 엉뚱한 곳에서 나왔다. 나카소네 총리가 본국으로 돌아간 뒤 국회에 보고하는 과정에서 독도 문제가 튀어나온 것이다. 우리나라도 국무회의가 소집되었다. 이 자리에서 전두환 당시 대통령은 '「독도는 우리 땅」을 많이 들으면 되지 않겠느냐'고 말했다. 이후 문공부 차관이 직접 방송사에 전화해 금지곡을 풀었다는 후문이다."[8]

당시 문공부 차관은 허문도였다. 그는 "평소 독도에 관심이 많았다"고 정광태를 격려해주었고, 정광태는 「독도는 우리 땅」을 다시 부를 수 있게 해달라고 부탁했다.[9] 7월부터 11월까지 금지되었던 「독도는 우리 땅」은 그로부터 1주일 뒤에 전파를 다시 타기 시작했다.

---

8 『시사저널』, 2009년 8월 26일, 앞의 기사.
9 「서울신문」, 1998년 8월 1일, 앞의 기사.

                                              독도의 진실

일종의 해프닝이었다. 3공 때 선반에 얹어놓은 독도 문제는 5공을 넘어 6공 때까지도 그곳에 그대로 놓여 있었다. 그것이 끄집어 내려진 것은 문민정부 때였다.

김영삼 시대의 독도

버르장머리를 고치겠다

민주화 투쟁을 거쳐 권좌에 오른 대중정치가 김영삼은 집권 직후 재산 공개, 하나회 척결, 금융실명제 같은 일련의 개혁 정치를 실시하면서 큰 인기를 누렸다.

이런 자신감 때문이었을까. 그는 해방 50주년이 되는 1995년 광화문 뒤에 있는 옛 조선총독부 청사 건물을 헐기로 결정하고, 그해 8월 7일에는 다이아몬드 쇠줄 톱으로 청사의 중앙 돔 첨탑을 두부처럼 도려내게 했다. 민족정기를 살리기 위한 이 조처도 박수를 받았다.

문제는 그해 11월 14일 방한한 장쩌민 주석과 한중 정상회담 후 공동 기자회견을 가질 때 일어났다.

한 기자가 한중 간에 논의된 평화 협력 방안에 대해 묻자 김영삼 대통령은 질문과 동떨어진 대답을 하면서 이렇게 일본을 비판했다.

"내가 취임 후 일본 총리가 네 번 바뀌었으며, 네 사람 모두 한국을 방문했다. 그때마다 나는 역사 인식을 바로 해야 한다고 얘기했다. 과거 식민지로서 우리에게 그렇게 잔혹하게 한 데 대해 역사를 직시하고 반성의 토대 위에서 미래로 나가자고 이야기했다. 그런데도 망언이 계속되고 있다. 이번을 포함해 건국 후 서른 번은 넘을 것이다. 이번에 버르장머리를 기어이 고치겠다.”[1]

‘버르장머리를 고치겠다’는 대목이 그날 저녁부터 NHK를 비롯한 일본의 방송과 신문에 집중 보도되면서 파문이 일기 시작했다.

노사카(野坂浩賢) 관방장관은 “보다 절도 있는 발언을 해주기 바란다”며 불쾌감을 표시했고, 「산케이신문」은 일본 고위 당국자의 말을 인용하여 “품위 없는 표현 방식”이라고 꼬집었다. 「요미우리신문」은 “‘버르장머리’는 손윗사람이 젊은이의 나쁜 버릇을 꾸짖을 때 쓰는 속어”라면서 “청와대 공보 담당자는 이 말이 상스럽다고 판단해 ‘버릇’이라는 말로 바꿔달라고 요청한 것 같다”고 보도했고, 「아사히신문」은 사설을 통해 “대통령의 발언으로는 좀 감징적이리고도 생각할 수 있으나 그 분노는 이해할 수 있다”고 비교적 부드러운 반응을 보였다.[2]

“예상 외로 일본 언론이 조심스러운 태도를 보이고 있다는 것이 도쿄의 한국 대사관 측 설명”이라고 한 특파원은 썼다. 그러나 밖으로 다 표출하지 않는 것이 일본 스타일이다. 그들은 감정과 원한을 가슴에 숨기고 때를 기다린다.

1996년 2월 9일 김영삼 대통령은 독도에 선박 접안이 가능한 부두

---

[1] “김 대통령, 이번에 버르장머리 고쳐야”, 「세계일보」, 1995년 11월 15일.
[2] “김 대통령 “버르장머리” 발언 일 불쾌감 표시”, 「동아일보」, 1995년 11월 18일.

시설 공사를 하겠다는 계획을 밝혔다. 이는 "버르장머리를 고치겠다"던 그의 의지를 해군 기동훈련과 함께 구체화시킨 정책이었다. 이 계획이 발표되자 일본 측은 보복의 때가 왔다고 판단했다.

먼저 하시모토(橋本龍太郎) 수상이 이 문제를 두고 "감정론이 아닌, 배타적 경제수역을 설정할 때 실무적으로 협의할 문제"라고 점잖게 언급했다.

이는 연전 발효된 유엔의 해양법조약에 의거, 앞으로 200해리 경제수역을 독도를 기점으로 하겠다는 것을 시사한 발언으로, 사실상 선반 위에 올려두었던 독도 문제를 다시 끄집어 내리겠다는 뜻이었다.

여기서 한 걸음 더 나아가 이케다(池田行彦) 외상은 "기존의 사실에 의해 영유권이 발생하는 것은 아니다"라면서 한국의 독도 실효지배를 인정할 수 없다는 입장을 밝혔다. 이어 외무성에서는 김용규 주일대사대리를 불러 "다케시마는 일본의 고유 영토이므로 한국 정부의 조치는 매우 유감"이라면서 "다케시마로부터 즉시 사람들을 철수시키고 건조물을 철거하라"고 요구했다. 위에서는 두루뭉술하게 언급하고 밑에서는 핵심을 말하는 것이 그들의 수법이다.

이에 대해 외무부는 신중론을 폈다.

그러자 김영삼은 이를 질타하고 청와대 대변인을 시켜 논평을 내게 했다. "이날 윤여준 청와대 대변인은 독도 영유권과 관련한 일본 정부 고위 관계자의 잇단 망언에 대해 논평을 내고 '우리는 이런 망언을 결코 용납할 수 없으며 앞으로 이에 단호히 대처해나갈 것'이라고 말했다."[3]

이러한 청와대의 초강경 자세는 전부터 일본 정부가 조금씩 독도를

 독도의 진실

건드리는 태도에 분노해 있던 국민들의 반일 감정을 읽은 김영삼의 뛰어난 정치 감각이었다고 볼 수도 있지만 문제는 단호히 대처해나갈 구체적인 정책 같은 것은 그 후에도 별로 세운 것이 없었다는 점이다.[4]

적절한 대응전략도 마련치 않은 채 그저 국내 정치용으로만 엄포를 놓은 대가는 컸다.

엄청난 실수

얼마 후 하시모토 수상은 중의원 예산위원회에 출석해, "200해리 배타적 경제수역(EEZ) 설정에서 일부 지역을 제외하는 것은 고려하고 있지 않다"고 밝혀 독도를 기점으로 경제수역을 설정하겠다는 방침을 거듭 확인했다.[5]

그 직후 하시모토는 태국 방콕에서 열린 제1차 아시아·유럽 정상회의(ASEM)에 참석한 김영삼을 만났을 때 "독도 문제에 대한 일본 정부의 입장은 일관돼 있습니다. 양국이 유엔해양법조약의 체약국이 됨으로써 관계가 악화되는 일이 있어서는 안 될 것입니다"라고 말했다.

말은 부드럽지만 이는 독도를 기점으로 경제수역을 설정하겠다, 다시 말해 독도를 일본 영해에 집어넣겠다는 비수를 숨긴 일본식 레토릭이었다. 영토 문제다. 따라서 김영삼은 그 비수를 쳐내거나 크게 분노했어야 한다. 그런데 침묵했다. 여기서 용기를 얻은 하시모토가 한

---

3 "독도망언 불용 · 단호대처-청와대", 「국민일보」, 1996년 2월 10일.
4 김영구, 「독도 영유권 문제에 관한 국가 기본 입장의 재정립」, 독도본부.
5 「한겨레」, 1996년 2월 28일.

걸음 앞으로 나아갔다.

"유엔은 해양법조약비준 문제가 양국 관계에 부정적 영향을 미칠 수도 있으니 경계 획정에 대한 협의를 했으면 합니다만."

협의하자는 말에 김영삼이 입을 열었다.

"독도는 한국 땅이오. 한국이 실효지배하고 있다는 점을 분명히 해두고자 하오. 영토 문제와 관계없다는 전제하에서 협의해나가는 것은 좋다고 생각합니다."

"그렇다면 각하가 말씀하신 대로 조속히 협의를 시작했으면 합니다."

"좋아요. 한일 어업협정 개정을 위해서도 양국이 적극 노력합시다."[6]

여기서 왜 상대가 언급하지도 않은 어업협정 문제를 그가 언급했는지는 의문이다. 일본 측은 치밀히 계산하고 준비한다. 그러나 한국 측은 변화하는 국제정세에 대한 준비를 게을리 했다.

그로부터 석 달여가 지난 1996년 6월 23일.

제주도의 한일 정상회담에서 하시모토는 지난번 ASEM에서 거론된 어업협정 문제를 끄집어내 김영삼을 압박했다. 이에 김영삼은 "어업협정과 영유권 문제를 별개의 문제로 하여 해결하자"고 제안했다. 그러자 하시모토는 "대단히 만족하고 환영한다"고 화답했다.

국내 신문은 이날 김영삼이 어업협정과 영유권 문제를 별개의 문제로 하자고 한 제안을 크게 다루지 않았다. 대부분은 월드컵 공동 개최니 청소년 교류 확대니 역사 공동 연구니 하는 잡다한 합의 사항의 한

---

6 「동아일보」, 1996년 3월 3일.

　　　　　독도의 진실

항목에 끼워 그 기사를 시답지 않게 취급했다. 그 제안이 무슨 의미를 가지는지 기자들도 잘 몰랐기 때문이다.

그러나 외교 전문가인 김동조는 그 제안에 대해 이렇게 회고했다.

"김 대통령의 이날 발언은 오랜 기간 일본 정부가 제기해온 '한일 양국 간에 독도에 대한 영유권 문제가 (분쟁) 현안으로 존재한다'는 주장을 전제로 한 것으로, 이는 '독도는 명백한 한국 영토로 분쟁과 협상의 대상이 될 수 없다'는 입장을 고수해온 한국 정부가 최초로 일본 측 입장을 받아들였다는 것을 의미한다. 이로써 일본은 영유권 문제의 존재를 부각시킬 수 있었고, 당시 일본 언론들까지 나서 김 대통령과 한국 정부의 태도 변화를 '유연한 자세' 운운하며 칭찬을 아끼지 않았던 사실이 잊히지 않는다."[7]

일본의 노림수에 크게 말려들었던 것이다.

당시 이 문제를 제대로 파악하지 못한 국내 기자들과 달리 도쿄에 나가 있던 한 특파원은 일본 언론들의 보도 태도를 보고 다음과 같은 기사를 보냈다.

"제주도 현장을 취재한 일본 기자들은 전반적으로 한국 측이 양보 자세를 보인 회담이었다고 평가했다. 일본 정부와 언론들은 한국 측이 특히 독도 문제와 관련, 유연한 자세를 보였다는 반응이다. 하시모토 총리가 방콕에서 열린 아시아 · 유럽 정상회의(ASEM) 때 제기한 대로 '영토 문제가 존재한다'는 입장을 김영삼 대통령에게 표명했음에도 불구, 김 대통령이 전혀 반발하지 않고 일본 정부 측의 인식 자체

---

7 김동조, 『냉전 시대의 우리 외교』, 문화일보사, 2000.

를 일단 '인정'했다는 풀이다. '영토 문제가 존재한다'는 일본 측의 표현은 독도에 대해 양국이 서로 고유의 영토라고 주장, 양국 간의 (분쟁) 현안으로 걸려 있다는 뜻이다".[8]

독도에 관한 영유권 문제가 현안으로 존재한다는 일본의 주장을 묵살하지 않고 인정한 셈이 된 이 실책은 그 후 어떻게 전개되었을까?

구헤이지 외교

1997년 1월 25일 일본 규슈 벳푸에서는 한일 정상회담이 열리기로 되어 있었다.

이에 앞서 「산케이신문」이나 NHK 등 일본 언론들은 일제히 "하시모토 총리가 역사적으로나 국제법으로 다케시마는 일본 고유 영토인 만큼 공사 중인 등대를 즉시 철거해달라고 김영삼 대통령에게 요청할 것"이라고 보도했다.

이렇게 연일 엄포를 놓아 한국 측을 잔뜩 긴장 시켜놓은 뒤 정작 정상회담일이 다가오자 일본 측은 "화기애애한 분위기를 해치지 말자"면서 독도 문제 등을 의제에서 빼버렸다.

이에 청와대에서는 안도의 한숨을 내쉬었다.

당시 한 일간지는 청와대의 입장을 해설하는 가운데 "독도 문제의 경우 '누가 뭐래도 우리 땅'인 만큼 먼저 거론할 이유가 없으며 단지

---

8 「동아일보」, 1996년 6월 24일.
9 「동아일보」, 1997년 1월 12일.

일본 쪽에서 먼저 제기할 경우 분명한 우리의 입장을 밝힌다는 게 정부의 방침"[10]이라는 식으로 보도했다.

이렇게 한국 측의 경계 태세가 풀어지자 일본 측은 대북정책 공조니 재일교포의 법적 지위 향상이니 대일 무역역조 시정 방안이니 하는 우호적인 의제들을 잔뜩 내세워 한국 측을 더 안심시켰다. 또 회담 중에는 대만의 핵폐기물을 북한으로 반입하는 것을 저지하기 위한 국제적 공감대를 조성하기로 합의를 보기도 했다. 두 정상이 세 번째로 만난 이 회담은 제주 회담에 대한 답방의 의미도 있었기 때문에 당시 청와대 외교안보수석 반기문은 "벳푸 회담의 성격은 정상들 간의 우의를 다지기 위한 만남"[11]이라고 규정하기도 했다.

그러나 일본은 이러한 잡다한 의제들 속에 아무것도 아닌 것처럼 한 가지 의제를 끼워 넣었다. 그것은 지난번 제주 회담 때 어업협정과 영유권 문제를 별개의 문제로 하자는 김영삼의 제안을 슬쩍 언급하고 넘어간다는 정도의 의제였다.

이 때문에 정상회담 후 가진 공동 기자회견에서 김영삼은 단지 "한일 양국의 미래지향적 협력 관계" 같은 추상적인 이야기만 했다.

그러나 하시모토의 발언에는 "경계 획정 및 어업협정 교섭에 관해서는 그간의 회담에서의 합의 사항을 기초로 영유권 문제와 분리하면서 교섭을 촉진하며 계속 노력을 기울이기로 재확인했다"[12]는 내용이 들어 있었다.

---

10 "한·일 정상 벳푸 회동 무슨 말 오갈까", 「한겨레」, 1997년 1월 25일.
11 「한겨레」, 1997년 1월 25일, 위의 기사.
12 "한·일 정상 공동 회견 모두발언 〈요지〉", 「서울신문」, 1997년 1월 26일.

일본 측은 제주 회담 때 김영삼이 내놓은 제안을 정식 의제로 삼아 무엇을 하려 했던 것이 아니라 그저 슬쩍 짚고 넘어감으로써 제안 자체를 기정사실화하는 작업만 해두었던 것이다. 그것도 대북정책 공조니 재일교포의 법적 지위 향상이니 대일 무역역조 시정 방안이니 하는 매우 우호적인 의제들 속에 끼워 넣어서 말이다.

이처럼 가장 중요한 의제를 아무것도 아닌 것처럼 한 구석에 끼워 넣어 슬쩍 처리하는 것이 '구헤이지 수법'이다. 이 전통적인 수법에 한국 측은 그대로 말려들고 말았다. 즉 이때는 그저 짚고 넘어갔던 문제가 그해 3월 6일 서울에서 열린 제1차 어업실무회의에서는 정식 의제가 되었던 것이다. 한국 측이 이의를 제기하자 일본 측은 이렇게 반문했다.

"이 문제는 한국 대통령께서 제주 회담 때 제안하시고 벳푸 회담 때 다시 재확인하신 것 아닙니까?"

이 한마디에 한국 측은 경계 획정 문제와 어업 문제를 분리해서 협상하자는 일본의 주장을 받아들일 수밖에 없게 되었다. 자료의 축적을 바탕으로 하는 일본의 치밀한 외교 앞에서 즉흥적인 한국 외교는 회를 거듭할수록 힘을 쓰지 못했다.

이 점은 가령 그해 5월 방미 길에 올랐던 유종하 외무장관이 뉴욕에서 가진 수행 기자들과의 간담회에서 "어업 문제에 대한 일본의 요구가 더 이상은 버티기 어려운 상황에 이르러 있다"[13]고 토로한 데서도 여실히 드러난다.

---

13 "독도 영유권 문제 맞물려 한·일 입장 평행선", 「문화일보」, 1997년 5월 27일.

 독도의 진실

결국 한국 측은 같은 해 10월 8일 도쿄에서 열린 제6차 어업실무자 회의에서 독도를 포함한 동해 수역에 잠정조치수역을 설정하는 안에 사실상 동의해주고 말았다.[14]

이런 상황에서 의기양양하게 착공했던 독도 접안 시설이 11월 6일 완공되었다. 그러자 외무부는 일본의 신경을 건드리지 않기 위해 대대적인 준공식 행사를 반대했다. 외무부의 건의를 받아들인 청와대에서는 관계 장관 대신 차관만 보내 건설업자 등 100명의 하객과 함께, 그것도 독도가 아닌 울릉도의 독도박물관 앞에서 준공식을 치르도록 했다. 조촐히.

이에 "주무 부처인 해양수산부 관계자들은 준공식을 독도에서 치르지 못한 데다 준공식 참석을 위해 포항까지 내려갔던 장관이 귀경하자 '독도가 우리 땅이 맞느냐'며 강한 불만을 나타냈다."[15]

그랬던 외무부가 11월 29일 제7차 어업실무자회의 때부터 갑자기 일본이 요구한 어업협정의 조기 타결을 완강히 거부하기 시작했다. 표면적인 이유는 전속관할수역의 범위 문제와 잠정조치수역의 한계에 대한 것이었다.

그러나 이미 잠정조치수역을 동의해준 상태에서는 바다를 몇 km 더 확보하고 말고는 그렇게 큰 의미도 없었는데, 당시 한국 측은 왜 조기 타결을 완강히 거부했던 것일까?

---

14 "독도 주변 수역 관할 싸고 이견… 절충 모색", 「문화일보」, 1997년 10월 10일.
15 "독도 접안 시설 울릉도서 준공식", 「한겨레」, 1997년 11월 7일.

일방적 파기

그 이유를 한 학자는 이렇게 분석했다.

"임기가 얼마 남지 않았던 김영삼 정부가 일본에 대해서 그처럼 완강히 강경 입장을 견지했던 것은 금융 위기 사태로 국민의 신망을 상실해가고 있던 당시에 또 하나의 정치적 악재가 될 수 있는 이 잘못되어가는 한일 어업협정의 최종 타결을 차기 정부로 미루어보자는 속셈이었다고 생각할 수밖에 없다."[16]

실제로 그 무렵 한국은 외환 위기에 빠져 있었다. 나라 전체가 국가 부도에 몸을 떨고 있었다. 따라서 외무부는 경제 협조를 얻어내기 위해 경제대국인 일본과 더 우호적인 관계를 만들어내야 했는데, 그 반대쪽으로 몰고 갔다.

그러자 일본은 기다렸다는 듯이 다음 해인 1998년 1월 23일, 구(舊) 한일 어업협정을 일방적으로 파기해버렸다.

"이 사태는 어업 협상 문제를 넘어 양국 정치권은 물론 관련 사회 각 분야가 감정적으로 대립하는, 전형적인 '한일 갈등'으로 확전되는 양상을 보이고 있다. 더구나 협상 대상에 한국민의 자존심이 걸린 독도 문제가 포함돼 있을뿐더러 한국이 일본으로부터 금융 지원을 받고 있는 시점이라는 점 때문에 한국 정부로서는 강경 대응 외에 선택 폭이 매우 좁다. 일본 측의 협정 파기에 대해 정부 당국자들은 불쾌감을 감추지 않고 있다."[17]

---

16 김영구, 앞의 글.

불쾌해도 뾰족한 수가 없었다.

외환 위기는 경제 문제이고 어업협정은 외교 문제로 직접적인 연관이 없는 사안인데, 사태가 왜 이 지경까지 이르게 되었느냐 하는 의문에 대해 한 기자는 "머리에 가장 먼저 떠오르는 것은 버르장머리 발언"이라고 했다.

김영삼의 '버르장머리' 발언이 있은 지 2년여 만에 일본은 구 어업협정의 파기를 선언했는데, 당시 외무부 출입 기자였던 그 기자는 "한일 간 어업 협상에 깊숙이 관여했던 한 정부 당국자로부터 사석에서 충격적인 고백을 들었다. 'YS의 그 발언 때문에 우리가 얼마나 애먹었는지 압니까?' 이 당국자는 일본의 어업협정 파기가 치밀하게 계획된 수순이며 YS 발언에 대한 '보복'이었다고 단언했다"[18]고 데스크 칼럼에 썼다.

그랬을는지도 모른다.

그러나 그렇게 대통령 탓으로만 돌린 그 핵심 외교관은 사태를 막기 위해 대체 무엇을 했다는 것인지?

강경 대응으로 상부의 점수는 딸 수 있었는지 모르지만 외교 책임자 또는 전문가로서 일본 정부의 협력을 얻어 외환 위기를 모면할 수도 있었던 길을 스스로 차단했던 것은 아닌지?

일본은 어업협정 파기를 선언하자 곧 1965년의 협정에 규정된 사전협의 의무를 저버린 채 일방적으로 직선으로 기선을 긋고 한국 어

---

17 "어업협정 일방 파기, 한일 관계 전망", 「문화일보」, 1998년 1월 23일.
18 이병선, "현명한 분노 표출법", 「문화일보」, 2005년 3월 22일.

선 7척을 자신들의 새로운 영해 침범 혐의로 나포했다.

이에 한국 정부는 1월 24일 그 보복 조치로 일본 주변 수역에 대한 어업자율규제조치를 정지시켰다. 그러자 일본 홋카이도 주변에 있던 한국 어선들이 자율규제선 안에서 조업을 하기 시작했다.

"일본 수산청에 따르면 한국 본사로부터 자율규제선 안에서 조업하라는 무선 지시를 받은 금강산호(787톤급) 등 한국 어선 8척은 24일 홋카이도의 에리모미사키에서 150km 떨어진 해상에 집결, 자율규제선 안에서 조업을 시작했다."[19]

일본은 즉각 현장에 5척의 수산청 감시선과 2척의 해상보안청 순시선을 파견하고 한국 어선들에 대해 규제수역에서 떠날 것을 거듭 경고했다.

이에 한국 정부는 "홋카이도 부근의 자율규제수역에서 우리 어선들이 조업을 시작한 것은 일본의 어업협정 파기에 따른 정당한 대응"이라며 "일본이 한국 어선들을 단속할 경우 추가적인 대응 조치를 취할 수밖에 없다"고 밝혔다.[20]

그렇게 양국은 충돌 직전까지 갔다. 국교 정상화 이후 한일 관계가 이처럼 악화되었던 때는 없었다.

그러나 그해 2월 25일 정권이 바뀌었다. 새로 들어선 김대중 정부는 김영삼 정부의 대일 강경책을 이어받을 생각이 없었다.

---

[19] "긴장의 북해도-한국 어선 일 어협 파기 후 첫 조업",「한국일보」, 1998년 1월 26일.
[20] "일 북해도 조업 단속 정부 강경 대응키로",「한국일보」, 1998년 1월 31일.

 독도의 진실

김대중 시대의 독도

김대중 라인

오히려 새 정부는 IMF의 지원을 받아야 하는 위기 상황에서 일본에 조금 양보하는 일이 있더라도 양국 관계를 하루빨리 회복하여 외환 위기를 극복하는 것이 우선이라 생각하고 있었다.

이에 김대중 대통령은 1998년 6월 말 미국 방문 일정을 잡음으로써 한미 관계의 큰 틀을 정립했다고 보고, 그해 10월로 일정을 잡은 일본 방문 전까지 망가진 한일 관계를 복원하기 위해 한일의원연맹과 민간 레벨 등 다각적인 채널 가동에 들어갔다.

그는 특히 연립 정권을 구성하고 있던 박태준 자민련 총재를 통해 일본과의 채널 복원을 모색했다. 이에 일본 인맥이 두터운 박태준은 총무청 장관을 역임한 일본 자민당 국제어업문제특별위원장 사토(佐藤孝行) 등 어업협정에 영향력이 있는 인사들을 서울로 초청했다.

방한한 사토는 김대중을 만나 김영삼 정부 때 대일 보복 조치로 단행했던 어업자율규제조치 정지를 해제해달라고 요청했고, 김대중은 이를 수락했다. 그래서 사토가 돌아간 직후인 1998년 7월 2일, 대일 보복 조치를 아주 조용히 철회했다.

당시 교도통신은 김대중이 한일 관계를 복원하기 위해 한국 측 요인의 일본 방문 가능성을 사토에게 시사했는데, 이 요인은 "사실상 대통령의 특사라고 할 수 있다"고 보도했다.[1] 교도통신이 대통령의 특사라고 보도했던 인물은 국회부의장 김봉호였다. 그는 김선길 해양수산부 장관과 함께 일본 측 상대역인 사토 위원장 및 나카가와(中川昭一) 농림수산상과 일련의 회담을 가졌다.

협상의 최대 쟁점은 오징어와 명태의 황금어장인 대화퇴(大和堆)어장을 어느 선에서 나눌 것인가 하는 문제였다. 한국 어선들은 이곳에서 연간 2만 5,000톤의 오징어를 잡았다. 그래서 한국은 동경 136도를 주장해왔고, 일본은 동경 135도를 주장해왔다. 만일 상대에게 1도를 양보할 경우 기존 어획량의 절반 가까이를 내주는 것이기 때문에 136도냐 135도냐를 둘러싸고 첨예하게 대립해왔던 것이다.

양측은 결국 0.5도씩 양보해 동경 135도 30분의 절충점으로 합의를 보았다. 한편 전속관할수역의 범위는 1해리가 2km밖에 안 돼 당초 34해리에서 35해리로 양보할 경우에도 어업 면에서는 손해 볼 것이 없다는 판단에 따라 일본 측 주장을 그대로 수용했다.

김봉호는 두 장관을 제치고 9월 25일 새벽 1시까지 오부치(小淵惠三) 일본 총리와 단독 담판을 벌여 마침내 극적인 합의에 이를 수 있었다

---

[1] "한일어협 매듭 위해 김 대통령 특사 파견 계획", 「한국일보」, 1998년 7월 7일.

고 언론에 협상 무용담을 털어놓기도 했다.[2]

　타협이 이루어지자 일본 언론들은 일제히 21세기의 새로운 한일 동반자 관계를 여는 시점에 양국의 최대 현안이 타결됐다고 반겼다. 「니혼게이자이신문」은 어업 마찰로 초래될 한일 간 최악의 사태 방지와 김대중의 국빈 방문이라는 두 가지 요인을 축으로 양측이 조금씩 양보하는 미덕을 보였다고 평가했다.

　마침내 이 협정은 10월 8일 양측 수석대표에 의해 가서명되었으며, 1999년 1월 22일 비준서의 교환으로 발효되었다. 이른바 신 한일 어업협정 시대로 들어서게 된 것이다. 그러나 극적으로 타결했다는 '김대중 라인'은 심각한 문제점을 안고 있었다.

독도의 영유권 훼손

　당시 김대중 정부는 실리 추구의 협상을 했다고 설명했지만 그 실리라는 것이 고작 대화퇴의 어장을 확보한 것인 데 반해, 일본은 독도의 영유권 문제에 있어 주권적 반론을 제기할 수 있는 법적 근거를 확보하게 되었다.

　즉, 새 협정문에 보면 자원의 공동 관리가 이루어지는 중간 수역에 독도를 위치시켰다. 물론 "한국 쪽 수역에서 어로를 보장받은 일본은 형식적으로만 독도 영유권 주장을 유지하는 선에서 실질적으로는 현상유지 상태를 존중한다는 방침을 선택했다."[3]

---

[2] "김 부의장이 밝힌 타결 내막", 「국민일보」, 1998년 9월 26일.

그러나 새 협정에 따르면 "독도는 배타적 경제 수역은 물론이고 그보다 더 월등한 연안국의 배타적 지위가 인정되는 영해도 갖고 있지 못하다. 심지어 독도의 육지 부분조차 표시되어 있지 않다. 이러한 결과는 우리 정부 당국이 '독도 분쟁은 존재하지 않는다'고 한 지금까지의 주장을 뒤엎는 것으로, 스스로 독도 영유권 분쟁의 존재를 인정하고 극한 대립을 피하기 위해 취해진 조치임을 나타낸다."[4]

다시 말해 독도의 영유권이 크게 훼손되었다는 것이다. 이에 따라 분쟁이 발생할 경우 독도에 대한 한국과 일본의 지위는 사실상 1대 1이 되어버렸다는 해석도 있다.

이 점을 알게 된 사람들은 '김대중 라인'이 독도를 내주었다는 식으로 비판하지만 그것은 결과론일 뿐이고, 진실은 역대 정부가 그런 결과를 낳을 수밖에 없는 논리 구조를 만들어왔다는 데 있다.

즉, 역사적으로 한국의 역대 정부는 일본의 전략에 계속 말려들어 왔다는 이야기다. 맨 먼저 일본이 한 일은 울릉도와 독도를 분리시키는 일이었다. 독도가 울릉도의 부속 섬으로 남아 있는 한 독도의 일본 영유권을 주장할 수가 없었기 때문이다. 그 완결편이 1905년 독도의 일본 영토 편입이었다고 할 수 있다.

그러나 해방 후 맥아더사령부가 이를 원상 복구시켜놓았고, 이승만이 다시 '이승만 라인'이라는 방어벽을 쳐서 확실히 우리 것으로 만들어놓았다.

---

3 김영구, 「한일 어업협정, 그 치명적인 실수」, 『한겨레 21』, 2006년 5월 3일.
4 이장희, 「동해 중간 수역의 문제와 신 한일 어업협정 개정 방향」, 『독도 영유권의 위기』, 백산서당, 2003.

 독도의 진실

그러나 6·25전쟁을 겪고 미국의 원조로 겨우 밥이나 먹는 상황에서 경제개발은 절실했다. 이 때문에 박정희는 대일 청구권 자금과 이승만 라인을 맞바꾸는 한일 어업협정을 맺었다. 이것이 바로 1965년에 설정된 '박정희 라인'이다. 다만 독도 문제 자체는 선반 위에 올려두기로 했었다. 이때 양국이 합의한 '독도 밀약'의 조항 가운데는 "경비원을 증강하거나 새로운 시설의 건축이나 증축은 하지 않는다"는 조항이 들어 있었다. 박정희에 뒤이은 최규하-전두환-노태우 시대에는 이 조항을 위반한 사례가 없다.

그러나 "민간 정부로 넘어와서는 상황이 변했다. 민간 정부 시대를 연 김영삼 대통령은 밀약의 존재조차 듣지 못했다."[5] 국민적 인기를 바탕으로 자신감에 넘쳤던 그는 일본이 200해리 경제 수역을 선포하려는 움직임을 보이자 독도에 접안 시설을 건설하는 것으로 맞섰다. 그에 앞서 일본의 버르장머리를 고쳐놓겠다는 발언도 저들을 자극시켰다.

이후 일본은 치밀한 보복 계략을 짰고, 이에 말려든 김영삼 정부는 결국 1997년 10월 잠정공동수역안을 공식적으로 받아들여 독도를 중간수역으로 하는 데 합의해주고 말았다.

"오늘날 독도 영유권 훼손이라고 해서 논란이 되고 있는 '공동 수역'은 이렇게 탄생했다. 신 한일 어업협정은 DJ 정권에서 최종 타결됐지만 문제의 조항을 수용한 것은 YS 정권이었다."[6]

---

[5] 노 다니엘, 『독도 밀약』, 김철훈 옮김, 한울, 2011.
[6] 이병선, "현명한 분노 표출법", 「문화일보」, 2005년 3월 22일.

이것이 역사적 진실이다.

이 과정에서 비판받아야 할 존재는 김영삼 대통령이나 김대중 대통령이라기보다도 그들을 보좌해서 올바른 정책을 펴도록 했어야 할 관리들이었다. 민간 대통령들이 받아들일 수밖에 없는 논리 구조를 만들어온 것이 바로 그들이었기 때문이다. 정치인이 선거를 통해 대통령이 되었다고 해서 갑자기 외교 문제를 깊이 알 턱이 없다. 또 대통령의 임기는 5년이지만 관리들의 임기는 한평생 아닌가?

이 점을 한 국제법 학자는 이렇게 개탄했다.

"정책이 잘못되었을 때 그들이 범한 잘못된 정책적 실수를 인정하는 데 몹시 인색한 정부 당국자들은 1999년 신 한일 어업협정이 대단히 잘못된 법적인 구조로 합의되었다는 사실을 끝까지 인정하지 않으며, 이상한 법적 논리를 창출하여 지금도 이 한일 어업협정을 '잘된 조약'이라고 변호하고 있다."[7]

예나 지금이나 관리들은 자신의 책임만 모면하면 그만인 모양이다.

---

7 김영구, 『한국과 일본의 독도 영유권 문제』, 2003.

노무현 시대의 독도

일본 탐사선을 당파하라

새로 어업협정을 맺었을 뿐 아니라 일본 국왕을 '천황'이라 부르기로 하고, 일본 대중문화의 수입 개방을 허용하는 등 상당히 우호적인 대일 관계를 보인 김대중 시대에는 독도 문제가 따로 불거지지 않았다.

그러나 노무현 시대로 넘어가면서 일본의 태도가 변하기 시작했다. 저들에게는 언제, 어떤 방식으로, 무엇을, 어디를 공격한다는 매뉴얼이 있는 것이다. 최종 목표는 분쟁 지역이라는 축적된 자료를 가지고 국제사법재판소로 가는 것이다.

이에 따라 후소사의 역사 교과서 문제가 불거지더니, 2005년 1월 13일에는 일본 서남쪽에 있는 시마네현 의회가 100년 전 독도를 시마네현 부속 섬으로 편입했다고 고시한 2월 22일을 '다케시마의 날'로 정한다는 조례안을 상정했다.

이에 국내 기자들이 시마네현에 파견되었다.

"시마네현 관계자는 시마네 지역에서도 '다케시마를 모르는 젊은 세대가 늘어나고 있다'며 '우리가 다케시마를 돌려달라'고 외치면 '다케시마라는 사람이 누구냐고 묻는다는 웃지 못할 이야기도 있다'고 전했다. 자민당 고위 관계자도 15일 한국 기자단과 만나 독도 문제에 대해서는 일본 국민들의 관심이 거의 없다는 점을 거듭 강조하면서 '한국에서도 이런 일본 내 분위기를 이해해주기 바란다'고 말했다."[1]

그러나 이것은 그들의 '겉'이다. 3월 16일 조례안은 예정대로 현의회를 통과했다. 이것이 그들의 '속'이었다.

그러자 한국 정부는 다음 날 '다케시마의 날' 제정을 비롯해 일본 일각에서 일고 있는 독도 관련 도발을 제2의 식민지 침탈로 보고 이를 일본 정부에 강력 항의했고, 지방자치단체들은 예정되었던 일본 방문 및 결연 등을 취소했으며, 시민 단체들은 일본 제품 불매운동을 벌였다.

반일 감정이 예상외로 고조되자 일본 정부는 겉으로 매우 당황한 듯한 포즈를 취했지만 그것이 다는 아니었다. 그들은 그러다 마는 한국인의 냄비 근성을 잘 파악하고 있었고, 그 속은 '다케시마의 날'을 제정한 시마네현과 대동소이했다. 그 점이 입증된 것은 다음 해 4월이다.

"정부 당국자는 14일 일본 해상보안청이 우리의 배타적 경제 수역(EEZ) 내에서 4월 14일부터 6월 30일까지 수로 측량 활동을 하겠다는 내용을 국제수로기구(IHO)에 통보했다고 밝혔다. 일본 측이 제시한 수역은 울릉도 동쪽 약 30~40해리 지점의 독도 인근까지 포함된다."[2]

---

1 「한겨레」, 2005년 3월 16일.

 독도의 진실

한국 정부는 발칵 뒤집혔다. 해양 탐사선을 독도 인근까지 보내는 것은 독도의 국제 분쟁화를 유도하는 행위로 파악되었기 때문이다.

이에 유명환 외교장관 대리는 주한일본대사를 외교부로 불러 탐사 계획의 철회를 촉구하며 "강행할 경우 모든 수단을 동원해 저지하겠다"는 입장을 전달했다.

그러자 아베(安倍晋三) 관방장관은 "국제법상 아무 문제가 없는데 한국은 무슨 조치를 취한다는 것이냐"고 악을 올렸다.

여기서 노무현 대통령이 울컥했다.

김병준 참여정부 정책실장은 "'대통령께서는 만약 일본 탐사선이 독도에 오면 당파(撞破)하라고 지시했다'며 '이에 해양경찰청도 만반의 준비를 했다'"고 당시를 증언했다.[3] '당파'란 부닥쳐 깨뜨린다는 뜻이다. 이 증언은 그 후 공개된 위키리스크 외교 전문에서 사실로 입증되었다.

"주일미대사관이 미 국무부에 보낸 극비 전문에 따르면 토머스 시퍼 대사는 2006년 4월 20일 야치(谷內正太郎) 당시 외무성 사무차관과 면담한 자리에서 독도 문제에 대해 '일본은 국제법의 허용 범위 내에서 권리 행사를 하고 있다'고 두둔했다. 반면 한국에 대해서는 '분별없이 행동하고 있다'고 말했다. 그는 특히 '미국은 한국이 미친 짓을 하거나 중대 문제를 일으킬까 우려하고 있다'고 말했다.[4]

'당파'를 미친 짓이라고 표현한 것이다. 그러나 이 같은 노무현의 단

---

2 "일 탐사선 우리측 EEZ 무단 탐사 통보 파문", 「서울신문」, 2006년 4월 15일.
3 "노 前 대통령, 日 선박 독도 오면 부숴라 지시", 「경향신문」, 2011년 8월 19일.
4 "주일미대사, 한국 독도 관련 미친 짓 할까 우려", 「경향신문」, 2011년 9월 6일.

호한 의지가 전해지자 일본 정부는 오키 섬에 대기 중이던 해양 탐사
선 2척의 출발을 중단시켰다고 김병준은 회고했다.

이명박 시대의 독도

"지금은 곤란하다, 기다려달라"

독도를 둘러싼 한일 대결의 숨 막히는 순간들이 지나가자 노무현은 4월 25일 "존경하는 국민 여러분, 독도는 우리 땅입니다. 그냥 우리 땅이 아니라 40년 통한의 역사가 뚜렷하게 새겨져 있는 역사의 땅입니다"로 시작되는 특별 담화를 발표했다.

"독도를 분쟁 지역화히려는 일본의 의도를 우려하는 견해가 없지는 않으나, 우리에게 독도는 단순히 조그만 섬에 대한 영유권의 문제가 아니라 일본과의 관계에서 잘못된 역사의 청산과 완전한 주권 확립을 상징하는 문제입니다. 공개적으로 당당하게 대처해나가야 할 일입니다. 이제 정부는 독도 문제에 대한 대응 방침을 전면 재검토하겠습니다."

그 특유의 낭랑한 음성은 결의에 차 있었다. 그러나 강력한 레토릭 이외에 그가 한 일은 별로 없었다. 신 한일 어업협정 제16조 2항에는 효력이 발생하는 날부터 3년이 지난 2001년부터는 한쪽이 일방적으로 협정을 파기할 수 있는 조항이 들어 있어 그가 결심하면 독도의 영유권을 위협하던 '김대중 라인'을 철폐할 수도 있었지만 그렇게 하지 않았다.

아니, 할 수가 없었다. 일본과 엮인 것이 한두 가지가 아닌데 독도 하나를 건지자고 그 밖의 모든 것을 걸 수는 없었을 것이기 때문이다.

정권이 다시 바뀌었다.

제17대 대통령 당선자는 전임자와 달리 '대일 프렌들리'를 표방했다. 그래서 2008년 4월 한일 정상회담을 가질 때 이명박 대통령은 일본 측과 '미래지향적 관계' 구축에 합의하면서 과거사나 독도 등 민감한 문제는 아예 꺼내지도 않았다. "마치 과거사나 독도 문제를 꺼내지 않는 것이 이명박 정부의 실용 외교라는 느낌을 강하게 줬다. 누리꾼들 사이에서는 이명박 정부가 독도를 포기했다는 '독도 괴담'이 나돌기 시작했다."[1]

그러나 그해 5월 19일 「요미우리신문」이 "중학교 사회 교과의 학습 지도 요령 해설서에 '독도는 일본 고유 영토'라고 명기될 것"이라고 보도하자 그는 "진상을 확인하고 사실이라면 강력히 시정을 요구하라"며 대일 강경 노선으로 선회했다.

이례적이었다.

"당시만 해도 일본 정부의 공식 방침이 아니라 한 신문의 보도에 지나지 않았기 때문이다. 그때는 '쇠고기 촛불'이 절정에 이르러 이 대통령이 대국민 사과 기자회견을 하기 3일 전이었다. 따라서 독도 문제마

---

1 "일 독도 영유권 명기-이 대통령 강경 대응 왜?", 「한겨레」, 2008년 7월 15일.

   독도의 진실

저 국내 민심에 또 다른 불씨가 될까 봐 목소리를 한껏 높이려는 듯하다는 해석도 나왔다."[2]

7월 9일 이명박은 홋카이도 도야코에서 G8확대정상회의가 열렸을 때도 후쿠다(福田康夫) 일본 수상에게 교과서 해설서 문제에 대한 우려를 전하고 신중한 대응을 촉구했다고 청와대 대변인이 전했다.[3]

그러나 교과서 해설서는 그대로 진행될 것이라는 뉴스가 들어왔다. 게다가 후쿠다 수상을 만나 우려를 전달할 때 이명박 대통령이 했다는 발언 내용이 청와대를 한층 더 당혹케 했다.

당시 한 일본 신문은 "이 대통령은 홋카이도의 도야코 정상회담이 열리는 호텔에서 후쿠다 수상과 서서 이야기할 때 우려하는 바를 표명. 관계자에 의하면 수상이 '다케시마를 (교과서 해설서에) 쓰지 않을 수 없다'고 알리자 대통령은 '지금은 곤란하다, 기다려달라'고 요청했다고 한다"[4]고 보도했다.

이 기사가 국내에 소개되면서 파문이 일었다.

"듣기에 따라서는 국내의 여론을 고려해 시점을 조정해달라는 의미로 해석될 수 있었기 때문이다. 논란이 불거지자 이동관 당시 청와대 대변인은 '전혀 사실무근'이라고 의혹을 전면 부인하다가 '(후쿠다 총리로부터) 사정 설명은 있었다', '본질이 아니다'라는 식으로 말을 바꿔 논란을 더욱 키웠다. 당시 야당들은 '보도가 사실이라면 이 대통령은 법률적으로 탄핵감', '헌법에 명시된 영토 보호의 의무를 대통령이 위

---

2 「한겨레」, 2008년 7월 15일, 앞의 기사.
3 「경향신문」, 2008년 7월 15일.
4 「요미우리신문(読賣新聞)」, 2008年 7月 14日.

반했다'는 등의 비난을 쏟아내기도 했다."⁵

당혹한 청와대는 "향후 한일 관계 악화에 대한 모든 책임은 일본에 있다"는 등 그동안의 실용 외교 기조와 어울리지 않는 초강경 표현을 사용하면서 주일대사의 소환, 현직 국무총리의 독도 방문 등 초강수를 두었다.

점진법적인 거짓말

그러나 "지금은 곤란하다, 기다려달라"는 발언이 계속 인구에 회자되면서 이명박 정부를 압박하는 재료가 되었다.

이에 2009년 8월 시민소송단 1,886명은 "근거 없는 보도로 한국인의 자존 의식에 상처를 입혔다"며 「요미우리신문」을 상대로 서울중앙지법에 손해배상 소송을 냈다. 소송단은 해당 발언이 사실무근이라는 청와대의 사실 조회 결과를 재판부에 제출했다.

그러자 「요미우리신문」도 민사14부에 제출한 준비 서면에서 "당시 「아사히신문」도 표현은 조금 다르나 「요미우리신문」과 같은 취지로 보도했다고 주장했다. 또 '서로 다른 신문사가 동일한 취지의 내용을 기사화한 것은 보도 내용이 취재 활동에 기초한 객관적 사실의 전달이라는 점을 방증한다'며 '신빙성 있는 사실 정보에 근거하지 않은 채 보도하는 것은 상식적으로 있을 수 없는 일'이라고 강조했다."⁶

---

5 "요미우리 보도 사실이라면 MB는 탄핵감", 「프레시안」, 2010년 3월 10일.
6 "요미우리, MB '기다려달라' 독도 발언은 사실", 「국민일보」, 2010년 3월 9일.

 독도의 진실

이 사건에 대한 법원 판결이 내려졌다.

"서울중앙지법 민사14부는 7일 국민소송단 1,886명이 일본의 요미우리신문사를 상대로 낸 손해배상 소송에서 원고 패소 판결을 내렸다. 재판부는 '원고들은 「요미우리신문」의 보도로 인해 대한민국 영토권과 행복추구권 등을 침해당했다고 주장하는데 보도에서 직접적인 당사자로 지명되거나 지목되지 않아 언론 보도로 인한 명예훼손 피해자라 볼 수 없다'며 '이 사건 보도의 직접적인 피해자와 밀접한 관계가 있어 간접 피해를 받았다고 볼 수도 없다'고 판결했다. 재판부는 하지만 당시 보도가 사실이었는지 여부는 이번 재판에서 판단하지 않았다."

문제의 핵심은 발언의 사실 여부였는데 재판부는 정작 그 점은 판단하지 않았다. 따라서 "지금은 곤란하다, 기다려달라"고 한 발언이 실제 있었는지 어쩐지는 미궁에 빠지게 되었다.

발언의 사실 여부와 관계없이 이명박 대통령은 집권 초 '일본 프렌들리' 자세를 취했던 것이 사실이고, 그것이 일본으로 하여금 한국을 얕잡아보게 하는 빌미를 제공했다는 일부 시각이 있었지만 일부 시각이었을 따름이다.

대일 자세가 우호적이면 우호적인 대로 비우호적이면 비우호적인 대로 독도 문제를 한 번씩 건드려온 것이 일본이었기 때문이다. 독도에 분쟁이 존재한다는 자료를 축적하기 위해서였다. 그들의 매뉴얼이 그렇게 되어 있었다. 자료를 축적해두라는 시볼드의 권유를 받은

---

7 "日 요미우리 독도 보도 피해 당사자 해당 안 돼", 「문화일보」, 2010년 4월 7일.

1954년 이래 그들은 적어도 1년에 한 번 이상 정기 우편물 같은 항의 문서를 한국 측에 보내왔다.

"분쟁이 발생한 뒤의 행위는 실효적 점유의 증거가 되지 않는다"는 국제법을 그들은 항시 염두에 두고 있었던 것이다. 다시 말해 가만히 내버려둘 경우 한국의 실효지배를 인정하는 것이 되기 때문에 그들은 일부러 문제를 만들어 시끄럽게 하는 방법을 취해왔다. 역사 교과서 같은 것이 그 대표적 사례였다.

문제는 강도가 점점 높아지고 있다는 점이다.

최근에도 겐바(玄葉光一郎) 외상은 독도가 "법적 근거 없이 점거 · 지배되고 있다"[8]고 주장했고, 도쿄 한복판에서 열린 최근 집회에는 일본 외무차관 · 총리 측근 · 의원 50여 명도 참석하여 '다케시마는 일본 땅'이라고 주장하는 등 강도를 점점 더 높여가고 있다.[9]

당초 일본의 각료나 수상은 "다케시마가 일본 땅"이라는 식의 이야기는 입 밖에 꺼내지도 않았다. 저 밑 실무진에서 그런 이야기를 하면 각료급이 묘한 레토릭으로 얼버무리곤 했는데, 이제는 일본 수상이 독도가 일본 땅이라는 말을 노골적으로 하기에 이른 것이다.

점진법이다.

그렇다더라→그럴지도 모른다→그런 것 같다→그렇다 식으로 횟수가 거듭되고 시간이 지나면 거짓도 진실로 간주될 수 있다는 이치를 저들은 잘 알고 있었다. 그래서 빈틈없는 논리와 치밀한 연구에 의

---

[8] "일본 외상, 독도 불법점거 · 지배되고 있다", 「조선일보」, 2011년 9월 6일.
[9] "일본 관료 · 의원 대거동원 '독도 일본땅' 집회", 「연합뉴스」, 2012년 4월 11일.

해 뒷받침된 '진실 같은' 거짓말을 만들어 이를 국제사회에 퍼뜨렸다.

우리는 그것이 거짓말임을 안다. 그래서 저들의 주장이 진실이 아니라는 것을 세계에 알리자고 주장하는 사람들이 있다. 그 주장이 틀린 것은 아니지만 현실을 너무 모르는 이야기다. 일본이 지금까지 발간·배포해온 다케시마(독도) 자료만 해도 무려 5,000여 종이나 된다.

게다가 세계 각국의 지리부도나 지도책에 독도를 다케시마로 표기하기 위해 지난 57년 동안 벌여온 지속적이고도 광범위한 저들의 노력은 하루 이틀의 노력으로 만회할 수 있는 수준이 아니다. 때문에 이쪽에서 웬만큼 노력해서는 씨도 먹히지 않게 되어 있다.

그 실상은 어떤 것일까?

일본의 영향력

샌프란시스코강화조약을 전후해서 미국이 일본을 편든 과정은 앞에서 자세히 살펴보았다. 1951년 러스크 서한에서도 그렇고, 그 후 아이젠하워 대통령의 특사로 아시아 각국을 순방하고 난 뒤에 작성된 밴플리트 보고서에서도 독도는 일본 땅이라는 것이 미국의 입장이었다.

이 기조는 최근까지 이어지고 있다. 가령 2006년 일본이 탐사선을 독도 앞바다에 파견해 측량을 하겠다고 하자 노무현 대통령이 일본 배가 오면 "당파하라"고 했을 때도 그랬다. 당시 토머스 시퍼 주일미대사는 독도 앞바다를 조사하겠다는 일본에 대해서는 "국제법의 허용 범위 내에서 권리 행사를 하고 있다"고 두둔하면서 이를 막으려는 한국에 대해서는 "분별없이 행동하고 있다"고 비판한 대목에서도 그런

기조가 읽힌다.[10]

미국은 현재 독도를 영유권 미정지로 간주하고 있다. 이런 견해에 따라 미국 연방 정부 기관인 미국지명위원회에서도 독도의 대표 명칭으로 '리앙쿠르 암석'을 사용하고 있고, '독도'는 '다케시마'와 함께 별명(Variant)으로 기재하고 있다.

다만 위로가 되는 것은 미 해군이 발간하는 『항해지침』에는 독도가 일관되게 한국 땅으로 분류되고 있다는 점이지만 거기서도 독도의 이름으로 역시 '리앙쿠르 암석'을 사용하고 있다.

영국은 어떨까?

영국의 경우는 독도를 발견한 1858년부터 1913년까지 이 섬을 한국령으로 분류했다. 그러다가 1914년부터 1982년까지는 한국과 일본 양쪽으로 분류하더니 1983년부터는 독도를 일본 오키 섬 소속으로 분류해오고 있다.

프랑스는 어떨까?

프랑스의 경우도 초기에는 독도를 한국령으로 분류했다. 리앙쿠르라는 명칭 자체가 독도를 처음 발견한 프랑스의 포경선 이름이다. 그런데 프랑스도 언제부터인가 독도를 일본령으로 분류하기 시작했다.

영국과 프랑스는 왜 과거와 달리 독도를 일본령으로 분류하게 되었을까?

1970년대 후반부터 여러 나라가 공동으로 사용하는 동해와 태평양 해역의 국제 해도를 일본 해상보안청에서 제작해왔기 때문이다. 동해

와 태평양의 연안국인 일본은 세계 유수의 해양국이다. 따라서 이들 해역에 대해 일본만큼 상세하고 정확한 정보를 축적·보유하고 있는 나라는 없다고 영국과 프랑스가 신뢰하고 있는 것이다. 두 나라의 경제력도 이제는 일본만 못하다.

따라서 일본이 제공해주는 해양 자료를 얻어 쓰고 있는 영국과 프랑스는 자기들도 모르는 사이에 독도를 일본령으로 분류하게 된 것이다. 프랑스의 어떤 해도에는 '다케시마'라는 일본 이름만 있지 원래 프랑스 이름인 '리앙쿠르'마저 자취를 감춘 경우가 많다고 한다.[11]

해양 강대국이었던 영국과 프랑스가 이 정도라면 다른 나라들은 말할 것도 없다. 가령 분쟁지인 독도가 어느 나라 소유냐는 질문에 말레이시아 사람들은 66.7%, 호주 사람들은 58.8%, 인도네시아 사람들은 55.6%, 필리핀 사람들은 54.5%가 일본 땅이라고 대답했다는 통계자료도 있다.[12]

흥미로운 것은 제2차 세계대전 직후 일본과 평화조약을 체결하는 조건으로 독도와 대마도의 '조선' 귀속을 요구하는 방안을 검토했던 중국조차 외교부 홈페이지의 '국가 개황'을 소개하는 난에 독도를 죽도(竹島)로 쓰고 "한국과 일본이 분쟁 중인 땅"으로 표기한 일이 있다는 것이다.[13]

그 후 이 부분은 삭제되었고, 한국의 '국가 개황'에는 현재 독도로 표기하고 있지만, 언젠가는 또 어떤 신문에서 독도를 죽도(竹島)로 표

---

11 이진명, 『독도, 지리상의 재발견』, 삼인, 1998.
12 「파 이스턴 이코노믹 리뷰(Far Eastern Economic Review)」, 1996년 10월.
13 「한겨레」, 2004년 7월 21일.

기한 일도 있다.[14] 무슨 얘기냐 하면 한일 관계를 익히 알 만한 중국 같은 나라조차도 일본 자료 또는 일본에 영향을 받은 자료들을 바탕으로 글을 정리하다 보니 이런 실수가 생긴다는 것이다. 그만큼 일본의 영향력은 크고 세계적이라는 뜻이다.

여기서 떠오르는 의문은 대체 일본은 동해의 작은 섬에 불과한 독도에 왜 그렇게 필사적인 노력을 기울여왔을까 하는 점이다. 정말 일본은 왜 그렇게까지 독도에 집착해온 것일까?

14 「중국신문(中國新聞)」, 2010年 4月 15日.

군사적 대응은 가능할까?

팽창주의

일본이 독도에 집착해온 이유를 혹자는 독도 인근의 해저 자원 때문이라고 설명한다. 독도를 중심으로 한 동해의 심해 지역에는 LNG 환산 약 6억 톤 이상의 가스 하이드레이트가 매장되어 있다. 이는 한국이 천연가스 대용으로 30년이나 사용할 수 있는 저장량이고, 금액으로 환산하면 약 150조 원에 달한다.

그러나 독도 부근의 해저 자원은 비교적 최근에 발견된 것이므로 이 주장은 6·25 전부터, 아니 해방 전부터 일본이 독도에 눈독을 들여온 이유를 충분히 설명해주지는 못한다.

혹자는 심리적 이유를 제시한다.

"우익 성향의 일본인에게는 한국은 일본보다 우수한 분야가 있어서는 안 된다는 생각이 깊이 뿌리박혀 있다. 그들은 독도에 대해서도 독도가 한국 영토라고 한국이 주장하는 행동 자체를 용납하지 못한다.

이처럼 독도 문제에 대해서도 우익 성향 일본인들의 한국에 대한 우월감이 끊임없이 표출된다."[1]

분명 그런 면도 있을 것이다.

그러나 한류나 스포츠나 일부 전자 제품 등 한국이 일본을 앞서는 현상이 생긴 것은 극히 최근의 일이므로 이 주장 또한 일본이 오래전부터 독도에 눈독을 들여온 이유를 충분히 설명해주지는 못한다.

혹자는 패전한 일본이 다른 것은 민주화했으면서도 영토 문제에서만은 제2차 세계대전 전의 팽창주의를 완전히 청산하지 못한 데서 기인한다고 주장한다.

그렇게 된 원인의 하나는 상징적이라 해도 천황제가 살아남으면서 일본인의 의식 속에는 전전 천황제가 추구하던 영토 확장주의도 살아남았기 때문이라는 것이다. 특히 근년에 대두한 민족주의는 전전 천황 중심의 제국주의적 팽창주의와 결합하여 국익 최우선주의라는 국가정책으로 탈바꿈하게 되었다는 것이다.[2]

이 견해는 상당히 설득력을 갖는다. 왜냐하면 아시아에서 한국, 중국, 러시아 등과 영토 분쟁을 동시에 벌이고 있는 나라는 일본밖에 없기 때문이다. 그것도 제2차 세계대전 직후부터 지금까지.

일본의 영토에 대한 집착이 어느 정도인지 말해주는 대표적인 사례로 '먼바다의 새가 쉬어 가는 섬'이라는 뜻의 '오키노도리시마(沖ノ鳥島)'를 들 수 있다.

---

[1] 호사카 유지, "집요한 일본, 그 심리 상태는", 「문화일보」, 2011년 8월 4일.
[2] 최장근, 「어업협정과 독도 및 EEZ와의 관련성: 일본 외교의 정치문화적 특성에서 고찰」, 『일본학보』 제50집, 2002년 3월.

오키노도리시마는 도쿄에서 1,740km 떨어진 남태평양의 작은 산호초로, 간조 시에는 동서 4.5km, 남북 1.7km에 이르는 고구마 모양의 자태가 어렴풋이 드러나지만, 만조 시에는 동쪽에 0.5평 정도, 북쪽에 1.5평 정도의 작은 암초 끝이 수면 위로 겨우 1m 정도 드러나는 바윗덩어리에 지나지 않았다.

샌프란시스코강화조약에 따라 1952년 미국 관할에 들어갔다가 1968년 돌려받은 이 바윗덩어리에 일본은 약 6,200톤의 콘크리트를 들이붓고 티타늄 합금까지 사용하여 직경 50m, 높이 3m의 원형 방파제를 동쪽, 북쪽, 남쪽에 하나씩 만들고 가운데 관측 시설 한 곳을 만들었다.

당시 4,000억 원이라는 돈을 들여 이 인공 섬을 만든 이유는 이를 근거로 일본 땅보다 넓은 40만km^{2}의 배타적 경제 수역(EEZ), 곧 바다의 영토를 확보할 수 있었기 때문이다. 이런 식으로 게걸스레 영토를 확장함으로써 비록 육지의 영토는 세계 60위이지만 바다의 영토는 세계 6위가 된 일본에게 단 2평이 아니라 무려 54km^{2}의 넓이인 독도야말로 매력적인 섬이 아닐 수 없었던 것이다.

이로 인해 생기는 바다의 영토와 더불어 한국, 러시아, 일본 사이에 위치한 독도의 전략적 가치는 크고, 무엇보다도 거리가 가깝다는 것이 매력의 포인트였다. 그래서 어떤 무리수를 써서라도 이 섬을 차지하고야 말겠다는 것이 저들의 목표였다. 때문에 독도를 향한 일본의 집착과 노력이 그렇게 집요했던 것이다.

여기서 떠오르는 의문은 그럼 우리 정부는 저들의 욕망을 저지하기 위해 과연 무엇을 해왔던가 하는 점이다.

한국 정부는 무엇을 해왔나?

2008년 7월 23일 미국지명위원회는 독도의 주권국가를 '한국'에서 '주권 미지정(Undesignated Sovereignty)'으로 바꾸었다. 이에 대해 기자가 물어보자 주미한국대사관 측은 "지명위원회의 이번 결정 경위에 대해 현재 파악 중"이라고 밝혀 사실관계조차 파악하지 못하고 있음을 시인했다. 한 일이 아무것도 없었다는 이야기다. 그래서 지금까지 어떤 식으로 대처해왔는지 물어보니 앞으로 열심히 하겠다는 말만 되풀이했다고 한다. "알아보겠다", "연구해보겠다", "검토해보겠다", "반영해보겠다"는 말은 관리들이 "아무것도 안 하겠다"는 말을 멋있게 표현하는 말이다. 이 점은 본국의 경우도 똑같다.

여기서 한 걸음 더 나아가 여론이 들끓고 언론에서 난리를 치고 위에서 다그치면 관리들이 항시 써먹는 수법이 있다. 역대 정권을 거치면서 아이디어 차원에서 축적된 각종 대책들을 책상 서랍에서 꺼내 그것이 무슨 새로운 것이라도 되는 양 언론에 발표하는 것이다.

독도영토관리반 설치, 종합해양과학기지 건설, 숙소 확장, 방파제 건설, 다가구 마을 조성, 독도 수비 훈련 확대, 경비 함정 추가 배치 등등……. 이런 대책들은 그럴듯하게 느껴지고, 이에 냄비 끓듯 하던 국민들의 분노도 가라앉는다. 그러면 그것으로 업무 종결이고, 각종 대책들은 언제 발표했나 싶게 다시 서랍 속에 집어넣는다. 거기에 넣어두면 언젠가 다시 써먹을 때가 반드시 오기 때문이다.

매사에 이런 식이었다. 독도 문제도 늘 이런 식의 임기응변과 책임회피로 일관해온 것이 우리의 현실이다. 좀 더 노골적으로 말하면 한게 아무것도 없다. 그 대표적인 사례가 독도 문제와 관련해서 외교부가 표방해온 이른바 '조용한 외교'다.

독도는 한국이 실효지배하고 있는 땅이므로 과잉 반응하면 분쟁이 있다는 오해를 주어 국제사법재판소로 가려는 일본의 책략에 말려드니 조용히 문제를 다루는 게 좋다는 것이다.

논리 자체는 틀린 것이 아니나 문제는 오늘날 독도를 분쟁 지역으로 보지 않는 곳은 한국 정부밖에 없다는 사실이다. 실제로는 한국이 평화선을 긋고 일본이 자기네 섬이라고 우기며 평화선을 침범하기 시작한 1952년부터 독도는 이미 국제 분쟁 지역의 하나로 분류되어왔다. 우리만 부정한다고 해서 분쟁 지역이 안 되는 것이 아니다.

각종 시설물의 설치 등 우리 정부가 강조해온 실효지배의 개념도 국제법적으로는 이의를 제기하는 나라가 없는 평온한 상태하에 지속되어야 효력이 있는 것인데, 해마다 일본이 문제를 제기하고 때마다 문제를 일으키는 '분쟁 상태'에서는 실효지배라고 하기 어렵다는 설도 있다.

이 때문에 일본 측에서는 한국의 실효지배를 "국제법상 근거가 없는 불법점거이며, 한국이 독노에 대해 행하는 조치는 법적 정당성을 갖지 않는다"[3]고 폄하하고 있다.

이런 상황에서 '조용한 외교'를 표방해온 한국 정부가 정말 '조용한 외교'를 하려고 들었다면 국제사회에 독도 영유권의 논리를 꾸준히 주입시키고 이를 확산하는 데 주력했어야 한다.

---

3 스카모토 다카시(塚本孝), 「다케시마 문제를 배운다(竹島問題を學ぶ)」, 『국제법으로부터 본 다케시마 문제(國際法から見た竹島問題)』, 講座第5回講義録(島根縣立圖書館集會室), 2008年 10月 26日.

그러나 앞 장에서 살펴본 바와 같이 정작 세계 각국어로 독도에 대한 5,000여 종의 자료를 발간·배포하고, 세계 각국의 지리부도나 지도책에 영향을 주는 외교적 노력을 꾸준히 기울이며, 동해와 태평양 해역의 국제 해도를 제작하여 세계에 보급하는 '조용한 외교'를 꾸준히, 그리고 착실히 진행해온 것은 오히려 일본 정부였다.

그럼 '조용한 외교'를 표방해온 한국 정부는 그동안 무엇을 해왔나? 한 것이 별로 없다. 그저 손 놓고 아무 일도 안 하면서 말만 멋있게 '조용한 외교'라고 위장해온 것이나 마찬가지다. 그러다 문제가 터지면 앞에 언급했듯이 책상 서랍에 넣어둔 수첩을 꺼내 거기 적힌 아이디어 항목이나 주르르 발표하고 세상이 잠잠해지면 그것으로 끝이다. 복장 터지는 외교다.

이러니 2011년 8월 1일, "다케시마는 일본 땅"이라는 일본 자민당 중의원 3명이 김포공항에 와서 억류되는 사태가 일어났을 때 정치인들이 강경 발언을 하게 되었던 것인지도 모른다.

한 정치인은 독도에 가서 군복을 입고 일일 보초를 서면서 군사적인 영토 수호 의지를 알리는가 하면,[4] 어떤 정치인은 "독도에 해병대를 주둔시켜야 한다"[5]고 군사적인 주문을 했고, 또 다른 정치인은 "일본이 까불면 군대를 보내면 된다"[6]고 큰소리치기도 했다.

이들의 호기로운 주장처럼 한국은 과연 독도에서 군사적 방법으로 일본을 이길 수 있을까?

4　이재오, "독도 보초", 「연합뉴스」, 2011년 8월 1일.
5　홍준표, "독도에 해병대 주둔해야", 「연합뉴스」, 2011년 8월 14일.
6　김문수, "일본 까불면 독도에 군대 보내면 된다", 「동아일보」, 2011년 9월 22일.

유사시의 독도 파병

경찰을 파견하면 우리 영토를 통치하는 행위가 되지만, 군대를 파견하면 독도가 분쟁 지역임을 스스로 인정하고 국제사회에 알리는 꼴이 된다. 그런 우려를 떠나서도 정치인들의 주장처럼 우리에게는 과연 군사적으로 독도를 지킬 만한 힘이 있는 것일까?

현재 동해를 맡고 있는 한국 해군 부대는 동해시에 사령부를 둔 제1함대이고, 이에 맞서는 일본 해군 부대는 교토부 마이즈루 기지를 모항으로 하는 해상자위대 제3호위대군(群)이다.

한국은 구축함 광개토대왕함을 주축으로 하고, 일본은 방위함 시나레호를 기함으로 하지만, 군사 전문가들에 따르면 한국 제1함대의 전력은 일본 해상자위대 제3호위대군의 4분의 1밖에 되지 않는다고 한다.[7]

현재 동해에서 가장 강력한 것은 일본의 제3호위대군이고, 2위는 블라디보스토크에 사령부를 둔 러시아의 태평양함대, 3위는 한국의 제1함대, 4위는 원산에 사령부를 둔 북한의 동해함대, 5위는 북한의 나진항을 빌려 한반도를 바라보는 중국 칭다오의 북해(北海)함대인데, 앞으로는 중국 함대가 2~3위가 될 수도 있다.

이런 실정이므로 군대 파견이나 대결 운운하는 이야기는 함부로 하지 않는 것이 좋다.

유사시를 대비하여 일본은 육상·해상·항공 자위대가 모두 참가

---

[7] "한·일 독도 놓고 군사적 대응 불사 방침", 「아시아경제」, 2011년 8월 4일.

하는 대규모 합동 상륙작전을 이미 13년 전에 실시했다. 연습지로 활용한 섬은 태평양의 유황도(이오지마)였고, 훈련 목적은 '적에게 점령당한 일본해의 어떤 섬'을 탈환하기 위한 것이었는데, 여기서 '어떤 섬'은 독도를 가리킨다. 가슴이 섬뜩해지는 이야기다.

일본 자위대의 병력은 24만 명에 지나지 않지만 이지스함 6척, 잠수함 16척, 헬기탑재호위함 2척, E-767 공중조기경보기, 전투기 359대 등 최첨단 무기를 보유하고 있어 해군 전력에서는 우리 해군을 훨씬 앞지른다.

따라서 일본이 독도를 점령하겠다고 마음먹으면 언제라도 가능한 실정이다. 독도에 대한 한국의 방어망은 대단히 취약하기 때문에 점령은 속전속결로 끝낼 수 있다고 저들은 생각하고 있다. 실제로 유사시에 일본 해상자위대의 함정이 독도에 도착하는 데 걸리는 시간은 오키 섬에서 2시간 50분, 시마네현 에토모항에서 3시간 18분이지만, 경북 울진 죽변항이나 동해항에서 출발한 한국 해군 함정이 독도에 도착하는 데 걸리는 시간은 각각 4시간 1분, 4시간 26분이다.

해군 기지를 울릉도에 두지 않는 한 우리는 일단 초동 작전에서부터 밀리게 되어 있다. 물론 군 당국은 독도 수호를 위해 울릉도의 항공 기지를 대폭 확충하겠다고 발표했지만, 확충된다 하더라도 아직 한일 해군력의 격차는 다윗과 골리앗의 싸움이라는 것이 군사 전문가들의 평가다.

일본은 독도 점령과 관련해 4단계 전략을 마련해둔 것으로 추정된다. 독도에 대한 국제적 설득 작업과 교과서 등을 통한 국내의 여론 고조라는 1단계 작업을 거쳐, 평화선 철폐, 신 한일 어업협정에 의해 독도 영유권에 대한 1대 1 지위 확보라는 2단계 작업을 마무리한 일본은 이제 다각도로 압박해 국제사법재판소로 가는 3단계에 돌입했다. 이것이 여의치 않으면 군사적 충돌이라는 4단계로 넘어갈 수도 있다.

역사적 교훈은 저들이 항시 위기를 이용해왔다는 점이다. 따지고 보면 독도 문제에서 일본이 가장 강하게 움직였던 시기는 6·25전쟁 중이었다. 2단계를 매듭지은 것도 한국이 외환 위기를 겪을 때였다. 따라서 앞으로 독도에 무슨 변고가 생긴다면 그것은 한국이 환란을 맞거나 위기에 처할 때다. 그때 일본은 압박에 의한 국제사법재판소행을 택하든지 아니면 군사적 충돌에 의한 국제사법재판소행을 택하든지 할 것이다.

여기서 우리는 일본이 3단계나 4단계 작전을 할 때 우리를 도와줄 나라가 한 군데도 없다는 사실에 경각심을 가져야 한다. 독도에 관한 한 미국도 유럽도, 그 어떤 나라도 우리 편은 없다. '조용한 외교'를 한답시고 말만 그럴듯하게 포장해온 우리네 외교부는 수많은 날을 보내면서 단 1명의 친구도 만들어내지 못했다. 그래서 위기에 처한 우리가 정신을 차리지 못하고 있을 때 일본이 독도를 점령해버리면 그것으로 끝이다. 도와줄 나라가 없다.

그렇다면 도무지 해결 방법이 없는 것일까?

향후 대책

우리가 하기에 따라 친구로 만들 가능성이 있는 나라가 네 나라쯤 남아 있다.

첫째는 러시아다.

러시아는 자국 해군이 독도를 처음 발견한 1854년부터 러일전쟁이 발발한 1904년 전까지 독도를 한국의 부속 섬으로 인정했다. 독도가 한국 땅임을 표시한 러시아의 고문서와 지도는 상당히 많다. 무엇보다도 러시아는 지금도 쿠릴열도를 두고 일본과 영유권 분쟁을 벌이고 있다. 독도에 관한 한 적(일본)의 적(러시아)은 친구가 될 수 있다.

둘째는 중국이다.

중국은 대만과의 대립으로 1951년 9월의 연합국 대일강화조약에 초청받지 못해 반영하지 못했지만, 1950년 5월 15일자 '대일강화조약에 있어 영토 문제와 주장에 관한 요강 초안'이라는 문서에서 일본 섬들이 미국의 군사 거점으로 활용될 가능성이 있기 때문에 일본과 강화조약을 맺는 조건으로 독도와 대마도의 '조선' 귀속을 요구하는 방안을 검토했다고 한다.[8] 이런 선례도 있지만 중국은 러시아와 마찬가지로 센카쿠열도(댜오위다오)와 오키노도리시마를 둘러싸고 일본과 영유권 분쟁을 벌이고 있다. 러시아처럼 독도에 관한 한 적(일본)의 적(중국)은 친구가 될 수 있는 것이다.

셋째는 대만이다.

이승만 대통령 시절에 대만의 장제스 총통은 독도는 물론 대마도 반환 문제에 관해서도 기꺼이 한국 편에 서주었다. 대만 역시 중국과 마찬가지로 센카쿠열도를 둘러싸고 일본과 영유권 분쟁을 벌이고 있다.

넷째는 북한이다.

---

8 「요미우리신문(読賣新聞)」, 2004年 8月 1日.

 독도의 진실

　　현재는 남북 관계가 경색
되어 있어 그렇지 독도에 관
한 한 북한과 연대할 수도 있
다. 나는 일본 자료를 뒤적이

1954년 독도 기념우표.

다가 "일한조(日韓朝)의 3국이 영유권을 주장하고 있다"는 구절을 보고
그 점을 깨닫게 되었다.

　　한국은 1954년, 2002년, 2004년에 걸쳐 세 번 독도 기념우표를 발
행했는데, 북한도 2004년과 2005년에 독도 기념우표를 발행했다. 이
처럼 독도에 대한 북한의 관심은 제삼자적인 것이 아니다. 이를테면
2011년 8월 일본이 독도 영유권 주장을 담은 『방위백서』를 발표했을
때 북한의 조선중앙통신은 "우리 군대와 인민은 일본의 독도 강탈 책
동을 추호도 용납하지 않을 것"이라고 밝혔다.[9] 독도에 관한 한 북한
의 존재도 큰 힘이 될 수 있다. "까불면 미사일이나 핵폭탄을 도쿄에
떨어뜨리겠다"고 엄포를 놓으면 일본이 움츠러드는 효과가 있을 것
이다.

　　합치면 힘이 된다. 만일 이상의 네 나라가 독도 문제에서 한국에 연
대해준다면 일본을 견제할 수 있을 것이다. 문제는 과연 이들 네 나라
가 한국 편에 서줄 것이냐 하는 점이고, 무엇보다도 미국이 중립을 지
켜줄 것이냐 하는 점이다.

　　역시 미국의 입장이 절대적이기 때문이다. 만일 미국이 일본을 편
든다면 저울추는 다시 저쪽으로 기울 수도 있다. 이렇게 되면 독도의

---

[9] 「연합뉴스」, 2011년 8월 5일.

앞날은 일본의 시나리오대로 된다. 여기서 나는 미국이 왜 일본을 편들게 되었나 하는 문제를 원점에서 다시 한 번 생각해보게 되었다.

미국이 한미 관계보다 미일 관계를 더 무겁게 생각했다는 정치·군사적 이유를 댈 수도 있겠지만, 보다 근본적인 원인은 우리 쪽에 독도의 영유권을 입증할 수 있는 결정적인 증거가 없었기 때문이다. 우리 쪽에 결정적인 증거가 없으니까 일본의 '독도 편입'에 더 점수를 주게 된 것이다. 이 점, 러시아 연구자의 다음 견해가 우리의 이해를 돕는다.

"불행히도 시마네현 고시 제40호 사건은 일본이 한국을 보호국으로 만들었던 1905년 11월 17일의 을사조약 이전이었다. 만약 이 고시가 을사조약 이후에 발령되었다면 그것을 무효로 보기 위한 방법을 찾을 수 있을 것이다. 그런데 1905년 중반까지 한국은 법적으로 자주적인 나라였는데도 고종 황제가 일본의 그 행위에 대해 실효적인 대응을 하지 않았다. 그래서 일본은 독도를 자기 영유로 한 것이 합법적이라고 하는 것이다."[10]

이것이 독도 편입을 바라보는 제삼자의 시각이다.

그들의 눈에는 1905년의 독도 편입이 합법적으로 비치는 것이다. 따라서 독도 편입이 합법적이지 않았다는 점을 입증하면 국제사법재판소에 가더라도 우리가 이길 수 있는 것이다. 과연 이 점을 입증할 방법이 있을까?

---

10 쿠르바노프, 「국제정세 차원에서 본 독도 문제」, 『독도연구』 제3호, 영남대학교독도연구소, 2007.

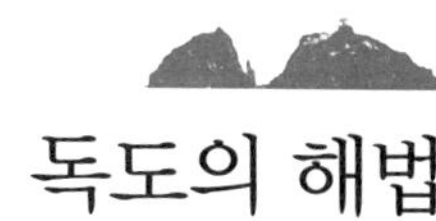

독도의 해법

미 국무부의 비밀 보고서

2008년도에 의미 있는 기사가 하나 보도되었다.

그것은 김채형 교수가 미국국립문서보관소에서 '독도의 영유권에 대한 한일 간의 상반된 주장들'이라는 제목의 1954년 8월 26일자 미 국무부 내부 보고서를 발견했다는 기사다. 그 보고서에 다음과 같은 내용이 명기되어 있었다는 것이다.

"러스크 서한은 독도가 시마네현 관할하에 들어간 1905년 이전에 독도가 한국의 일부분으로 취급됐다는 사실을 한국이 증명하도록 하는 여지를 남겨두고 있다. 한국이 이런 사실을 증명할 수 있다면 독도가 한국에 포함된다는 점을 법적으로 확립할 수 있게 된다."[1]

나는 이 기사를 읽고 한동안 입을 다물지 못했다.

---

[1] "美 국무부 1954년 독도 보고서 통해 샌프란시스코조약 오류 지적", 「동아일보」, 2008년 8월 2일.

1951년 8월 10일 딘 러스크 국무부 차관보가 국무장관의 이름으로 양유찬 주미대사에게 전달한 '러스크 서한'이야말로 미국이 일본을 편들었던 결정적인 외교 문서로 그 핵심 구절은 다음과 같이 되어 있다.

"독도 또는 다케시마, 리앙쿠르 암석으로 알려져 있는 섬에 관해서인데, 통상 사람이 살지 않는 이 암석은 우리의 정보에 의하면 한국의 일부로 취급되었던 적이 없고, 1905년경부터는 일본 시마네현 오키도청의 관할하에 있었습니다. 이 섬은 이제까지 한국에 의해 영토로 주장된 일이 있었다고 생각되지 않습니다."

그런데 이 내용과 달리 미 국무부 안에는 '독도와 관련해 미국이 취한 일련의 조치를 일본의 독도 영유권 인정으로 해석해서는 안 된다'는 견해가 있었다는 것이다. 이는 앞에서 우리가 살펴보았던 "독도는 한때 조선 왕국의 일부였다"는 1952년 '스티브스 서한'의 내용과 일치한다. 그렇다면 우리는 1905년 이전에 한국이 독도를 실효지배하고 있었다는 사실을 입증하면 되는 것이다.

과연 그런 자료가 있을까?

여기서 나는 일본의 한 원로 사학자가 국내 신문과 가졌던 인터뷰 기사를 떠올렸다.

— 선생은 독도는 일본 영토가 아니라고 말했습니다. 그렇다고 독도가 한국 영토라고 주장한 적도 없으시지요?

"다케시마가 일본 땅이 아니라는 것은 증명했지만 다케시마가 한국 땅이라는 것도 증명하지 못했다고 보는 것이지요. 가장 중요한 부분이 1900년 대한제국의 칙령 제41조에 나온 석도(石島)라는 이름이 현재의 다케시마라는 것을 확실히 증명하는 것이 아닐까 합니다. 이것을 증명하면 우리들도 '독도가 한국 영토'라는 것을 순순히 인정하게 되겠지요."[2]

이제 답은 나왔다.

콜럼버스의 달걀을 세우듯이 해법은 의외로 간단한 데 있었던 것이다. 일본 사학자의 지적처럼 칙령 제41조의 '석도'가 독도임을 입증하면 게임은 끝난다. 그 점을 입증하면 일본의 독도 편입은 불법적이었던 것이 되고, 그 불법적인 독도 편입에 기초하여 작성한 '러스크 서한'이나 이를 답습한 '밴 플리트 보고서'의 논리도 무너지는 것이다.

그렇게 되면 미국 정부도 더 이상 일본을 편들 수 없게 되고, 속으로 미국의 도움에 기대 국제사법재판소에 가자고 큰소리치던 일본도 제소할 명분과 동력을 잃게 되는 것이다. 한국 공격의 선봉장 격인 시모조 마사오조차도 "만약 대한제국 칙령에 나타난 석도가 독도를 가리킨다면 일본 정부에 의한 '다케시마 편입'은 '위법 행위'가 된다"고 공언한 바 있다.

문제는 그간에도 '석도'가 현재의 '독도'라고 주장한 국내 학자들이 많이 있었다는 점이다.

그래서 일본의 그 원로 사학자도 "당시 울릉도에 전라도 출신이 많았으니까 전라도 방언으로 돌을 '독'이라 발음했기 때문에 한자로 '석도'라 하면서 '독도'라고 말하지 않았나? 이 말이 '독도'로 변한 것이

---

2 "나이토 세이추(內藤正中) 교수 인터뷰", 「조선일보」, 2008년 11월 15일.

라고 추정하는 정도이지요"[3]라고 대답했던 것이다. 그의 말에는 석도를 독도로 보는 설명에 어느 정도 수긍이 가기는 하면서도 딱 떨어지는 맛이 없다는 뉘앙스가 담겨 있다.

이런 점 등을 집약하여 일본 외무성은 이렇게 공격했다.

"① 한국 측이 다케시마(독도)의 옛 이름이라 주장하는 '우산도' 등의 명칭은 왜 칙령에서 사용하지 않았는가? ② '석도'가 오늘날의 다케시마라고 한다면 왜 칙령에서 '독도'를 사용하지 않았는가? ③ '독도'의 호칭은 언제부터 어떻게 사용하게 되었는가?"[4]

우산도 탐험

먼저 일본 외무성이 던진 세 가지 질문 가운데 "칙령 제41호는 왜 우산도라는 명칭을 사용하지 않았는가?"라는 질문 ①부터 답해보기로 하자.

독도의 옛 이름이 우산도라고 주장해온 한국 학자들이 많은데, 그렇다면 왜 관보의 칙령 제41호는 우산도를 사용하지 않고 석도를 사용했느냐는 것은 우리로서도 궁금한 문제였다.

왜 그랬을까?

그 단서는 1913년 6월 22일자의 「매일신보」 기사에 있다.[5] 당시 울

---

3 「조선일보」, 2008년 11월 15일, 앞의 기사.
4 외무성(外務省), 『다케시마 문제를 이해하기 위한 열 가지 포인트(竹島問題を理解するための10のポイント)』, 외무성 홈페이지(外務省ホームページ), 2008年 2月.
5 박병섭, 「한말의 울릉도 어업과 독도 영유권 문제」, 『독도 연구』 제8호, 영남대학교독도연구소, 2010.

릉도 서면에는 김원준(金元俊)이라는 사람이 살고 있었다.

그는 "울릉도에서 동북쪽으로 약 40~50리 떨어진 곳에 우산도라 하는 무인도가 있소. 그곳에 단체로 이주해서 땅을 나눠 가질 계획이니 탐사에 뜻이 있는 사람은 모이시오"라고 광고를 내고 사람들을 모집했다.

이에 모두 30명이 모였다.

김원준은 탐사비로 4원씩을 거뒀다. 그리고 그렇게 거둔 120원 중에서 임대비 100원을 내고 범선을 1척 빌리기로 했다. 그렇게 준비해 가던 그들이 출발 직전에 우산도 탐험을 중단하게 되었다는 기사인데, 뒷부분을 옮겨보면 다음과 같다.

"우산도는 그 실재의 전설이 있어 일찍이 십수 년 전 울릉도에서의 한일 연합으로 쾌속선을 빌려 탐색하였으나 발견치 못했을 뿐만 아니라 근년에 바다 항해가 빈번한데도 아직 이를 목격하였다는 자가 없고 지도에도 나타난 것이 없은즉 설령 존재한다 할지라도 이를 발견함은 쉬운 일이 아니오, 반대로 무익한 비용을 쓰는 것에 불과하겠으므로 중지하였다더라."[6]

이 기사에서 중요한 대목은 한일(內鮮) 연합으로 십수 년 전에 우산도를 탐사했으나 실패했다는 부분이다. 기사가 실린 해가 1913년이므로 그보다 앞선 십수 년 전의 한일 연합 탐색이라면 1900년 내부시찰관 우용정(禹用鼎)이 부산영사관의 아카쓰카(赤塚正助) 부영사 등과 함께 울릉도를 조사했던 일을 가리킨다.

---

[6] "우산도 탐험 중지", 「매일신보」, 1913년 6월 22일. 가독성을 위해 현대문으로 고침.

울릉도는 태종 이래의 빈섬정책에 의해 공식적으로는 사람이 살지 않는 섬이었다. 그 틈을 타 일본인들이 몰래 들어와 살면서 울창한 삼림을 마구 벌목했다. 이에 고종은 울릉도 검찰사 이규원(李奎遠)을 파견하여 현지를 시찰케 했고, 그의 보고에 따라 오랫동안 지속되어온 빈섬정책을 재개척정책으로 전환했다.

이에 따라 동남개척사에 임명된 김옥균(金玉均)은 벌채를 일삼던 일본인 255명을 쫓아내고 조선인을 이주시키는 울릉도 개척 사업을 주도해나갔으나, 1884년 갑신정변으로 실각하는 바람에 일을 중단할 수밖에 없었다.

수구파는 울릉도 개척에 큰 관심이 없었고, 특히 청일전쟁 후 기고만장해진 일본인들이 기백 명씩 울릉도로 다시 들어와 벌목과 고기잡이를 자행하자 고종은 1899년 말 우용정을 울릉도 조사단 책임자로 임명했던 것이다.

당시 조사단은 우용정 · 배계주 · 김면수 · 김성원 등의 한국 관리들과 일본 부영사 · 일본 경찰관 등 일본 관리들로 구성되었고, 여기에 객관성 확보를 위해 영국인 출신의 부산해관 세무사 라포트(E. Laporte)도 참가했다.

한일 합동 조사단이 부산을 출발해 울릉도에 도착한 것은 1900년 5월 31일이었다. 그리고 다음 날부터 5일간 우용정은 라포트의 입회 아래 아카쓰카 부영사 등과 잇달아 회동하면서 울릉도의 실태를 조사했다. 이들에게 우산도의 존재를 알려준 이는 이곳에서 도감을 역임한 배계주(裵季周)였을 것이다.

그래서 「매일신보」의 기사에 쓰여 있는 것처럼 쾌속선(射船)을 빌려

 독도의 진실

한일 합동으로 우산도를 탐사시켜보았으나 결국 찾는 데는 실패하고 말았다.

탐사를 끝낸 뒤 우용정은 중앙정부에 보고서를 냈고, 라포트는 조선해관본부의 총세무사 존 M. 브라운을 통해 별도의 보고서를 중앙정부에 제출했으며, 동참했던 배계주 역시 별도의 보고서를 중앙정부에 제출했다.[7]

이렇게 당시 대한제국의 의정부는 중앙 관리 우용정이 제출한 보고서뿐 아니라 지방 관리 배계주의 보고서, 그리고 외국인 라포트의 보고서를 함께 받아 보고 종합 판단을 내린 뒤 울릉도와 그 부속 도서를 '울도군'으로, 도감을 '군수'로 격상하는 칙령 제41호를 반포했던 것이다.

이때 우용정 등이 탐사를 통해 우산도를 발견했었다면 신설된 울도군의 관할 지역에 '우산도'를 기재한 칙령 제41호가 반포되었을 것이다. 중앙 관리들도 『여지지』, 『만기요람』, 『해동역사』, 『문헌비고』 등에 기록된 "우산도는 왜인들이 말하는 송도(松島)다"라는 구절을 알고 있었을 것이기 때문이나.

그러나 한일 합동 시찰단이 탐사를 실시했는데도 우산도의 실체를 찾지 못하자 '우산도'라는 이름 대신에 '석도'를 보고하게 되었고, 이에 따라 중앙 관리들도 '우산도'라는 이름 대신에 '석도'를 사용했던 것이다. 이것이 칙령 제41호에 우산도의 이름이 기재되지 않았던 이

---

7 「해관안(海關案) 2」, 『구 한국 외교 관계부속 문서』, 문서 번호 1621, 고려대학교 아세아문제연구소, 1972.

유다.

여기서 문제는 대신 사용했다는 '석도'라는 명칭은 또 어디서 튀어 나온 것이었느냐 하는 점이다.

석도와 돌섬

오랜 빈섬정책으로 사람이 살지 않던 곳이라 울릉도에는 예로부터 내려오는 한자 지명이 별로 없었다. 게다가 재개척정책에 의해 울릉 도에 이주한 정착민들은 대개 배운 것이 없는 사람들이었다.

이 점을 웅변해주는 것이 1882년 검찰사 이규원이 울릉도를 시찰 하고 조사한 보고서의 직업 분포도다. 당시 주민 140명 중 배를 만들 고 미역 따는 것을 업으로 삼는 사람이 전체의 92.2%인 129명이나 되 었다.[8]

뱃사람은 배운 사람들이 아니다.

이들은 살면서 편의상 울릉도의 곳곳에 이름을 붙이기 시작했는데, 한자를 모르는 사람들이었기 때문에 부르기 쉽게 우리말 이름을 붙였 다. 물론 새로 설치된 행정 기구의 관리들이 동(洞) 이름 등을 한자로 작명하기는 했지만 지명의 태반은 주민들이 붙인 우리말 이름이었다.

한 연구자의 조사에 따르면 울릉도의 지명 199개 중 도동, 태하동 하는 식의 한자 지명은 85곳뿐이고, 깍깨등 · 지겟골 · 구멍바위 · 송

---

8 이혜은 · 이형근, 『만은(晚隱) 이규원(李奎遠)의 '울릉도 검찰 일기(鬱陵島檢察日記)'』, 한국해양 수산개발원, 2006.

　　　　　　　　　　　　　　　　　　　　　독도의 진실

곳산 · 말잔등 · 이일선골짝 · 줄맨등 · 숯구디골 · 섬목 · 대섬 · 대바위 등과 같이 순우리말 지명은 114곳에 달하는 것으로 나타났다.[9]

이런 상황이었기 때문에 날씨가 좋은 날 멀리 바라보이는 독도를 정착민들이 '돌섬' 또는 '독섬'이라 부른 것은 자연스러운 일이었다.

'독섬'은 '돌'을 '독'으로 발음하는 전라도식 방언에서 나온 것이다. 이규원의 기록에 따르면 당시 울릉도 주민 140명 중 전라도 출신이 115명이나 되었기 때문에[10] '돌섬'보다 '독섬'이 더 널리 통용되었다. 다만 이들 호칭은 울릉도 주민들 사이의 통명이었으므로 문헌에 기록되지는 않았다.

그러나 전해지는 증언은 여럿 있다.

우선 1887년 울릉도로 이주한 홍재현의 손자 홍순칠의 회고록에는 "할아버지께서는 항상 한문으로 석도라고 한 섬이 '돌섬'이며 또 형태도 '돌섬'인데, 생긴 모습이 의젓하고 절해고도라서 독도라 한 것이, 또 새로운 이름으로 부르는 것이 마음에 거슬려 93세로 돌아가실 때까지 여러 번 원망조로 말씀하신 적이 있다"[11]라는 대목이 나온다.

또 다른 증언은 거문도 주민 김윤삼(金允三)이 1962년 「민국일보」[12] 기자에게 들려준 회고담이다.

"1895년 20세 되던 여름에 배를 울릉도에 두고 뗏목을 지어 이틀 만에 약 200리 되는 '돌섬'에 도착했다. '돌섬'은 큰 섬 2개, 그리고 작

---

9 남경란, 「울릉도 지명 연구」, 『독도연구』 제4호, 영남대학교독도연구소, 2008.
10 이혜은 · 이형근, 앞의 책.
11 홍순칠, 『이 땅이 뉘 땅인데!』, 혜안, 1997.
12 「민국일보」: 1952년 창간되어 1962년 7월 경영난으로 폐간된 종합일간지.

은 섬이 많았는데 큰 섬 사이에 뗏목을 두고 열흘 남짓 있으면서 가제
(강치)도 잡고 미역 · 전복 등을 바위에서 땄다."[13]

19세기 말 울릉도에 살았던 홍재현이나 김윤삼은 둘 다 독도라 하
지 않고 '돌섬'이라 했다는 점에 주목할 필요가 있다. 1947년 제1차
독도조사대의 대장이었던 민속학자 송석하(宋錫夏)도 "울릉도에서 다
시 동편으로 48해리를 가면 (도적) 떼의 각광을 받은 독섬이 있다. 동
서 독섬으로 되어 서쪽 섬이 좀 크고……"[14]라는 글을 게재하여 현지
에서 '독섬'으로 불렀던 사실을 명기한 바 있다.

또 1948년 8월 5일 우국노인회라는 시민 단체가 맥아더사령부 앞
으로 보낸 영문 청원서에도 독도 대신 '독섬(Docksum)'이라는 이름이
사용되었고,[15] 1954년 사학자 최남선의 글에도 "울릉도의 동남 해상에
국인(國人)이 '독섬'이라 부르는 군서가 있어……"[16]라고 '독섬'을 사용
했다.

또 훨씬 나중에 독도를 답사한 한 사학자도 "지금도 울릉도 주민들
은 독도를 '독섬' 또는 '돌섬'이라 부르고 있다"[17]고 증언했다.

우리말로 된 이름을 한자로 표기할 때 '밤섬'은 '율도(栗島)', '꽃섬'
은 '화도(花島)', '닭섬'은 '계도(鷄島)'라 하듯이 '돌섬'의 뜻을 옮겨 석도
(石島)로 표기하는 것은 전통적인 방식이었다.

---

13 "해구잡이 출어, 9순(旬) 노옹(老翁)의 증언", 「민국일보」, 1962년 3월 20일.
14 송석하, 「고색창연한 역사적 유적 울릉도를 찾아서」, 『국제보도』, 1948년 1월호. 정병준, 『독
　도 1947』, 돌베개, 2010에서 재인용.
15 우국노인회(Patriotic Old Men's Association), "한일 간의 영토 조정 청원서(Request for
　Arrangement of Lands Between Korea and Japan)", Seoul, Korea(August 5, 1948).
16 최남선, "독도 문제와 나", 「서울신문」, 1954년 12월 17일.
17 송병기, 『울릉도와 독도』, 단국대출판부, 2007.

전라남도 해남 밑에 50여 개의 섬으로 이루어진 소안군도(所安群島)가 있는데 그곳에 '석도'라는 섬이 있다. 그런데 1899년 일본 해군성 수로부가 펴낸 『조선수로지』[18] 제2판의 '소안항(所安港)'조에 보면 '석도(石島)' 옆에 가타카나로 '독쿠소무(トクソム)'라는 현지 발음[19]을 병기한 것이 보인다. '독쿠소무'는 '독섬'의 일본식 표기다. 수로지를 펴낸 1899년이라는 연도에 주목해주기 바란다. 대한제국의 칙령 제41호가 반포되기 1년 전이다. 당시 '독섬'의 한자 표기가 '석도(石島)'였음을 일본의 해군 자료가 웅변해주고 있는 것이다.

따라서 쾌속선을 빌려 한일 합동으로 탐색해본 결과 우산도의 실체를 찾지 못한 우용정 시찰단이 울릉도 주민들이 부르던 '독섬(돌섬)'을 무엇으로 표기했겠는가? 당연히 '석도'다. 그렇게 '석도'로 표기한 보고서를 중앙정부에 올렸고, 이것이 반영되어 울도군의 관할 지역에 '석도'가 기재된 칙령 제41호가 반포된 것이다.

이제 남은 것은 '석도'가 현재의 '독도'임을 입증하는 문제다. 한국의 일부 학자들은 독섬의 뜻을 취해 '석도'로도 표기하고 발음을 취해 '독도'로도 표기했다고 설명한다. 전통적인 표기 방식은 뜻을 취하는 것이라면서 동시에 발음을 취하기도 했다는 설명에 일본 측은 고개를 갸웃한다. 그러자 한국 측에서는 전라도 신안군에 있는 '아릿독섬'을 '하독도(下獨島)'라 부르는 사례를 찾아내 그 증거자료로 제시했다.

그러나 일본 측에서는 하독도의 사례가 칙령 제41호가 반포된

---

18 수로부(水路部), 『조선수로지(朝鮮水路誌)』, 東京, 1899.
19 '독'의 발음을 강조하기 위해 그냥 '도쿠(トク)'가 아니라 '독쿠(トック)'로 하여 한국어의 '독섬' 발음에 가깝도록 표기한 점에 주목해야 한다.

1900년 이전의 것임을 입증할 수 있느냐고 반문한다. 오히려 일본 측에서는 그때까지 전혀 사용되지 않던 석도의 경우도 그렇지만 또 석도가 전혀 사용되지 않던 독도와 같다는 점에 대해 전혀 동의할 수 없다는 입장이다.

한국 측은 석도가 독도라 하고 일본 측은 이를 인정할 수 없다고 하며 평행선을 달리는 것이다. 그렇다면 독도의 명칭은 언제 그리고 어떻게 생겨났던 것일까?

독도의 탄생

널리 애창되는 「독도는 우리 땅」이라는 노래는 이렇게 시작된다.

울릉도 동남쪽 뱃길 따라 200리
외로운 섬 하나 새들의 고향……

'외로운 섬 하나'라는 것이다.

동해 바다 저 멀리 떨어져 있으니 그런 느낌이 들 수도 있겠지만 실제로 독도는 동도와 서도의 2개 섬을 포함하여 주변에 크고 작은 89개의 바위, 암초 또는 부속 섬을 합쳐 총 91개의 섬으로 구성되어 있다. 결코 '외로운 섬 하나'가 아닌 것이다.

그런데도 '외로운' 느낌을 주는 것은 독도의 한자가 홀로 독(獨) 자로 되어 있기 때문일 것이다. 다분히 글자의 뜻을 번역했던 것으로 추정되지만 영국 BBC뉴스에서도 독도를 '외로운 섬(Solitary Islands)'으

로 소개한 일이 있다.[20]

외로운 섬이 아닌데 홀로 독 자를 붙인 것만 보아도 이 명칭에는 이상한 구석이 있는 것이다. 이 점을 처음 지적한 사람은 1947년 제1차 독도조사대[21]에 참가했던 국어학자 방종현(方鍾鉉)이었다.

그는 독도라는 이름은 섬이 하나만 있기 때문에 붙여진 것은 아니라면서 "이 섬은 지금 우리가 부르고 있는 이름이 뜻하는 것처럼 하나만 있는 독도는 아니고 오히려 양도(兩島) 혹은 대도(對島)라고 하여야 할 만하다"[22]고 지적했다. 섬이 2개인데 왜 홀로 독(獨) 자의 독도라 했느냐 하는 의문이었던 것이다.

문헌상 독도라는 이름이 처음 등장한 것은 1904년이다. 그해 서해에서는 일본 해군이 기선을 잡고 있었으나 동해에서는 러시아 해군이 기선을 잡고 있었다. 이에 일본 해군은 전함 니이타카(新高)호를 울릉도에 보내 독도에 망루를 설치할 수 있는지 알아보도록 했다. 이에 니이타카호는 울릉도에 가서 독도에 실제 가본 민간인들을 만나 여러 가지 정보를 수집했다.

니이타카호의 행동일지 9월 25일조에는 이렇게 기록되어 있다.

"마쓰시마(울릉도)에서 리앙코르도암(岩)을 실제 가본 사람들로부터 들은 정보. '리앙코르도암'. 한인은 이를 독도(獨島)라고 쓰고 본국 어

---

20 "독도 한일회담 개최(Seoul and Tokyo hold island talks)", BBC News, 20 April 2006, 08: 19 GMT 09: 19 UK.

21 제1차 독도조사대: 남조선과도정부에서 독도 조사를 위해 파견했던 탐사대로 조선산악회가 그 중심이 되었으며, 정식 명칭은 '울릉도학술조사대'였다.

22 방종현, "독도의 하루", 「경성대학예과신문」, 1947. 정병준, 『독도 1947』, 돌베개, 2010에서 재인용.

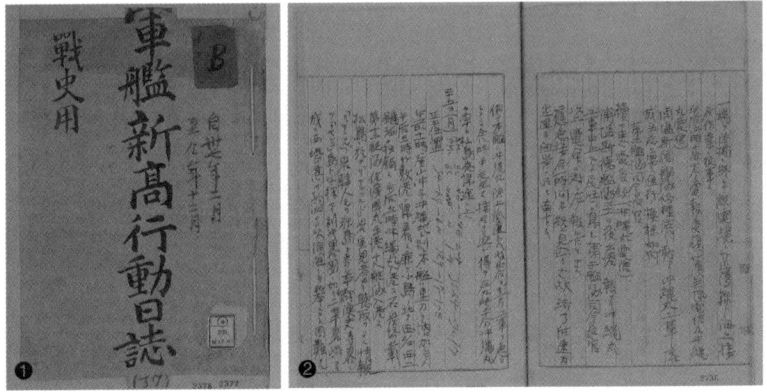

❶ 1904년 일본 군함 니이타카호의 행동 일지 표지.
❷ '독도'라는 명칭이 처음 기재된 1904년 9월 25일자의 행동 일지 본문.

부들은 줄여서 '랴코도'라고 호칭했다."[23]

기왕에도 각종 독도 연구서에 많이 인용된 이 구절을 좀 더 세밀히 살펴볼 필요가 있다. 일본 어부들은 "호칭했다(呼稱セリ)"고 했는데 한인은 "쓰고(書シ)"라고 한 표현에 주목해야 한다. 왜 일본 어부들은 "부른다"고 했는데 한인은 "쓴다"고 했을까? 한인들이 평소에 부르던 섬 이름이 '독도'였다면 일본인이 '랴코도'라고 호칭한 것처럼 한인도 '독도'라고 호칭한다고 기록했을 것이다. 그런데 "썼다"라는 표현을 쓴 것은 '독도'가 한인이 평소에 부르던 이름과 좀 달랐다는 뜻이다.

이 정황을 보다 이해하기 쉽게 동영상으로 만들어보면 이렇게 된다.

우선 정보 수집에 나선 일본 군인이 독도 쪽을 가리키며 "저기 있는 섬을 아느냐?"고 한인에게 물어보았을 것이다. 그 한인은 일본어를 할

---

23 "松島ニ於テ'リアンコルド'岩實見者ヨリ聽取リタル情報. '리안코르드'岩韓人之ヲ獨島ト 書シ本邦漁夫等略シテ'リヤンコ'島ト呼稱セリ", 『군함 니이타카호 행동 일지(軍艦新高行動日 誌)』, 1904年 9月 25日條.

　　　　　　　　　　　　　　　　　　　　　독도의 진실

줄 아는 한인이었을지도 모르고 아니면 옆에 통역이 있었을지도 모른다. 아무튼 그 한인이 "독섬 말이냐?" 하고 되물었을 것이다.

"도쿠소무? 그게 뭐냐?"

"저 섬 이름이다."

"어떻게 쓰는가?"

그러자 한인은 생각했다.

상대는 한글을 모른다. 천상 한자로 써줘야 할 것 같은데 '독섬'을 한자로 옮기자니 딱 떨어지지가 않는다. 그래서 '독' 하면 우선 머리에 떠오르는 홀로 독(獨) 자를 손가락으로 쓰고 나서 '섬' 자를 쓰려고 하니 이 글자는 쉬운 한자가 없다. 그래서 망설이고 있을 때 일본 군인이 다그친다.

"도쿠(獨)는 됐고, '소무'는 무슨 뜻인가?"

이에 한인이 섬 도(島) 자를 써 보였다. 그러자 일본 군인은 앞의 '독' 자와 합쳐 이렇게 중얼거렸다.

"도쿠도(獨島)."

독도의 비밀

니이타카호의 행동 일지에 보면 그날은 "9월 25일(월)"이었고, 일지 담당자는 그날 오후 5시 이후 일지에 "'리앙코르도암.' 한인은 이를 '독도(獨島)'라고 쓰고 본국 어부들은 줄여서 '량코도'라고 호칭했다"고 적어 넣었다. 이렇게 해서 '독도'의 명칭이 처음으로 문자화되었던 것이다.

그 후 행동 일지의 기록을 통해 해군들은 리앙쿠르암-리앙코르도 (島)-량코도가 한국에서는 '독도'로 불린다는 것을 인지하게 되었고, 이 사실은 정보 공유 차원에서 지방정부까지 전해졌다. 이렇게 해서 독도 답사단의 인솔 책임자가 된 시마네현 제3부장 진자이 요시타로 도 이를 인지하고 독도 답사를 떠나게 되었다.

1906년 3월 28일 울릉도에 도착한 그는 일행 10명과 함께 울도군 군청에서 군수 심흥택을 만났다.

진자이가 심흥택과 대화를 나눈 경위에 대해서는 1장에서 자세히 다뤘다. 이때 배석했던 오쿠하라가 펴낸 답사기에 보면 군수의 언사 는 매우 세련되지만 "행정상의 질문에 대해서는 대체로 요령부득이었 다"[24]는 구절이 나온다.

심흥택이 울도군 군수로 부임한 것은 1903년 4월로 이미 만 3년이 된 시점이었다. 진자이에게 격조 있는 한시를 단숨에 써서 선물할 정 도로 학식을 소유한 자가 울릉도같이 단조로운 시골 행정을 3년 동안 이나 익히지 못했다는 것도 말이 안 된다.

그렇다면 오쿠하라는 무엇을 보고 심흥택 군수가 요령부득이라고 기록했던 것일까?

심흥택과 헤어진 뒤 진자이 일행은 오늘날의 상공회의소 격인 사상 의소(士商議所)를 방문하여 그곳에서 소장 김광호와 고문 전재항을 만 났다. 그들이 따로 남긴 기록 같은 것은 없다.

---

24 "行政上の質問に對しては, 多くは要領を得ざりき." 오쿠하라 헤키운, 『다케시마 및 울릉도(竹島及鬱陵島)』, 報光社, 松江, 1907.

 독도의 진실

그러나 오쿠하라의 답사기에 기록된 전재항은 1947년 제1차 독도 조사대의 취재에 응한 울릉도 정착민 1세대 홍재현의 진술서에 등장한다.

홍재현은 진술서를 통해 자신은 "향장 전재항 씨와 친분도 있었고 또 관청 출입도 종종 하였던 관계로 울릉도의 주요 안건은 대충 알고 있었다"면서 "당시 군수 심흥택 씨는 오키도사 일행의 무리한 주장에 대해 반박·항의를 하는 동시에 부당한 일본인의 위협을 배제하기 위하여 당시 향장 전재항 외 다수 지사인(知事人)들과 상의하여 상부에 보고했다는 것이 내가 당시에 들은 사실"[25]이라고 증언했다.

심흥택 군수가 반박·항의를 했다는 일본인들의 무리한 주장에 대해 홍재현은 그것이 "독도를 일본의 소유라고 무리하게 주장한 사실"을 말한다고 진술서에서 밝혔다.

홍재현의 증언은 시간적인 순서가 뒤엉켜 있기 때문에 사건을 순차적으로 재구성해보면 사태는 이렇게 된 것이었다고 볼 수 있다. 처음 진자이 부장이 "우리 관할에 속하는 다케시마"[26]라고 했을 때 심흥택은 그것이 무슨 말인지 알아듣지 못했다.

그래서 어리둥절해하자 진자이는 "귀국에선 '독도'라고 하는 모양이던데 그 섬을 모르십니까?"라고 물었고, 사에키 순사부장이 이 말을 조선어로 옮기며 글자까지 써 보였으나 심흥택은 역시 알아듣지 못해 제대로 답변하지 못했다. 이 모습을 보고 오쿠하라는 "행정상의 질문

---

25 외무부 정무국, 『독도 문제 개론』, 외무부, 1955년.
26 "다케시마 선물(竹島土産)", 「산인신문(山陰新聞)」, 1906年 4月 1日.

에 대해서는 대체로 요령부득이었다"고 기록하게 되었던 것이다.

그날 오후 심흥택은 전재항 등의 마을 유지들을 만났다. 그리고 그들과의 대화를 통해 진자이가 언급한 '독도'가 '독섬'이라는 결론을 얻자 "그와 섬사람들이 모두 분개하게 되었다."[27]

그날 밤 심흥택은 붓을 들었다.

내 이름은 독섬

그는 강원도 관찰사 서리에게 올린 긴급 보고서에서 일본 관리가 "스스로 이르기를(自云) 독도가 이제 일본 영토가 되었기에……"[28]라고 하여 '독도'라는 이름을 먼저 입에 올린 것이 일본 관리였다는 점을 분명히 기록했다.

일본 해군 정보원이 독도를 행동 일지에 처음 문자화시켰고, 일본 관리가 독도라는 명칭을 먼저 사용한 것이다. 그러나 우리 쪽에서 1906년 이전에 '독도'라는 호칭을 사용한 흔적은 없다.

문헌적 자료는 전무하다. 당시를 살았던 주민들(홍재현·김윤삼)의 증언도 그렇고, 1947년 학자들의 현지답사나 그 후의 현지답사를 통해서도 그 섬은 '독도'가 아니라 '독섬(돌섬)'으로 불렸던 사실이 중첩적으로 확인된다. 따라서 '독도'라는 명칭은 사실상 일본이 만든 것이다.

문제는 심흥택이었다. 전재항 등 울릉도 유지들과 토론을 통해 독

---

27 외무부 정무국, 앞의 책.
28 「보고서 호외」, 『각관찰도안』 1, 의정부외사국(규장각 소장).

섬이 '독도'라는 결론을 얻었지만, 그 '독도'가 어떤 섬이라는 것을 보고서에 적지 않는 실수를 저지르고 말았다.

천추의 한이다. 만일 그가 "통명 독섬"이라든지 "일명 석도"라고 부기해놓았다면 오늘날 한일 간의 독도 분쟁 같은 것은 일어나지도 않았을 것이다. 보고서를 차례로 받은 강원도 관찰사, 참정대신, 내부대신 쪽에서도 이 섬이 칙령 제41호의 '석도'일지 모른다는 생각을 했던 흔적은 없다.

이 점은 내부대신에게 올라온 보고서를 중심으로 기사를 쓴 「대한매일신보」나 「황성신문」도 마찬가지였다. 교통이 발달하지 않고 지리에 대한 관심이 적었던 시절이라 저 변방에 무슨 섬이 있는지 잘 알지도 못했지만, 제대로 알아보려고도 하지 않고 보고서에 실린 '독도'의 명칭을 그대로 답습하고 말았던 것이다.

그러다 한일병합이 되면서부터는 독도라는 명칭마저도 세인들에게 까맣게 잊혀졌다. 어느 정도였느냐 하면 유력지의 하나였던 「동아일보」에 창간호부터 해방이 될 때까지 독도 기사가 실린 것은 딱 한 번(1937년 7월 13일)이었는데, 그나마도 독도가 아닌 '죽도(竹島)'라는 일본식 이름이었다.

해방 후 '독도'라는 이름이 맨 처음 등장한 것은 1947년 6월 20일자 「대구시보」였다.

"일본이 마수를 뻗친 곳은 경북도 내의 울릉도에서 약 49리 지점에 잇는 독도라는 섬으로서 …… 광무 10년 음력 3월 4일[29] 일인들이 이

도서를 삼키려고 시마네현으로부터 대표단이 울릉도에 교섭 온 일이 잇섰는데……."[30]

이 기사가 실린 지 두 달 뒤인 8월 16일, 현지를 답사한 민속학자 송석하, 국어학자 방종현은 현지에서의 호칭이 '독섬(돌섬)'임을 증언 했지만, 안타깝게도 해방 후 부활하여 통용되기 시작한 이름은 '독도' 였다.

그렇게 된 이유는 일본 관리의 말을 듣고 독도라고만 적은 심흥택 의 보고서를 근거로 「대한매일신보」와 「황성신문」이 독도라는 이름만 기사에 실었고, 이것이 해방 후 「대구시보」를 위시한 여러 신문이 독 도라는 이름을 답습하는 근거 자료가 되었기 때문이다. 문자화의 힘 이다. 그 후 1948년 미군 폭격과 함께 언론들이 대대적으로 보도하면 서 독도는 원래부터 우리의 명칭이었던 것처럼 일반 대중에게 알려지 게 되었다.

문제는 이런 과정을 거치면서 대한제국이 문자화시켰던 '석도'가 증발해버렸다는 점이다. 칙령 제41호의 '석도'가 살아 있어야 '독섬'이 우리 땅임을 쉽게 입증할 수 있는데, 이것이 사라진 상태에서 그동안 우리는 "석도가 독도라면 왜 칙령에 독도를 사용하지 않았는가?"라는 일본 외무성의 질문에 매우 곤혹스러운 입장이었다. 하지만 이제는 더 이상 그럴 필요가 없다.

왜?

'독섬'을 '독도'로 처음 표기한 것이 일본이었다는 사실을 알게 되

---

[30] "왜적 일인의 얼빠진 수작", 「대구시보」, 1947년 6월 20일. 정병준, 앞의 책에서 재인용.

     독도의 진실

었기 때문이다. 우리는 '독섬'을 '석도'로 표기했는데, 저들은 '독도'로 표기했던 것이다. 따라서 칙령 제41조의 '석도'는 '독도'다.

이것이 입증된 이상 1905년 일본의 독도 편입은 불법적이었음이 밝혀진 것이고, 그에 따라 일본의 편입 논리에 기초했던 '러스크 서한'이나 이를 답습한 '밴 플리트 보고서'의 논리가 무너지고, 그 대신 "독도가 한때 조선 왕국의 일부였다"는 '스티브스 서한'이나 김채형 교수가 발견한 '1954년 8월 26일자 미 국무부 내부 보고서'의 논리가 부활할 수밖에 없다. 이렇게 되면 미국은 더 이상 일본을 편들 수가 없고, 미국의 도움을 기대하며 국제사법재판소에 가려고 해마다 문제를 제기해온 일본은 그 동력을 잃게 될 것이다.

이제 우리는 "독도의 호칭은 언제부터 어떻게 시작되었는가?"라는 일본 외무성의 질문 따위에는 이렇게 반문하면 될 것이다.

"너희가 문자화시켜놓고 왜 우리더러 그걸 입증하라는 것이냐?"

<h1 align="center">독도 관련 연표</h1>

한국	연도	일본
신라 이사부 우산국 정벌	512	
우릉도에서 자길(自吉), 토두(土豆)라는 사람을 보내 토산물 바침	930	
	1004	우릉도 백성 일본 표류(『권기(權記)』)
만주 여진족(刀伊族) 우산국 습격	1018	
현종 10년	1019	여진족, 대마도와 이키 섬 침공
우릉성주의 아들 부어잉다랑, 토산물 바침	1032	
『삼국사기』	1145	
김유립, 우릉도를 조사하고 돌아옴	1157	
	1379	왜인, 무릉도에 들어와 머물다 감
태종, 대마도주의 요청을 거절	1407	대마도주, 무릉도 입주 조선에 요청
김인우, 무릉도 현황 조사 우산도로 호칭	1416	
울릉도의 쇄출정책 논의 『태종실록』에 우산, 무릉 2도 기재	1417	
세종, 요도(蓼島) 발견 보고 들음	1429	
이안경, 요도 방문한 뒤 세종에게 아룀	1430	
세종, 강원도 감사에게 요도 탐색 지시	1438	
김연기, 요도 발견 / 세종 탐색 중단	1445	
삼봉도 발견	1470	
박종원, 삼봉도 수색 나섬	1472	
김자주, 삼봉도를 그려 옴	1476	
심안인, 성건이 이끈 삼봉도 수색대, 중간에 돌아옴	1480	
삼봉도 발견자 김한경, 참수됨	1481	
김한경의 딸, 노비로 팔림	1482	
『신증동국여지승람』	1530	

	연도	
『지봉유설』	1614	
	1618	무라카와 이치베, 울릉도 방문
	1625	울릉도 도해면허증 발급
『여지지』	1656	
	1667	사이토 간스케, 『은주시청합기』 저술
	1682	『오오야 구우에몬 수기』
	1692	무라카와 집안의 배, 울릉도 도착
안용복, 무라카와 집안의 배에 납치됨	1693	오오야 집안의 배, 울릉도 도착
장한상, 울릉도에서 독도 육안으로 발견	1694	
안용복, 제2차 도일	1696	막부, 울릉도 도해 금지령
안용복 귀양 / 울릉도 수토정책 실시	1697	
	1726	『죽도기사(竹島紀事)』
이익의 『성호사설』	1740	
	1778	「일본여지노정전도」
	1785	「삼국통람여지노정전도」
프랑스, 울릉도를 다줄레 섬으로 명명	1787	
영국, 울릉도를 아르고노트 섬으로 오인	1789	
한창국, 가지도에 다녀옴 『강계고』	1794	
	1801	『장생죽도기(長生竹島記)』
『만기요람』	1808	
「해좌전도」	1822	
	1828	오카지마 마사요시, 『죽도고(竹島考)』
	1836	다케시마(울릉도) 밀무역 처단
	1840	독일 의사 지볼트, 「일본도」 작성
	1844	오카지마 마사요시, 『인부 연표(因府年表)』

	연도	
프랑스, 독도를 리앙쿠르 섬으로 명명	1849	
러시아, 독도를 메넬라이·올리부차로 명명	1854	
영국, 독도를 호넷 섬으로 명명	1855	
「대동여지도」	1861	
	1868	메이지유신 『죽도도해유래기발서공(竹島渡海由來記拔書控』
	1870	「조선국교제시말내탐서(朝鮮國交際始末內探書)」
	1877	태정관 지령(독도, 일본 것 아님)
	1880	군함 아마기호 파견, 위도 측정
임오군란 이규원 울릉도 파견 울릉도 재개척정책 채택	1882	
김옥균, 울릉도 이주자 모집 울릉도 거주 일본인 255명 철수시킴	1883	
갑신정변 김옥균의 재개척 사업 동력 잃음	1884	
울릉도 수토정책 폐지	1894	청일전쟁
대한제국으로 국호 변경	1897	
우용정, 울릉도 시찰 대한제국 칙령 제41호(석도)『관보』 게재	1900	
	1904	나카이 요자부로, 독도에서 강치잡이 러일전쟁, 군함 니이다카호 일지에 '독도(獨島)' 최초 기록 '리양코도 영토 편입 및 임대 원서' 작성
	1905	독도(다케시마) 편입
심흥택 군수, 독도 일본 편입 사실 보고	1906	

	연도	
『증보문헌비고』	1908	
한일병합	1910	
「동아일보」에 독도 기사 게재(한 건)	1937	
맥아더사령부 지령 677호(독도 한국 영토) 동 지령 1033호(맥아더 라인 설정)	1946	
한국산악회, 제1차 독도학술조사	1947	미군, 독도를 폭격 연습지로 지정
미 공군, 독도에 폭격 연습, 어민 14명 사망 우국노인회, 맥아더사령부에 독도 청원서 보냄 대한민국 정부 수립	1948	
	1949	일본, 시볼드를 통한 독도 로비
경북지사, 독도에 조난 어민 위령비 건립 미 국무부, 독도 주석서 만듦 6·25전쟁	1950	
샌프란시스코강화조약에서 독도 배제 러스크 서한(독도는 일본 땅)	1951	
평화선(이승만 라인) 설치 스티브스 서한(독도는 한국 땅) 제2차 독도학술조사, 미군 폭격으로 중단	1952	맥아더 라인 폐지 미일 합동위, 독도를 폭격 훈련 구역 지정
이승만, 요시다 수상과 만남 독도 경찰, 일본 순시선에 총격 사건 휴전협정 제3차 독도학술조사	1953	독도를 폭격 훈련 구역에서 제외 일본, 5차에 걸쳐 독도 침범 구보다 망언으로 한일회담 중단
독도의용수비대 독도 등대 점등식 한국, 일본의 재판 회부 제안 거절 독도 기념우표 발행	1954	독도 일본 고유 영토설을 주장 독도의 국제사법재판소 회부 제안
4·19혁명 일본 외상 방한	1960	

	연도	
5·16쿠데타	1961	
김-오히라 메모 작성	1962	
6·3사태 김-오히라 메모 공개 독도 밀약	1964	
한일협정 조인	1965	
10·26사건 신군부 등장	1979	
	1980	세지마, 전두환 만남 올림픽 개최 권유
세지마 특사 내한, 안보 경협 자금 제안 독도, 천연기념물 제336호 지정	1982	
「독도는 우리 땅」, 일시 방송 금지	1983	나카소네 수상 방한
김영삼, 독도 접안 시설 계획 발표 '일본의 버르장머리를 고치겠다'고 발언	1995	
	1996	하시모토, 배타적 경제수역 검토 발언 '버르장머리' 발언에 겉으로는 부드러운 반응 보이지만 속으로는 칼을 갊
김영삼, 어업협정과 독도 영유권 분리 제안 한국, 외환 위기	1997	하시모토, 대환영 독도 포함 동해수역 설정 제안
김영삼, 보복 조치로 어업자율규제 조치 정지 김대중, 일본의 해제 요구 수락	1998	구 한일 어업협정 일방적 파기 어업자율규제조치 정치 해제 요구
신 한일 어업협정(독도의 영유권 훼손)	1999	
독도 기념우표 발행	2002	
독도 기념우표 발행 북한, 독도 기념우표 발행	2004	
	2005	시마네현, '다케시마의 날' 제정 독도 인근 해양 탐사 통보

노무현, 일본 탐사선, 당파하라 지시 노무현, 독도에 대한 특별 담화문 발표	2006	
이명박, '지금은 곤란, 기다려달라' 고 했다는 「요미우리신문」 기사가 국내에서 논란	2008	교과서 해설서에 '독도는 일본 고유 영토' 명기
시민소송단, 「요미우리신문」 제소	2009	
김포공항에서 일본 중의원 3명 억류	2011	'다케시마는 일본 땅'이라고 한 일본 중의원 3명, 울릉도 방문 시도
	2012	일본 외상, '독도, 할 말은 하겠다' 일본 교과서, '한국이 독도를 불법점 거'했다고 주장

아주 당연한, 독도는 우리 땅!

독도!
너를 만나기 위해 기도를 한다
만나지 못하고 돌아서야 했던 아픔이 있기에
오늘도 나는 기도를 한다

설레는 날들은 살같이 가고
첫 사랑 만나듯이 두근대는 가슴 안고
뱃머리는 독도를 향해 물살을 가르며
갈매기 길잡이 삼아 힘껏 내달린다
황해국 활짝 핀 아름다운 독도
너를 드디어 내 품에 안아본다

반갑다 독도야, 반갑다 독도야
내 오늘 너를 위해 작은 음악회 열어주마
아름다운 선율 따라 너 또한 오늘은
무도장 되어보렴
아리랑 아리랑 독도 아리랑

너와 나 두 손 잡고 덩실덩실 춤을 추자

독도는 우리의 빛나는 황금어장
영원히 살아 있는 마음의 심장
잠든 영혼 깨우려 아침을 열어주네
동도 서도 마주 보며 굳센 기상 보여주고
대한의 맥박이 살아서 뛰고 있네
동해 바다 깊은 물에 많은 사연 숨겨놓고
역사책 줄기마다 하나씩 꺼내보며
대한의 아름다움 만방에 펼쳐내네

반갑다 독도야, 반갑다 독도야
너와의 인연을 자자손손 간직하리

2011년 11월 11일, 11시 11분 11초(가래떡데이에 독도에서)

작년 6월 24일, 나는 '우물래'라는 단체를 만들었다. 우물래란 '우리의 후손들에게 물려줄 미래 준비하기'의 약자다. '미래'란 무엇인가? 현재 가지고 있는 것을 온전히 지키는 것, 그것이 '미래 준비'의 한 방법이라고 생각한다.

그런 뜻에서 나는 우물래의 제1보로 '독도 지킴이 운동'을 시작했다.

독도는 어떤 땅인가? 이웃 나라 일본이 호시탐탐 영토 찬탈을 꾀하는 우리의 동쪽 끝 막내 섬이다.

그동안 일본은 기회가 생길 때마다 우리나라 영토인 독도를 자신들의 다케시마라고 우겨왔다. 그들의 근거는 1905년 2월 22일, 독도를 시마네현으로 편입시키고 이를 마츠나가 지사가 시마네현 이름으로 공시(고시 제40호)했다는 사실이다. 뿐만 아니라 현재는 시마네현이 '다케시마의 날'을 조례로 제정, 노골적으로 일본영토화를 꾀하고 있다.

그렇다면 일본 국민들은 어떤 생각을 하고 있을까? 한마디로 무관심 그 자체다. 일부이긴 하지만 일본 정부와 우익들의 주장에 정면으로 제동을 걸고 나선 양심적인 지식인이 있긴 있다.

일본의 진보 성향 출판사인 이와나미가 출간하는 잡지 〈세계(2005년 5월호)〉에 게재된 '태정관이 1877년에 다케시마 외 1섬, 본 영토와 이것 관계없음'이라는 사료를 보면 독도는 한국 영토임이 분명하다고 시마네 대학교 나이토 세이추 명예교수가 일본 정부에 정면으로 반론한 적이 있다. 나이토 교수는 "당시 에도 시대의 어민조차도 다케시마 도항 금지령이 내려졌었기 때문에 일본은 다케시마를 조선의 토지라고 인식하고 있었다"고 주장한 것이다.

실제로 18세기 후반에 제작된 고지도 '아국총도'를 보면 울릉도에 대한 설명을 하면서 분명하게 '울릉도 옆에는 우산(于山)이 있다'라고 기록되어 있다. 우산은 바로 지금의 독도다.

내가 독도 지킴이로 나서게 된 계기는, 안중근 의사의 증손자인 안도용(미국명 토니 안) 씨를 우연히 만나고부터였다. 그를 만나면서 '조국'에 대해 진지하게 생각하게 되었다. 게다가 때마침 일본에서 독도는 자기네 땅이라며 도발을 하던 시점이었다.

무언가를 해야겠다고 생각했다. 한국인으로 태어난 이상 우리 땅을 지켜야겠다고 생각했다. 그래서 생각한 것이 바로 독도 지킴이다.

무엇보다 독도를 제대로 보존하고 그 독도를 우리 후손들에게 온전

　　　　　독도의 진실

히 물려주어야 한다는 사명감이 강하게 들었다. 그러기 위해선 독도를 바로 보아야 하고, 국민들이 독도에 대한 관심과 사랑을 많이 가져주어야 했다.

그러나 현실은 그렇지 못했다. 우리는 일본이 독도를 다케시마라고 부르며 자국 영토라고 주장할 때만 흥분한 채 언성을 높였다. 그래서 나는 내 자비를 들여 천만 원의 상금을 내걸고 '독도 아리랑' 노래를 공모했다. 우리나라 국민들의 정서에 아리랑만큼 전 국민을 하나로 묶는 노래는 없다. 또한 아리랑은 각 지역마다 다른 아리랑 멜로디가 있다. 그런데 독도 아리랑은 없었다. 그래서 독도에도 아리랑 노래를 만들어주기로 한 것이다.

작년, 독도 아리랑 공모 심사가 이루어졌지만 대상을 뽑지 못했다. 그렇지만 입상한 곡들로 의미 깊은 독도 아리랑 발표회를 가졌다. 이같은 독도 아리랑 운동은 앞으로도 계속될 것이다.

독도는 분명 역사적으로도 지리적으로노 우리나라 영토다. 많은 자료들이 이를 증명하고 있다. 그리고 이번에 이 같은 고증들을 근거로 한 작품이 소담출판사에서 나왔다.

이 책의 특징은 한일 양국의 자료를 근거로 하여 쓰였다는 것이다. 철저한 고증을 거쳤다는 관점에서 더 신뢰가 가는 작품이다.

어쩌면 독자들은 이 책을 읽으면서 화가 날지도 모른다. 하지만 섣부른 판단은 금물이다. 이 책은 읽으면 읽을수록 화가 나는 책이지만, 역설적이게도 후반부에 이르러서는 그 분노가 희미한 미소로 바뀌며 완벽하게 감정 이완을 시켜준다. 이유는 간단하다. 왜 독도가 우리 땅인지를 사료를 바탕으로 논리적이고도 쉽게 확인시켜주기 때문이다.

『독도의 진실』은 우리가 아무런 의식 없이 호칭하고 있는 '독도'가 사실 일본에 의해 만들어진 고유명사라는 사실을 처음으로 밝히고 있다. 일본에 의해 '독도'라는 명칭이 만들어지기 전에는, 돌이 많아 '돌섬'이라고 불렀다고 한다.

그런 의미에서 한국인이라면, 독도가 우리 땅이라고 생각하는 한국인이라면, 그리고 자식들을 당당한 한국인으로 키우고 싶은 당신이라면, 꼭 읽어야 할 지침서가 바로 이 책이다. 왜 이런 책이 진작 나오지 않았을까 의문이 들 정도다.

특히 일본인과 맞서 감정적이 아닌 논리적으로 대응해보고 싶은 한국인이라면 필독서로 꼭 이 책을 읽어보라고 권하고 싶다. 충분히 그럴만한 가치가 있는 작품이기에 '독도 지킴이 운동'을 하는 사람으로서 자신 있게 추천할 수 있다.

그동안 독도에 관한 수많은 책이 나왔다. 하지만 『독도의 진실』은 기존의 독도 관련 책과는 내용과 서술 방식부터가 전혀 다르다. 철저한 사료 고증을 거쳐 저자의 고뇌를 통해 어렵사리 탄생한 작품이기에, 정보와 재미라는 두 마리의 토끼를 모두 잡을 수 있을 것이다.

우물래 위원장

권태균

(우물래: 우리의 후손들에게 물려줄 미래 준비하기)